Fahrt der *Bounty*
R
PAZIFISCHER OZEAN
Hawaii- oder Sandwich-Inseln
Marschall-Inseln
Äquator
Sumatra
Batavia
Java
Timor
Kupang
Timorsee
Neuguinea
Solomon-Inseln
Korallen-see
Neue Hebriden
Meuterei
Fidschi-Inseln
Samoa-Inseln
28.4.1789
Tofua
Tonga- oder Freundschafts-Inseln
Gesellschafts-Inseln
Tahiti
Pitcairn
21.1.1790
AUSTRALIEN (NEU-HOLLAND)
CHER
AN
SÜDSEE
Vanb Diemen's Land
(Tasmanien)
Adventure-Bucht
21.8.1788
Neuseeland
POLARMEER
Reise der *Bounty* bis zum 28.4.1789
Meuterei auf der *Bounty*
Blighs Reise nach der Meuterei
Christians Reise mit der *Bounty*

SIMON FÜCHTENSCHNIEDER

# MEUTEREI *IM* PARADIES

Die Fahrt der *Bounty* und
die globale Wirtschaft im 18. Jahrhundert

Klett-Cotta

Falls nicht anders angegeben, stammen alle Übersetzungen vom Autor.

MIX
Papier | Fördert gute Waldnutzung
FSC® C014496

Klett-Cotta
www.klett-cotta.de

Cover: Rothfos & Gabler, Hamburg
unter Verwendung einer Abbildung von © Ivan Berryman/Cranston Fine Art
Gesetzt von Dörlemann Satz, Lemförde
Karten: © Peter Palm, Berlin
Gedruckt und gebunden von GGP Media GmbH, Pößneck
ISBN 978-3-608-98773-7
E-Book ISBN 978-3-608-12313-5

Zweite Auflage, 2024

Bibliografische Information der Deutschen Nationalbibliothek
Die Deutsche Nationalbibliothek verzeichnet diese Publikation in der Deutschen Nationalbibliografie; detaillierte bibliografische Daten sind im Internet über http://dnb.d-nb.de abrufbar.

*Für Thomas Welskopp (1961–2021) in Dankbarkeit*
*und für meine Familie: meine Eltern,*
*Otto und Maria Füchtenschnieder,*
*meinen Bruder David, meine Nichte Lena*
*und meinen Neffen Matthis in Liebe*

# INHALT

# PROLOG

*»So wisse nun also, meine liebe Betsy,
dass ich die Bounty verloren habe«*

Am Morgen des 28. April im Jahre des Herrn 1789 steigen, umgeben von der schier endlosen Weite der Südsee, neunzehn Seeleute von Bord ihres Schiffes in ein winziges Beiboot. Manche von ihnen tun dies aus freien Stücken, andere wiederum nur unter Zwang, unter Androhung von Waffengewalt. Unter ihnen ist auch der Kapitän des Schiffes, William Bligh. Ihm waren zuvor beide Hände fest auf dem Rücken zusammengebunden worden. Er besteigt das Boot als Letzter. Erst jetzt werden seine Hände losgemacht. Als alle Männer an Bord sind, wird das kleine Boot von der Seite des Schiffes abgestoßen. Die Männer beginnen zu rudern. Schlag um Schlag entfernt sich das Boot langsam vom Schiff – weiter aufs offene Meer hinaus.[1] So beschreiben gleich mehrere Besatzungsmitglieder – in den wesentlichen Teilen übereinstimmend – den letzten Akt der wohl berühmtesten Meuterei der Seefahrtgeschichte, der Meuterei auf der *Bounty*.

Meutereien waren für die europäischen Seefahrernationen des 18. und 19. Jahrhunderts durchaus nichts Ungewöhnliches. So ereigneten sich allein in den Jahren zwischen dem Ausbruch der Französischen Revolution 1789 und 1802 in der britischen, niederländischen und französischen Marine zusammengenommen 150 Meutereien auf einzelnen Schiffen. Dazu kam ein halbes Dutzend Meutereien, die jeweils die gesamte Flotte erfassten. Diese konnten eine Dauer von wenigen Tagen bis hin zu mehreren Wochen haben und brachten dabei jedes Mal zwischen 3000 und 40 000 Seeleute auf die Barrikaden.[2] Als Beispiel für letztere Kategorie sollen hier die sogenannten Meutereien von Spithead und Nore dienen, die von April bis Mai 1797 dauerten. Dabei handelte es sich jedoch weniger um tatsächliche Meutereien als vielmehr um einen Kampf von Matrosen für höhere Löhne und bessere Arbeitsbedingungen. Der Aufstand von Spithead verlief weitgehend friedlich, wohingegen die etwas später stattfindende Revolte auf der Nore (an der Themsemündung) mit der Hinrichtung von neunundzwanzig Streikführern endete.[3] Auf einzelnen Schiffen kam es regelmäßig zu großen und kleineren Konflikten zwischen den Besatzungen und ihren Kapitänen, so wie etwa der spektakuläre Fall, der sich 1711 auf der *Fox* ereignete: Ihr Kapitän, George Colt, wurde von dem Leutnant James Hutchinson beschimpft, an seiner Kleidung gezerrt und mehrfach zu Boden gestoßen. Ein unerhörtes Ereignis![4] Zumeist waren Meutereien auf einzelnen Schiffen allerdings ebenfalls Arbeitskämpfe, bei denen es den Besatzungsmitgliedern darum ging, ihre Lebens- und Arbeitsbedingungen zu verbessern.[5] So reagierten Besatzungen beispielsweise unleidlich, wenn ihr täglicher Speiseplan, bestehend u. a. aus Dünnbier, Pökelfleisch, trockenen Bohnen und Käse, sich veränderte.[6] Das, was sich am 28. April 1789 früh morgens an Bord der *Bounty* ereignete, war jedoch nicht nur einfach beispiellos, es war schlichtweg unvorstellbar: Ein Kapitän wird mitsamt achtzehn seiner Besatzungsmitglieder in einem winzigen Boot auf offener See ausgesetzt, lediglich ausgestattet mit einigen wenigen Waffen, ein paar nautischen Instrumenten und Proviant, der gerade einmal fünf Tage reichen würde.[7] Dies kam einem sicheren Todesurteil gleich. Etwas derartiges hatte es in der europäischen Seefahrt zuvor noch nicht gegeben.

Zunächst laufen die neunzehn Passagiere des Bootes die – heute zum Königreich Tonga gehörende – Insel Tofua an. Dort wollen sie versuchen, ihre geringen Vorräte aufzubessern. Sie bleiben einige Tage auf der Insel. Immer wieder teilt William Bligh seine Männer währenddessen in Erkundungstrupps ein, die ausschwärmen, um die Insel nach Essbarem und Wasser abzusuchen. Auch kommt es auf Tofua zu mehreren Begegnungen zwischen den dortigen Bewohnerinnen und Bewohnern mit Bligh und seinen Männern. Zunächst verlaufen diese freundlich und in beiderseitigem Respekt. Es wird sogar etwas Tauschhandel getrieben: Bligh und seine Männer bekommen Brotfrüchte, Bananen, Kokosnüsse und Wasser, wofür die Inselbewohnerinnen und -bewohner von ihnen wiederum Perlen und Messingknöpfe erhalten. Sowohl William Bligh als auch John Fryer, der *Master* der *Bounty*, schreiben jedoch – ihre beiden Berichte sind die einzigen Zeugnisse – dass sich die Stimmung zwischen beiden Gruppen nach einiger Zeit merklich verschlechterte. Es wächst gegenseitiges Misstrauen.[8] Anfang Mai 1789 befiehlt Bligh schließlich, die Insel schleunigst zu verlassen. Er und seine Männer machen sich auf den Weg zu ihrem Boot. Doch die Situation eskaliert: Am Strand der Insel sehen sich die neunzehn Männer einer Übermacht von etwa zweihundert Inselbewohnern gegenüber. Alle halten sie Steine in den Händen, die sie immer wieder klackend gegeneinanderschlagen – als Drohung und als Zeichen eines unmittelbar bevorstehenden Angriffs. Nur mit denkbar knapper Not erreichen Bligh und seine Männer ihr Boot und stechen in aller Eile in See, während um sie herum bereits die Steine fliegen. Ein Besatzungsmitglied schafft es nicht: Der Quartiermeister John Norton wird bei dem Versuch, in das Boot zu steigen, am Strand von den Inselbewohnern erschlagen.[9] »Dies war seine zweite Reise mit mir, auf der er als Quartiermeister mitsegelte«, notiert Bligh als eine Art kurzen Nachruf in seinem Bericht. »Sein edler Charakter lässt mich sehr um ihn trauern. Wie mir zugetragen worden ist, hinterlässt er einen betagten Elternteil, den er versorgte.«[10] Nachdem sie entkommen waren, so berichtet William Bligh, überlegte er, welchen Plan sie nun fassen sollten. Seine Männer baten darum, dass er mit ihnen doch heimwärts fahren möge. Die einzige Möglichkeit, dies zu tun, bestand in einer Fahrt nach Timor, damals ein Teil von Niederländisch-Ostindien. Bligh wusste zwar, dass sich dort eine niederländische Siedlung befand, in welchem Teil Timors genau sie lag, wusste er jedoch nicht. Diese Niederlassung war ein Stück europäische Zivilisation und bot den Männern außerdem eine Schiffspassage zurück nach Europa. Der Weg nach Timor bedeutete eine Entfernung von 3618 Seemeilen (ca. 6700 Kilometer[11]). Er und die anderen Besatzungsmitglieder einigten sich darauf, mit einer Tagesration von einer Unze Brot und einem Viertelpint (einem Siebtel Liter) Wasser für jeden auskommen zu wollen und diese Reise zu wagen.[12] Eine andere Wahl hatten sie nicht. Dennoch bedeutete dieses Vorhaben ein unkalkulierbares Risiko auf Leben und Tod: Ihr Boot war gerade einmal dreiundzwanzig Fuß (sieben Meter) lang und so heillos überfüllt, dass es weniger als zwanzig Zentimeter aus dem Wasser herausragte.[13] Nachdem das Vorhaben mit einem Schwur besiegelt worden war, räumten die Männer das Boot auf. Alle unnötigen Kleidungsstücke wurden über Bord geworfen, ebenso alle überflüssigen Taue und Segel, was Gewicht sparte. Der Werkzeugkasten des Zimmermanns der *Bounty* wurde entleert und das Werkzeug auf dem Boden des Bootes verstaut, wohingegen der Werkzeugkasten nun zum Brotkasten umfunktioniert wurde. Obwohl das Brot später schimmelig wurde, aßen die Männer davon. Es war, selbst im verdorbenen Zustand, viel zu kostbar, als dass sie darauf hätten verzichten können.[14]

Die Reise wurde ein ums andere Mal von massiven Regenschauern begleitet, zudem schwappte die See unaufhörlich in das Boot. Immer wieder entluden sich auch heftige Gewitter, deren Blitze den Himmel über den Köpfen der Männer taghell erleuchteten. Der Donner grollte und das kleine Fahrzeug hüpfte dann hilflos über die sich vor ihm haushoch auftürmenden Wellen des Pazifischen Ozeans. Die Tatsache, dass sie ohne Unterlass Wasser aus dem Boot schöpfen mussten sowie die permanente Nässe forderten von den durch Hunger gepeinigten Männern zunehmenden Tribut: Ihre Glieder waren so steif und taub, dass sie sich kaum noch zu bewegen vermochten. Zudem war es in dem Boot so eng, dass die Männer sich nicht einmal ausstrecken konnten. William Bligh tat jedoch alles, um seine Leute nicht in Apathie verfallen zu lassen und um ihre Lebensgeister wach zu halten: Er sang mit ihnen, er ließ sie angeln (wenngleich dies nur von mäßigem Erfolg gekrönt war) und er erzählte ihnen von Entdeckungen, die man im pazifischen Raum gemacht hatte. Der Kapitän sprach dabei auch von seinen eigenen beruflichen Erlebnissen und ermutigte die anderen, die Erfahrungen beizutragen, die sie selbst gemacht hatten. Die Nächte waren bitterkalt und während ein Teil der Männer Wache hielt, legten sich die anderen auf den Boden und versuchten, so gut es nur irgend ging, zu schlafen, und hatten dabei, wie Bligh es formuliert, »nur den Himmel als Decke«.[15] Aufgrund der großen Kälte, die des nachts herrschte, brachte der Schlaf den Männern allerdings nur wenig Erholung. Dreimal am Tag – morgens, mittags und abends – wog Bligh die kümmerlichen Nahrungsmittelrationen genauestens ab und teilte sie an seine Mannschaft aus. Dazu benutzte er leere Kokosnussschalen als Waage. Als Gewicht diente eine Pistolenkugel. Sie wog exakt so viel wie die Tagesration von einer Unze Brot. An manchen Tagen gab es auch etwas Brotfrucht, Kokosnuss oder Schweinefleisch. Wann immer es besonders kalt war, gab der Kapitän den Männern zur zusätzlichen Stärkung je einen Teelöffel Rum.[16] Um die Rationen so gut wie möglich auszukosten, kauten sie jeden einzelnen Bissen besonders lang.[17] Zur Navigation standen Bligh keinerlei Seekarten zur Verfügung, er hatte jedoch einen Quadranten, einen Kompass sowie Tabellen, die für die Orientierung auf See von elementarer Wichtigkeit waren. Darüber hinaus benutzte er einen zerbrochenen, unzuverlässigen Sextanten. Zunächst nahmen die Männer Kurs auf die Fidschi-Inseln, die sie im Mai 1789 erreichten. Bligh und dieser Teil seiner Mannschaft waren die ersten Europäer, denen dies überhaupt gelang. Auf ihrem Weg dorthin hatten sie immer wieder kleine Eilande passiert, es jedoch nicht gewagt, dort an Land zu gehen. Das, was sie auf Tofua erlebt hatten sowie der gewaltsame Tod ihres Quartiermeisters John Norton stand ihnen noch zu deutlich vor Augen. Auch in dieser für Leib und Leben äußerst schwierigen Situation ließ es sich William Bligh nicht nehmen, diejenigen der Fidschi-Inseln, an denen sie vorüberkamen, zu kartographieren.[18] »Da ich jedoch ständig durchnässt bin«, schreibt er am 7. Mai 1789, »fällt es mir äußerst schwer, überhaupt noch ein Buch aufzuschlagen, um etwas darin niederzuschreiben«.[19] Wenige Tage später, am 11. Mai, drang die See in so hohen Wellen in das Boot ein, dass die Situation überaus gefährlich wurde. Der Regen, der fiel und von den Männern begierig aufgefangen wurde, war zwar wichtiges Trinkwasser, aber er durchweichte sie auch bis auf die Knochen. Der Regen hielt mehrere Tage an. Wiederholt baten die Männer um größere Essensrationen. Dies war eine Bitte, die der Kapitän, mit Blick auf die ohnehin schon äußerst dürftige Nahrungsmittellage, jedoch nicht erfüllen konnte. Die Situation war durch Hunger, Erschöpfung und Kälte so desolat geworden wie zuletzt nach dem Aufenthalt auf Tofua. Bligh fürchtete ernsthaft, dass seine Männer durch den Mangel sterben würden oder dass das Boot kentern könnte.[20] In dieser Situation schreibt der Kapitän am 21. Mai 1789 ein Gebet. Dieses Gebet ist einerseits eine Fürbitte im Zwiegespräch mit Gott. Gleichzeitig ist es aber auch eine Ermutigung für die Männer, die Hoffnung gerade in dieser Situation nicht aufzugeben.[21]

> »Oh Herr, himmlischer Vater, allmächtiger und ewiger Gott! [...] Voller Hingabe danken wir Dir dafür, dass Du uns bewahrt hast. Wir wissen, dass wir einzig und allein durch Deine himmlische Gnade Rettung erfahren haben. [...] Du hast uns Kraft verliehen und uns gespeist. Du hast uns gezeigt, dass Wind und Wellen Deinem Gebot gehorchen, damit auch wir von nun an Dein heiliges Wort befolgen [...]. [...] Durch stille Besinnung auf unseren Erlöser Jesus Christus bitten wir Dich flehentlich, oh Herr, gewähre uns auch weiterhin Deine große Güte. Stärke meinen Geist & behüte unsere Schritte. Schenke

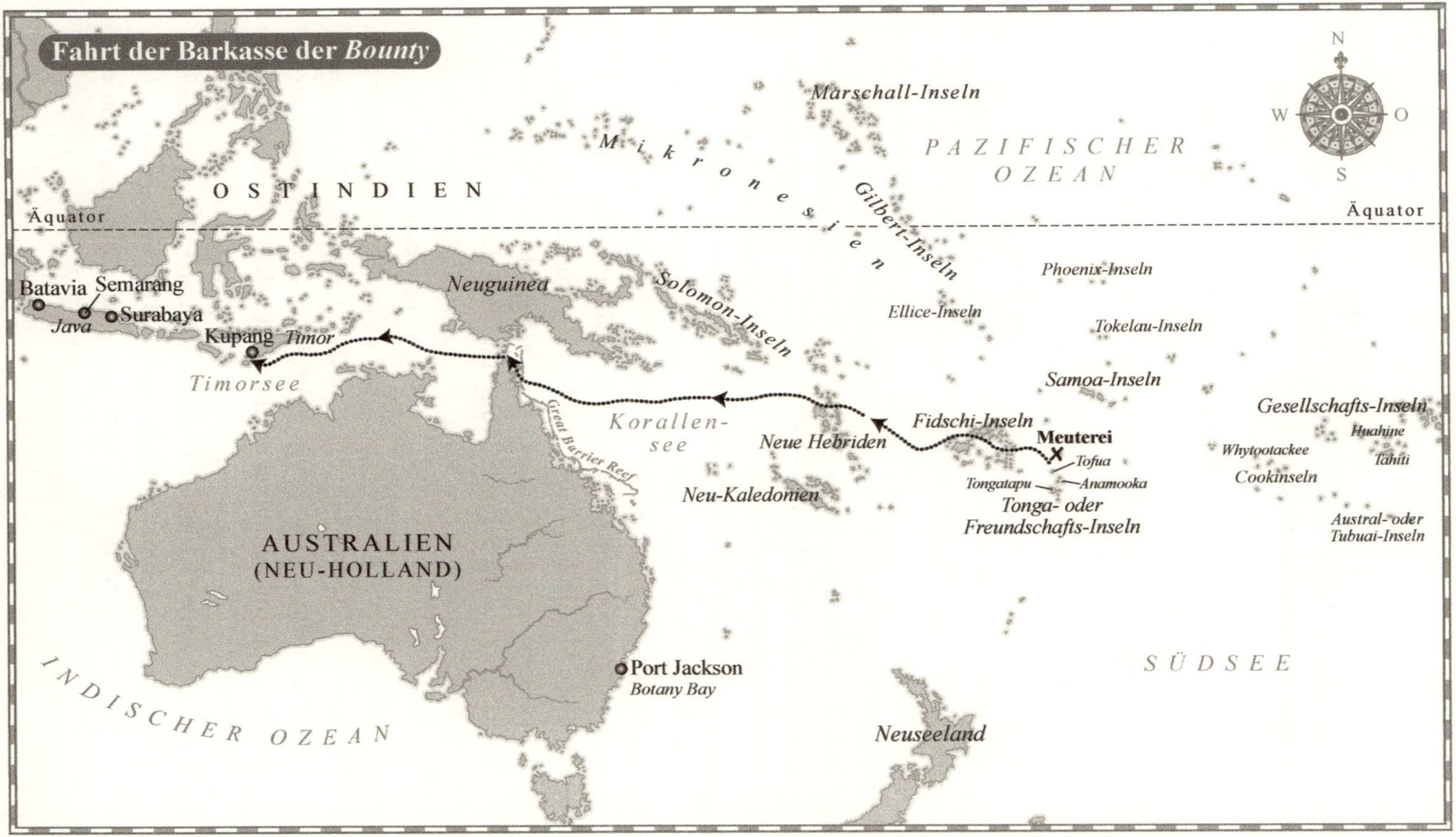
Fahrt der Barkasse der *Bounty*
N
W
O
S
Marschall-Inseln
Mikronesien
PAZIFISCHER OZEAN
OSTINDIEN
Äquator
Äquator
Gilbert-Inseln
Phoenix-Inseln
Ellice-Inseln
Tokelau-Inseln
Samoa-Inseln
Solomon-Inseln
Neuguinea
Batavia
Semarang
Surabaya
Java
Kupang
Timor
Timorsee
Korallensee
Great Barrier Reef
Neue Hebriden
Fidschi-Inseln
Meuterei
Tofua
Tongatapu
Anamooka
Tonga- oder Freundschafts-Inseln
Neu-Kaledonien
Gesellschafts-Inseln
Huahine
Tahiti
Whytootackee
Cookinseln
Austral- oder Tubuai-Inseln
AUSTRALIEN (NEU-HOLLAND)
Port Jackson
Botany Bay
INDISCHER OZEAN
SÜDSEE
Neuseeland

> Du uns Gesundheit & Stärke, damit wir unsere Reise fortsetzen können. Segne unser armseliges bisschen Brot, auf dass es ausreicht für unser Vorhaben. Allmächtiger Gott, befreie uns aus unserer großen Not, die nie zuvor ein Mensch hat erleiden müssen. Geleite uns durch Deine Gnade zu einem rettenden Hafen und bringe uns [...] wieder mit unseren Familien und Freunden zusammen, die so verzweifelt sind. [...].«[22]

Am 24. Mai verschärfte sich die Situation noch einmal: William Bligh überprüfte die Nahrungsmittel an Bord des Bootes und stellte fest, dass sie bis zur von ihm errechneten Ankunft in Timor nicht ausreichen würden, wenn es weiterhin drei Mahlzeiten pro Tag gäbe. Deshalb legte er fest, dass es von nun an nur noch zwei Mal am Tag zu essen und zu trinken geben sollte.[23] Von den Fidschi-Inseln aus nahmen die Männer Kurs auf Australien (das damals noch Neu-Holland hieß). Am 28. Mai 1789, genau einen Monat nachdem die Meuterei sie in diese Situation gebracht hatte, erreichten sie das Great Barrier Reef. Sie versuchten, zwischen den einzelnen Riffen hindurchzusegeln. So hofften sie, in ruhigere See zu gelangen und an der Küste des heutigen Bundesstaates Queensland entlang reisen zu können. Dies hieß auch, dass sie an der Küste die Möglichkeit haben würden, ihre Vorräte aufzustocken. Zudem spekulierten sie auf günstige Winde, die dort bliesen und die sie schneller nach Timor bringen würden. Durch eine glückliche Fügung gelang es den Männern, durch die Riffe hindurchzufahren und so in ruhiges Wasser in Küstennähe zu kommen.[24] Am Abend des 28. Mai trauten die Männer sich das erste Mal seit ihrer Flucht von Tofua auf einer Insel vor Anker zu gehen. Sie fanden zwar Feuerstellen sowie einige Hütten der Inselbewohnerinnen und -bewohner, ihnen selbst begegneten Bligh und seine Männer jedoch nicht. Dies war ihnen Anzeichen genug, dass sie auf der Insel wohl keine Gefahren zu befürchten hätten. Die eine Hälfte der Mannschaft schlief am Strand, während die anderen die Nacht im Boot verbrachten. Beim Aufenthalt auf dieser Insel kam es anderntags das erste Mal zum offenen Streit innerhalb der Mannschaft. Zwar hatte es zuvor auf See schon Auseinandersetzungen gegeben, jedoch hatte ihre Not im Kampf um ihr gemeinsames Überleben sie immer wieder zusammengeschweißt. Nun, als sie festen Boden unter den Füßen hatten, brachen Konflikte erneut und heftiger aus. Die Männer hatten auf der Insel zahlreiche Austern und Trinkwasser gefunden. Der Kapitän befahl, dass in einem Kupferbottich, den einer der Männer in weiser Voraussicht von Bord der *Bounty* mit auf das Boot genommen hatte, aus den Austern, etwas Schweinefleisch und Brot ein Eintopf zubereitet werden sollte. Die gekochte Menge Eintopf war so groß, dass jeder davon ein Pint (ca. ½ Liter) erhielt.[25] Zwei Tage später sollte auf Blighs Befehl hin erneut ein Eintopf mit Austern und Schweinefleisch zubereitet werden. Brot teilte er, um diesen Vorrat zu schonen, nun allerdings nicht mehr aus. Dies, so berichtet der Kapitän in seinem privaten Logbuch, habe zu Unmut bei *Master* John Fryer, dem Zimmermann William Purcell sowie einigen anderen Mannschaftsmitgliedern geführt, die von den beiden auf ihre Seite gezogen wurden und die, so formuliert es Bligh unverblümt, »schwach genug waren, diesen beiden zuzuhören«. Die Mehrheit der Besatzung befand sich jedoch auf Blighs Seite, weshalb es kein Brot zu dem Eintopf gab.[26] Nachdem die Männer ihr Boot mit Austern beladen hatten, um auf See einen Vorrat davon zu haben, legten sie ab und setzen ihre Reise fort.

Am 2. Juni 1789 gingen sie auf einer weiteren Insel, die zum heutigen Australien gehörte, für eine erneute Rast vor Anker. Dort gerieten der Kapitän und sein *Master* John Fryer abermals in einen schweren Streit. Um die Aufmerksamkeit von in der Gegend lebenden Aborigines nicht zu erregen, die ihnen womöglich feindlich gesinnt waren, gab Bligh den Befehl, dass das von der Mannschaft entzündete Feuer nicht zu groß (und damit zu weit sichtbar) sein dürfe. Der Kapitän selbst entfernte sich eine gewisse Distanz, um zu überprüfen, wie weit der Schein des Feuers zu sehen sei. Dabei bemerkte er, dass ein gewaltiges Feuer entstanden war, welches weithin leuchtete. Als er zu den anderen Mannschaftsmitgliedern zurücklief, um der Sache auf den Grund zu gehen, stellte sich heraus, dass John Fryer Gras in Brand gesetzt hatte, um ein eigenes Feuer zu haben, obgleich er, berichtet Bligh in seinem privaten Logbuch, damit der strikten Order des Kapitäns zuwidergehandelt hatte.[27] Fryer schreibt in seinem Bericht, er habe geschlafen, als Bligh seinen Befehl bezüglich des Feuers erteilte. Sein eigenes Feuer habe er ohne Hintergedanken entzündet. Mit bissiger Ironie fügt der *Master* hinzu, dass Blighs Gebrüll, mit dem er ihn wütend zurechtwies, deutlich mehr ungewollte Aufmerksamkeit auf sich gezogen habe als das von ihm entfachte Feuer.[28] Um die in der Nähe lebenden Aborigines nun, nach dem großen Feuer und dem daraus resultierenden Streit, nicht noch mehr auf sich aufmerksam zu machen, verkürzten die Männer ihren Aufenthalt auf dieser Insel und stachen mit der nächsten Flut wieder in See.[29] Bald ließen sie Australien hinter sich und reisten weiter Timor entgegen. Die Besatzung bekam nun, da sie sich wieder auf hoher See befand, die üblichen schmalen Rationen. Mitte Juni 1789 wurde der Gesundheitszustand einiger Männer akut lebensbedrohlich.[30] »[Der Segelmacher] Lawrence Lebogue und der Arzt [Thomas Denman Ledward] leben keine Woche mehr, wenn ich nicht endlich Erlösung herbeischaffe. [...]«, schreibt Bligh am 11. Juni sorgenvoll in sein privates Logbuch.[31] »Extreme Erschöpfung, geschwollene Beine, leere und geisterhafte Gesichter – ein großes Verlangen nach Schlaf [...]. Dies alles sind für mich traurige Anzeichen des bevorstehenden Todes einiger meiner Leute, sollte ich innerhalb der nächsten Tage kein Land erreichen.«[32] Bereits am nächsten Tag aber kam Timor in Sicht und am 14. Juni 1789, nach einer Reise von insgesamt achtundvierzig Tagen, erreichten Bligh und seine Männer bei Tagesanbruch die Faktorei Kupang.[33] Damit war ihnen das Unmögliche gelungen – ihre siebenwöchige Wettfahrt gegen den eigentlich sicheren Tod stellte eine nautische Meisterleistung dar, unmöglich ohne die überragende Leistung Blighs als Seemann und Navigator, der zudem Menschen in Extremsituationen sicher zu führen wusste.[34] Über den körperlichen Zustand, in dem die Männer in Kupang eintrafen, berichtet der Kapitän: »Unsere Körper waren nichts als Haut und Knochen, unsere Glieder voller Geschwüre und unsere Kleider nichts als Lumpen.«[35]

Die Handelsniederlassung im damaligen Niederländisch-Ostindien war einerseits die so lang ersehnte Rettung für die Männer, sie barg andererseits aber auch eine große Gefahr: Kupang war Hort zahlreicher Krankheiten und dadurch auch für körperlich gesunde Menschen kein ungefährlicher Ort. Die ehemaligen Besatzungsmitglieder der *Bounty* waren, geschwächt und vollkommen ausgezehrt durch ihre lange Reise, diesem großen gesundheitlichen Risiko schutzlos ausgeliefert.[36] So starb etwa David Nelson, einer der beiden Botaniker der Besatzung, im Juli 1789 in Kupang und wurde auch dort beigesetzt.[37] Mit ihm verlor William Bligh ein Mannschaftsmitglied, mit dem ihn ein herzliches kollegiales Verhältnis verband.[38] Der Kapitän lobte andere Menschen nur äußerst selten, wenn er es aber doch einmal tat, so ist davon auszugehen, dass er es aufrichtig meinte.[39] Über David Nelson schreibt er in seinem privaten Logbuch: »Der Verlust dieses Mannes lastet schwer auf meiner Seele. Sein Pflichtbewusstsein und seine Integrität gingen miteinander Hand in Hand. Mit großer Sorgfalt und Fleiß hatte er das getan, was ihm aufgetragen worden war. Dabei erfüllte er all die Vorgaben, die ich ihm gesetzt hatte, damit unsere Mission gut gelingen konnte. Auf der Reise nach diesem Orte hier war er mir ebenfalls eine große Stütze. In ihrem Verlauf benahm er sich vernünftig und integer. Dies war mir eine stete Freude.«[40] Von Kupang aus berichtete der Kapitän auch erstmals in drei persönlichen Briefen ausführlich über die Meuterei.[41] Der erste dieser Briefe, datiert auf den 19. August 1789, ist an Blighs Frau Elizabeth gerichtet.[42] Darin schreibt er: »Meine liebe, liebe Betsy, ich bin nun in einem Teil der Welt, von dem ich niemals gedacht hätte, dass ich ihn sehen würde und doch hat er mir große Linderung verschafft und sogar das Leben gerettet. Ich schätze mich überglücklich, Dir schreiben zu können, dass ich bei bester Gesundheit bin. [...] So wisse nun also, meine liebe Betsy, dass ich die *Bounty* verloren habe.«[43] Als William Bligh wieder zu Kräften gekommen war, erstattete er den niederländischen Behörden in Kupang Bericht über die Meuterei. Zusätzlich ließ er steckbriefliche Beschreibungen der Meuterer anfertigen und sie von allen mit ihm ausgesetzten Mannschaftsmitgliedern bestätigen.[44] Danach kaufte der Kapitän mit Wechseln, die er auf die Admiralität in London ausstellte, einen Schoner, ein kleines, wendiges Segelschiff, das für kleinere Besatzungen gedacht war,[45] und taufte es auf den Namen *Resource*.[46] Der Kauf mit Wechseln war nötig, da Bligh über keinerlei Bargeld verfügte. Sein Offizierspatent verschaffte ihm allerdings guten Kredit, sodass er für den Kauf der *Resource*, ihre Überholung sowie ihre Ausrüstung mit Proviant sorgen konnte.[47] Mit den Männern an Bord und dem Beiboot der *Bounty* im Schlepptau verließ das kleine Schiff am 20. August 1789 Kupang in Richtung Batavia, der damaligen Hauptstadt Niederländisch-Ostindiens (das heutige Jakarta) auf Java. Von dort segelten Schiffe nach Europa, die Bligh und seine Männer nach Hause bringen würden.[48] Auf dem Weg nach Batavia machten sie Halt in Surabaya und Semarang, um defekte Teile zu ersetzen und Proviant aufzunehmen. In Surabaya, wo die Männer am 12. September ankamen, ereignete sich erneut eine heftige Auseinandersetzung zwischen einigen Mannschaftsmitgliedern und William Bligh. Als die Mannschaft die *Resource* klar zur Weiterreise nach Batavia machen sollte, beklagten sich einige von ihnen, dass andere Besatzungsmitglieder nicht arbeiten mochten. Daraufhin stellte sich heraus, dass der Mastersmaat William Elphinstone und der Kadett Thomas Hallett sich unter Deck befanden und volltrunken waren. Als der *Master* John Fryer daraufhin von Bligh zur Rede gestellt wurde, warum er diese beiden nicht an Deck beordert habe, erwiderte Fryer, er könne nicht einschätzen, ob Elphinstone und Hallett krank oder betrunken seien, er sei schließlich kein Arzt. Fryer beschuldigte Bligh außerdem, er würde von dem Kapitän schlecht behandelt. Einige andere

Besatzungsmitglieder an Deck äußerten sich dahingehend, dass auch sie sich von Bligh schändlich behandeln fühlten. Insbesondere der Zimmermann William Purcell tat sich nun hervor und machte dem Kapitän bittere Vorwürfe, dass er sie alle übel behandele. Fryer unterstützte Purcell, indem er weitere abfällige Bemerkungen über Bligh von sich gab. Dies kam einer erneuten Meuterei gleich. Der Kapitän ergriff ein Bajonett, brachte den Zimmermann und den *Master* unter Deck und meldete diesen Vorfall den niederländischen Behörden vor Ort. In einer offiziellen Anhörung zu dieser Begebenheit, die vor Ort in Surabaya stattfand, beschuldigte Fryer Bligh, dieser habe in Kupang den gewährten Kredit unsachgemäß verwendet. Dies war ein schwerer Vorwurf, den der Kapitän jedoch umgehend dadurch entkräftete, dass er genaue Auflistungen darüber beibringen konnte, wofür er welche Summen ausgegeben hatte.[49] Die übrigen Vorwürfe gegen William Bligh, die in der Anhörung zur Sprache kamen, wie etwa Thomas Halletts Aussage, er sei von dem Kapitän in Tahiti geschlagen worden, wogen hingegen nicht so schwer. Der Bootsmann William Cole, der Kadett Thomas Hallett und der Wundarzt Thomas Denman Ledward wurden mit dem Befehl aus der Anhörung entlassen, auf die *Resource* zurückzukehren. Das Schiff verließ Surabaya am 17. September 1789. Begleitet wurde die *Resource* nun von drei niederländischen Booten, zum Schutz vor lokalen Piraten. Auf einem der drei Boote befand sich der *Master* John Fryer in Gewahrsam, auf einem anderen der Zimmermann William Purcell, der, neben Fryer, nach der Anhörung als einer der beiden Wortführer dieses Streites mit Bligh ebenfalls in Gewahrsam genommen worden war. Zunächst lief der kleine Konvoi Semarang, eine niederländische Siedlung auf Java[50], an und erreichte Batavia am 1. Oktober.[51] In Batavia, das für die Gesundheit von Europäern ähnlich gefährlich war, wie Kupang[52], wurde William Bligh ernsthaft krank. Mehrfach berichtet er von Fieber und »heftigsten Kopfschmerzen.«[53] Ein Arzt, den er aufsuchte, riet ihm, Batavia so bald wie nur irgend möglich zu verlassen. Der Kapitän beherzigte diesen Rat und veranlasste alles Nötige für seine Abreise. Die *Resource* und das Beiboot der *Bounty*, das ihm und seiner Mannschaft Hort und Rettung gleichermaßen gewesen war, wurden weit unter Wert an einen englischen Kapitän verkauft, »obschon ich es [den Verkauf] wegen des Dienstes, den es [das Beiboot] uns geleistet hatte, sicherlich nicht getan haben würde, wenn ich es hätte mitnehmen können«, wie Bligh mit Bedauern schreibt.[54] Da alle Schiffe, die zu der Zeit von Batavia nach Europa segelten, schon sehr voll waren, war es dem Kapitän und seinen Männern nicht möglich, gemeinsam zu reisen, sie mussten sich aufteilen. Bligh zögerte nicht lange: für sich selbst, seinen Schreiber John Samuel sowie seinen Diener John Smith buchte er kurzerhand eine Passage auf dem niederländischen Schiff *Vlydte*, das Batavia am 16. Oktober 1789 verließ. Zuvor hatte Bligh alle noch ausstehenden Rechnungen beglichen. Außerdem hatte er seinem *Master* John Fryer, der sich nun nicht mehr in Gewahrsam befand und überdies nach Blighs Abschied das ranghöchste Besatzungsmitglied sein würde, das Kommando über die zurückbleibenden Männer übertragen. Sie sollten so bald wie nur möglich nach Großbritannien zurückreisen.[55] William Bligh erreichte England am 14. März 1790. Es war jedoch nicht allen Besatzungsmitgliedern der *Bounty*, die in Batavia zurückgeblieben waren, eine Heimkehr vergönnt: Der Koch Thomas Hall starb am 11. Oktober 1789, dem Tag, an dem die *Resource* und das Beiboot per Auktion verkauft worden waren, der Mastersmaat William Elphinstone sowie Peter Linkletter, der zweite Quartiermeister der *Bounty*, starben zwei Wochen nach Blighs Abreise, noch bevor sie ihre eigene Rückreise antreten konnten. Robert Lamb, der Metzger der *Bounty*, starb während seiner Überfahrt nach England und der Arzt Thomas Denman Ledward ging mitsamt dem Schiff, das ihn nach Europa bringen sollte, auf See verschollen. Damit kehrten von den achtzehn Besatzungsmitgliedern, die am Morgen des 28. April 1789 mit ihrem Kapitän von Bord der *Bounty* in das kleine Beiboot gestiegen waren, insgesamt sieben nicht in ihre Heimat zurück.[56]

Nachdem sich William Bligh und die achtzehn mit ihm ausgesetzten Besatzungsmitglieder am Morgen des 28. April 1789 in ihrem Boot langsam von der *Bounty* entfernt hatten, machte sich unter den auf dem Schiff zurückgebliebenen Meuterern ein Gefühl zielloser Verwirrung breit.[57] Indem sie ihren Kapitän auf offener See ausgesetzt und so seines Kommandos aktiv enthoben hatten, waren sie, nach den damaligen Gesetzen der Royal Navy, eines der mit Abstand größten Verbrechens schuldig geworden. Auf den Schiffen der britischen Marine des 18. Jahrhunderts repräsentierte der Kapitän die Krone sowie deren weltliche und geistliche Macht. In seiner Hand lag sowohl die exekutive als auch die judikative Gewalt.[58] Die Meuterer an Bord der *Bounty* hatten somit nichts Geringeres als einen Staatsstreich begangen. William Bligh hatte, bevor er das Beiboot bestieg, sein Offizierspatent, seine Logbücher und alle offiziellen Dokumente an sich genommen, die Auskunft über die Reise der *Bounty* gaben. Ohne diese Dokumente vermochten sich die Meuterer nicht auszuweisen und daher konnten sie auch keinerlei Belege über sich oder das Schiff und seine Mission präsentieren. Dieser Umstand verwehrte ihnen nicht nur die Rückkehr nach Europa, sondern zugleich auch den Zugang zu allen europäischen Niederlassungen in Übersee. Dazu kam, dass die Royal Navy, im Falle des Überlebens und der Heimkehr von Bligh und den übrigen ausgesetzten Besatzungsmitgliedern, so unwahrscheinlich beides auch sein mochte, ein Schiff ausrüsten würde, um die Meuterer zu suchen, dingfest zu machen und zurück nach Großbritannien zu bringen. Erschwerend für die Situation innerhalb der Mannschaft kam hinzu, dass längst nicht alle Besatzungsmitglieder, die sich nun noch auf der *Bounty* befanden, auch tatsächlich zu den Meuterern gehörten. Einige von ihnen, wie etwa der Büchsenmeister Joseph Coleman sowie die beiden Zimmermannsmaate Charles Norman und Thomas McIntosh, waren Bligh gegenüber loyal und explizit gegen ihren Willen auf der *Bounty* zurückgehalten worden. Sie waren Fletcher Christian, dem Anführer der Meuterer, der nun das Kommando an Bord übernommen hatte, feindlich gesinnt. Der Bootsmannsmaat James Morrison berichtet überdies davon, dass die Meuterer sich mit Pistolen aus dem Waffen-Arsenal des Schiffes bewaffnet hätten. Fletcher Christian habe seine Pistole, schildert Morrison weiter, von diesem Zeitpunkt an stets bei sich getragen. Zunächst wurde der Plan gefasst, nach Tahiti zurückzukehren.[59] Dort hatte die gesamte Mannschaft zuvor, von Mitte Oktober 1788 bis Anfang April 1789, fünfeinhalb Monate verbracht. Während ihres Aufenthaltes hatte die Besatzung Setzlinge des Brotfruchtbaums gezogen. Diese hätten anschließend mit der *Bounty* von Tahiti nach Jamaika gebracht werden sollen. Dort sollte die Pflanze, nach dem Willen der britischen Regierung, heimisch werden, um als kostengünstiges Nahrungsmittel für die hier arbeitenden Sklavinnen und Sklaven zu dienen, das diese selber anbauen konnten. Der geplante Weitertransport nach Jamaika war jedoch durch die Meuterei jäh vereitelt worden.[60] Eine Rückkehr nach Tahiti erschien selbst denjenigen Besatzungsmitgliedern eine gute Lösung zu sein, die sich nicht auf Seiten der Meuterer befanden. Dort hätten sie am ehesten die *Bounty* verlassen und auf die Ankunft eines anderen Schiffes aus Europa warten können. Fletcher Christian gab die erneute Reise nach Tahiti Zeit, um über die nächsten Schritte nachzudenken. Allzu viele Möglichkeiten gab es für ihn auch nicht, weshalb sein weiteres Handeln gut überlegt sein wollte. Damit einhergehend soll Christian, wie manche Besatzungsmitglieder berichteten, immer wieder in depressive Gedanken versunken sein.[61] Auf dem Weg nach Tahiti änderte die Besatzung auf seinen Befehl hin jedoch ihren Kurs und lief stattdessen die Insel Tubuai an, auf der Christian eine Siedlung gründen wollte. Die Insel bot gleich mehrere Vorteile: Sie befand sich, anders als Tahiti, abseits der üblichen Schifffahrtsrouten, das Klima war etwas kühler als auf Tahiti und Tubuai verfügte zudem über einen günstigen Ankerplatz.[62] Doch gleich der erste Kontakt zwischen der Besatzung der *Bounty* und den Bewohnerinnen und Bewohnern der Insel endete in einer Katastrophe: Der ehemalige Mastersmaat George Stewart, den

Christian nun zum Zweiten Offizier ernannt hatte, machte sich vom Schiff aus in einem Boot auf den Weg, um die Einfahrtsrinne zur Insel, die durch ein Riff führte, auszukundschaften. Dabei wurde Stewart von einigen Bewohnern der Insel von Kanus aus mit Speeren attackiert, er selbst schoss auf einen Bewohner und verwundete ihn. Später kamen die Bewohnerinnen und Bewohner von Tubuai mit einer Großzahl von Kanus erneut auf die *Bounty* zu. Daraufhin feuerte das Schiff einige Kanonenschüsse auf die Kanus ab, was ein Blutbad zur Folge hatte. Einige der Bewohnerinnen und Bewohner Tubuais wurden dabei getötet und etliche verwundet. Diejenigen, die noch dazu imstande waren, flohen in Angst und Schrecken zurück an Land. Fletcher Christian taufte die Bucht, in der sich dieses blutige Ereignis abgespielt hatte, später auf den Namen *Bloody Bay*.[63] Dieser tragischen ersten Begegnung ungeachtet war Fletcher Christian entschlossen, auf der Insel eine Siedlung zu gründen.[64] Es war die erste von Briten errichtete Siedlung in ganz Polynesien.[65] Da es, laut dem Bootsmannsmaat James Morrison, auf der Insel zwar Brotfrüchte, Bananen sowie Kokosnüsse, jedoch keinerlei Nutztiere wie Geflügel, Mastschweine und Ziegen gab[66], die Männer diese jedoch zum Aufbau der Siedlung brauchten, segelten sie zum Erwerb der Tiere nach Tahiti. Auf unangenehme Fragen seitens der tahitianischen Häuptlinge, warum die *Bounty* erneut (nun aber ohne William Bligh und die zuvor an Bord genommenen Brotfruchtsetzlinge) nach Tahiti gekommen sei, antworteten die Besatzungsmitglieder, Bligh sei mit James Cook, der von den Tahitianern hoch verehrt wurde[67] zusammengetroffen und beide wollten nun mit der Mannschaft eine Siedlung gründen, weshalb sie die Nutztiere benötigten. Diese Geschichte, die, so ausgeschmückt, eine glatte Lüge war, überzeugte die Häuptlinge. Am 19. Juni 1789 verließ die *Bounty* Tahiti ein zweites Mal. An Bord befanden sich nun insgesamt 312 Mastschweine, 38 Ziegen, außerdem Geflügel sowie ein Bulle und eine Kuh, die James Cook auf einer seiner Reisen in Tahiti zurückgelassen hatte. Zudem war auch eine Gruppe Tahitianer mit an Bord (neun

Frauen, acht Männer sowie zehn Jungen).[68] Der Kadett Peter Heywood schreibt in seinem Bericht über die Ereignisse, dass die »Mehrheit von ihnen aus freien Stücken [mit an Bord] gegangen« sei.[69] Diese Aussage legt den Verdacht nahe, dass andere aus der Gruppe von den Männern der *Bounty* entweder entführt oder auf andere Art dazu gezwungen worden waren, sich ihnen anzuschließen.[70] Zurück auf Tubuai gelang es den tahitianischen Männern zwar, durch ihre Vermittlung das Verhältnis zwischen den Besatzungsmitgliedern und den Bewohnern der Insel etwas zu verbessern[71], es nachhaltig befrieden konnten jedoch auch sie nicht. Immer wieder entbrannten zwischen den Männern der *Bounty* heftige Streitigkeiten und Gewalt, oftmals ging es dabei um sexuelle Kontakte. So gingen etwa die beiden Matrosen Matthew Quintal und John Sumner eines Tages, ohne Fletcher Christians ausdrückliche Erlaubnis, an Land und blieben dort auch über Nacht, höchst wahrscheinlich auf der Suche nach Frauen. Als Quintal und Sumner am nächsten Tag zurückkehrten und Christian sie zur Rede stellte, antworteten sie freimütig, da die *Bounty* nun sicher vor Anker liege, seien sie doch ihre eigenen Herren und daher nur sich selbst verpflichtet. Daraufhin habe Fletcher Christian, berichtet James Morrison, wutentbrannt einem der beiden seine Pistole an den Kopf gehalten mit den Worten, er wolle ihnen schon zeigen, wer ihr Herr sei und sie anschließend in Ketten legen lassen.[72] Unterdessen hatten sich die Männer der *Bounty* daran gemacht, als Teil ihrer Siedlung ein Fort zu bauen. Es trug den Namen *Fort George*, nach König George III. James Morrison zufolge überließ ein Häuptling von Tubuai den Männern ein Stück Land zur freien Nutzung, das Fletcher Christian zuvor als passendes Bauland ausgesucht hatte.[73] Der Wahrheitsgehalt von Morrisons Schilderung in Bezug auf die Freiwilligkeit seitens des Häuptlings muss jedoch in Zweifel gezogen werden, wenn man das feindselige Verhältnis bedenkt, das ansonsten zwischen den Besatzungsmitgliedern und den Bewohnern Tubuais herrschte. Die Kanonen der *Bounty* sollten von Bord transportiert und als Geschütze auf dem

Fort dienen, falls die Inselbewohner die Meuterer angreifen oder bewaffnete Offiziere der Royal Navy hier an Land gehen und nach ihnen suchen würden.[74] Als der Autor, Filmemacher und Nachfahre Fletcher Christians, Glynn Christian, 1980 nach Tubuai kam, besuchte er auch das Stück Land, auf dem das Fort einst gestanden hatte, fand jedoch keinerlei Überreste mehr davon.[75] Die anhaltenden, tiefen Missstimmungen innerhalb der Mannschaft durchkreuzten jedoch schließlich nicht nur den äußerst ambitionierten Bau des Forts, sondern auch alle weiteren Siedlungspläne auf der Insel. Anlass war, dass einige der Besatzungsmitglieder, die auf Christians Seite standen, verlangten, er solle durch Zwang dafür sorgen, dass alle Männer der *Bounty* jeweils Frauen für sich haben könnten. Falls dies nicht geschehe, würden sie die Arbeit verweigern. Daraufhin hielten alle Besatzungsmitglieder eine Krisensitzung ab. Als diese nach drei Tagen endete, hatte sich, allerdings gegen den Wunsch Fletcher Christians und seiner Getreuen, eine Mehrheit für eine Rückkehr nach Tahiti ausgesprochen und gegen den Weiterbau der Siedlung.[76] Am 23. Juli 1789 kam es, laut Kadett Peter Heywood, zum Streit um Kokosnüsse zwischen den Männern, die loyal zu Fletcher Christian waren, und einem Bewohner Tubuais, bei dem dieser getötet wurde. Zudem hatten Christian und sein Gefolge einige Inselbewohner zusammengeschlagen. Dabei ging es um Gegenstände, die die Insulaner zuvor von den Männern der *Bounty* gestohlen hatten.[77] Am 31. Juli, berichtet Heywood weiter, hätten die Männer um Fletcher Christian das Haus eines Insulaners »geplündert und in Brand gesteckt«.[78] Daraufhin brach im Landesinneren der Insel ein brutaler Kampf zwischen Christian und seinen Gefolgsleuten sowie den Bewohnern aus. Dabei wurden zwischen fünfzig und sechzig Frauen und Männer getötet und etliche mehr verwundet.[79] Offenbar ließen Fletcher Christian und die Besatzungsmitglieder, die ihm treu ergeben waren, ihre Wut und Enttäuschung darüber, dass sie sich der Mehrheitsentscheidung ihrer Mannschaftskameraden hatten beugen müssen, nun an den Menschen Tubuais aus. Nach diesen blutigen Ereignissen setzte die *Bounty* am 14. September 1789 schließlich mit Kurs auf Tahiti die Segel. Zurück blieben ein unvollendetes Fort sowie Menschen, die, neben ihren Toten und Verletzten, die sie zu beklagen hatten, mit Syphilis und einer Darmkrankheit angesteckt worden waren.[80] Am 22. September 1789 ging die *Bounty* in Tahiti vor Anker. Es war ihrer Mannschaft nun nicht mehr möglich, die Lüge, dass sie im Auftrag Kapitän Cooks unterwegs seien, noch länger aufrecht zu erhalten, zumal die Tahitianer, die mit auf Tubuai gewesen waren, ihren Landsleuten darüber ohne weiteres hätten reinen Wein einschenken können. Dass die Erzählung, derer sich die Besatzung zunächst bedient hatte, nicht stimmte, schien jedoch keinerlei negative Auswirkungen für sie zu haben.[81] In Tahiti trennten sich die Wege der Besatzungsmitglieder, so wie es zuvor während der Krisensitzung auf Tubuai vereinbart worden war. Insgesamt sechzehn Männer blieben in Tahiti und wurden von den Einheimischen, mit denen sie in der Zeit, als William Bligh mit der gesamten Mannschaft dort gewesen war, enge Freundschaften geknüpft hatten und teilweise auch Liebesbeziehungen eingegangen waren, herzlich aufgenommen. Zu den zurückbleibenden Männern gehörten auch der Bootsmannsmaat James Morrison, der Kadett Peter Heywood und der Matrose John Sumner. Der andere Teil der Mannschaft, acht Männer, schloss sich Fletcher Christian an. Zu ihnen gesellten sich eine Gruppe Tahitianerinnen und Tahitianer sowie einige Einwohner von Tubuai. Insgesamt blieben fünfunddreißig Leute an Bord der *Bounty*.[82] Noch im Schutze der Nacht des 22. September verließ die *Bounty* Tahiti ein letztes Mal, nachdem die sechzehn Mann mit ihren Habseligkeiten an Land gegangen waren. Offenbar waren die Spannungen zwischen den Besatzungsmitgliedern so groß, dass diejenigen auf dem Schiff es kaum mehr erwarten konnten, sich so bald wie nur möglich ohne Abschied davon zu machen. Erneut gegen seinen Willen an Bord behalten worden war der tüchtige und unbeugsame Bligh-getreue Büchsenmeister Joseph Coleman. Als er merkte, dass die *Bounty* sich langsam vom

Land entfernte, sprang er kurzerhand beherzt über Bord und schwamm an Land.[83] Fletcher Christian und seinen Gefolgsleuten ein zweites Mal auf Gedeih und Verderb ausgeliefert zu sein, war offensichtlich keine Option für Coleman. Mochte die Gruppe der in Tahiti zurückgebliebenen Besatzungsmitglieder auch herzlich von ihren Freunden und Liebsten aufgenommen worden sein, so war diese Rückkehr aus strategischer Sicht jedoch äußerst unklug. Sollten, und das mussten die Männer der *Bounty* durchaus befürchten, William Bligh und die mit ihm ausgesetzten Mannschaftsmitglieder überlebt und Bericht über die Geschehnisse erstattet haben, wäre Tahiti schließlich der erste Ort, an dem man nach ihnen suchen würde.[84] Und genau das geschah.

Nach der Heimkehr von William Bligh und den mit ihm ausgesetzten Männern wurde die mit vierundzwanzig Kanonen und hundertsechzig Mann Besatzung ausgestattete Fregatte *Pandora* ausgerüstet und unter das Kommando von Kapitän Edward Edwards gestellt. Edwards sollte die Meuterer aufspüren, gefangen nehmen und zurück nach Großbritannien bringen. Im August 1790 war die *Pandora* in England aufgebrochen, hatte den Seeweg um Kap Hoorn herum genommen und erreichte Tahiti am 23. März 1791.[85] Nach der Ankunft der Fregatte flüchtete ein Teil der Besatzungsmitglieder der *Bounty* in Panik in die Berge. Andere von ihnen ergaben sich, während einige wiederum versuchten, mit der *Resolution*, einem Schiff, das der Bootsmannsmaat James Morrison und einige der Männer sachkundig und mit großem Eifer selbst gebaut hatten, zu flüchten.[86] Nach und nach wurden jedoch alle sechzehn Männer der *Bounty* aufgespürt, festgenommen und an Bord der *Pandora* gebracht.[87] Dort wurden sie in Ketten gelegt und später, nach dessen Fertigstellung, in ein eigens für sie gebautes Verlies, eine Art niedrige Hütte im hinteren Teil des Achterdecks, gesperrt.[88] Diese Hütte maß gerade einmal knapp 4 mal 6 Meter[89], verfügte lediglich über eine schmale Luke, war äußerst beengt und die Hitze dort so gewaltig, dass der Schweiß oftmals, wie James Morrison berichtet, »in Bächen herunterfloss, in den Abfluss rann und binnen kurzer Zeit Maden hervorbrachte.«[90] Das Verlies war mit Wachposten versehen und außer dem Waffenmeister, der die Gefangenen mit Nahrungsmittelrationen versorgte, durfte niemand mit ihnen sprechen.[91] Angesichts dieser Verhältnisse bezeichneten die Männer ihr Gefängnis bald mit Galgenhumor als »*Pandora's* Box«, also als »die Büchse der *Pandora*«.[92] Am 8. Mai 1791 verließen die *Pandora* und die *Resolution* (als Begleit- und Versorgungsschiff[93]) im Konvoi Tahiti, um sich zunächst auf die Suche nach Fletcher Christian und den mit ihm weitergereisten Besatzungsmitgliedern zu machen. Dieses Unterfangen erwies sich jedoch als ungeahnt schwierig – der pazifische Raum war viel zu groß, als dass sich Christian und seine Leute so einfach aufspüren ließen, zumal die Anzahl der vielen großen und kleinen Inseln, auf denen sie sich versteckt halten konnten, in die Hunderte ging.[94] Am 22. Juni verloren die *Pandora* und die *Resolution* in einem Unwetter den Kontakt zueinander. Zwei Tage lang suchte Kapitän Edwards mit Hilfe von Signallichtern und durch das Abfeuern von Kanonenschüssen nach dem Begleitschiff. Als die Suche jedoch erfolglos blieb, reiste die *Pandora* alleine weiter.[95] Am Abend des 28. August 1791 kam es am Great Barrier Reef zu einer Tragödie, die die Suche nach Fletcher Christian und seinen Gefolgsleuten obsolet werden ließ: Trotz größter Vorsicht, um sicher durch das Riff zu kommen, lief die *Pandora* auf Grund.[96] Binnen kürzester Zeit drangen so große Wassermassen in das Schiff ein, dass es in massive Schräglage geriet.[97] Den gefangenen Männern der *Bounty* gelang es, sich von ihren Ketten zu befreien, da sie sich sonst gegenseitig, wie James Morrison berichtet, durch das Gewicht des Metalls zu Tode gedrückt hätten.[98] Doch anstatt sie aus ihrem Gefängnis zu holen, damit sie, wie die Besatzungsmitglieder auch, von der sinkenden *Pandora* entkommen konnten, wurden lediglich drei der Gefangenen zum Dienst an den Pumpen abgestellt. Die anderen Männer der *Bounty* ließ Kapitän Edwards erneut in Eisen legen und verstärkte zudem die Anzahl der Wachposten an dem Verlies, darunter nun auch der Waffenmeister selbst.[99] »Wir hörten«, schreibt James Morrison, »einige der Männer an Deck sagen: ›Verdammt wollen wir sein, wenn sie [die Männer der *Bounty*] mit uns von Bord gehen.‹ Dies erschreckte einige von uns sehr und ließ sie in ihren Ketten unruhig werden, woraufhin der Waffenmeister den Befehl gab, auf uns zu feuern. Als er an der Luke unseres Gefängnisses vorüberging, bat ich ihn: ›Um Gottes Willen, schießt nicht auf uns, wir sind doch alle still und keiner rührt sich.‹«[100] Da sie durch die Geräusche und Befehle an Bord jedoch deuten konnten, was ihnen bevorstand, flehten die Männer in ihrer Gefängnishütte, die sich ebenfalls mehr und mehr mit Wasser füllte, in nackter Todesangst trotzdem immer wieder lauthals um Hilfe. Später kippte das Schiff ein weiteres Stück zur Seite, wodurch die Wachposten mitsamt dem Waffenmeister über Bord stürzten. An der äußerst misslichen Lage der Männer der *Bounty* änderte dies allerdings nichts, sie blieben eingesperrt. Erst im allerletzten Moment, kurz bevor die *Pandora* am Morgen des nächsten Tages sank, fasste sich William Moulter, ihr Bootsmannsmaat, der gerade dabei war, sich selbst in Sicherheit zu bringen, ein Herz, öffnete die Luke und befreite die Gefangenen.[101] Zwar befanden sie sich nun im Wasser, jedoch noch keineswegs in Sicherheit - Wrackteile und Gegenstände, die über Bord gingen, konnten sie verletzen oder gar töten und die Sogwirkung des untergehenden Schiffes sie mit in die Tiefe reißen. Vier der Gefangenen überlebten das Schiffsunglück nicht: Der Kadett George Stewart und der Matrose John Sumner wurden von der Gangway der *Pandora* erschlagen, zwei andere ertranken - der Matrose Richard Skinner sowie der einzige Deutsche an Bord der *Bounty*, der Böttcher Henry Hillbrant aus Hannover. Er, der nur wenig Englisch sprach, hatte es nicht einmal aus dem Gefängnis herausgeschafft.[102] Unter den Überlebenden befand sich auch der Kadett Peter Heywood. Ihm war es gelungen, sein Gebetbuch, ein Geschenk seiner Mutter, zu retten, indem er es zwischen den Zähnen trug.[103] Trotz solcher Glücksmomente war das Elend groß. Der Schiffsarzt George Hamilton schreibt über die Situation unmittelbar nach dem Untergang: »Der Jammer der

Ertrinkenden erstarb [...] nach und nach. Die Boote nahmen die Überlebenden auf.«[104] Insgesamt starben bei dem Untergang der *Pandora* fünfunddreißig ihrer Besatzungsmitglieder.[105] Nach dem Unglück verbrachten die Überlebenden neunzehn Tage auf einer kleinen Insel in der Nähe, die sie *Wreck Island* tauften. So lange brauchten sie, um die Beiboote der *Pandora* flott für die Weiterreise nach Timor zu machen.[106] Für die Dauer der Reise wurden die Männer der *Bounty* auf verschiedene Boote verteilt.[107] In Timor angekommen, wurden die Gefangenen in eine Zelle gesperrt und, obgleich sie nach der Überfahrt geschwächt waren, ihre Füße zusätzlich in speziell dafür vorgesehene Fesseln aus Holz gelegt.[108] »Wir waren gezwungen, dem Ruf der Natur zu folgen und uns dort zu erleichtern, wo wir uns gerade befanden [mit den Füßen gefesselt] [...]«, berichtet der Bootsmannsmaat James Morrison grimmig.[109] Dies machte die Zelle so schmutzig, dass der niederländische Arzt, der sie dort untersuchen sollte, sich weigerte, sie zu betreten, bevor sie nicht gründlich von Sklaven gesäubert worden war.[110] Anfang Oktober 1791 wurden die Männer auf das niederländische Schiff *Rembang* gebracht, mit ihm reisten sie und die Besatzungsmitglieder der *Pandora* nach Semarang weiter. Auch dieser Teil der Reise erwies sich als schwierig, da die *Rembang* sehr leck war und ständig Wasser in sie eindrang, das immer wieder abgepumpt werden musste, auch von den Besatzungsmitgliedern der *Bounty*. James Morrison berichtet, dass der Kapitän die *Rembang* nicht gut befehligte, weshalb Kapitän Edwards das Kommando übernahm.[111] »Hätte Captain Edwards nicht das Kommando [auf der *Rembang*] übernommen und seine Leute zum Dienst an Bord angehalten, hätte sie Batavia nie erreicht«, kommentierte James Morrison.[112] Das Schiff ging am 30. Oktober 1791 in Semarang vor Anker. Sechs Wochen zuvor war dort auch die *Resolution*, das verschollen geglaubte Begleitschiff der *Pandora*, eingetroffen und ihre Mannschaft befand sich, bis auf ein Besatzungsmitglied, das nach der Ankunft gestorben war, wohlauf.[113] »Unsere Zusammenkunft war ein Fest grenzenloser Freude«, schreibt der Schiffsarzt George

Hamilton über das Wiedersehen. »Und wir weinten alle bei den Berichten, wieviel jeder von uns durch Schiffbruch und Hunger gelitten hatte.«[114] Am 7. November erreichten die *Rembang* und die *Resolution* Batavia.[115] Hier wurde das Begleitschiff zum Verkauf feilgeboten und von Edward Edwards gekauft, der es dann dem Gouverneur von Timor als Dank für dessen Freundlichkeit zum Geschenk machte. Den Verkaufserlös teilte Kapitän Edwards, wie Morrison berichtet, unter seinen Besatzungsmitgliedern auf. Die Männer der *Bounty*, die die *Resolution* unter der Federführung des Bootsmannsmaates mit vereinten Kräften gebaut hatten und denen sie ursprünglich gehört hatte, erhielten von dem Geld jedoch nichts.[116] An Heiligabend 1791 reisten die Gefangenen gemeinsam mit Kapitän Edwards und fünfundzwanzig weiteren Besatzungsmitgliedern der *Pandora* mit dem niederländischen Ostindienfahrer *Vreedenbergh* aus Batavia ab und erreichten das Kap der Guten Hoffnung Mitte März 1792. Dort wurden die Männer der *Bounty* auf das britische Kriegsschiff *Gorgon* gebracht, das Anfang April mit ihnen und Edward Edwards auf die Heimreise nach Großbritannien ging.[117] An Bord wurden die Gefangenen erstmals seit ihrer Verhaftung menschlich behandelt, wie James Morrison schildert.[118] So trugen sie nun nur noch eine Fußfessel und bekamen zudem größere Nahrungsmittelrationen, »die uns wie ein Festmahl vorkamen.«[119] Darüber hinaus ließ man die Männer der *Bounty* auf Segeltuch schlafen, »was für uns ein Luxus war, in dessen Genuss wir in den vergangenen zwölf Monaten nicht mehr gekommen waren«, erläutert Morrison in seinem Bericht.[120] Im Juni 1792 erreichte die *Gorgon* Großbritannien. Anschließend wurden die Gefangenen auf die *Hector* überstellt. Dort warteten sie auf ihren Kriegsgerichtsprozess, der im September 1792 stattfand.[121]

Das Gerichtsverfahren gegen die zehn Männer der *Bounty*, die die Reise der *Pandora* und der *Resolution* überlebt hatten, begann am Mittwoch, den 12. September im Hafen von Portsmouth an Bord der *Duke* unter dem Vorsitz von Vizeadmiral Samuel Lord Hood und war die Sensation des Herbstes 1792. Die Anklage lautete zum einen auf Meuterei, die laut Kriegsartikel mit dem Tode zu bestrafen war. Zum anderen wurde ihnen zur Last gelegt, dass sie sich unerlaubt aus dem Dienst der Royal Navy entfernt hatten.[122] William Bligh nahm an dem Prozess nicht teil. Er war bereits im August 1791 mit der *Providence* und der *Assistant* zu seiner zweiten Brotfrucht-Reise aufgebrochen, um den begonnenen Transfer der Frucht zu den Westindischen Inseln doch noch zu vollenden.[123] Unter den zehn Angeklagten waren vier, die nachweislich nach der Meuterei gegen ihren Willen an Bord der *Bounty* zurückgehalten worden waren. Drei von ihnen waren durch Bligh vor seiner erneuten Abreise nach Tahiti schriftlich entlastet worden. Einer von diesen war der Bligh-getreue Büchsenmeister Joseph Coleman[124], der sich in Tahiti mit einem Hechtsprung von der *Bounty* gerettet hatte, um so einer erzwungenen Weiterreise mit Fletcher Christian zu entgehen. Der blinde (oder aber stark sehbehinderte) Bordgeiger der *Bounty*, der Ire Michael Byrn, der ebenfalls zu diesen vieren gehörte, wurde später aufgrund seiner Behinderung und der Tatsache, dass er dadurch gar keine aktive Rolle während der Meuterei hatte einnehmen können, freigesprochen.[125] Der Bootsmannsmaat James Morrison wurde zunächst verurteilt, später aber ebenfalls freigesprochen[126], und der Kadett Peter Heywood wurde zwar für schuldig befunden, später allerdings begnadigt, nachdem das Gericht seinen und auch James Morrisons Fall zuvor »demütig und dringlichst der Königlichen Gnade Seiner Majestät«[127] König George III. überantwortet hatte.[128] Dem Küchengehilfen William Muspratt gelang es nicht, das Gericht zweifelsfrei davon zu überzeugen, dass er nicht zu den Meuterern gehörte, jedoch hatte er das Glück, den gewieften und scharfsinnigen Anwalt Stephen Barney an seiner Seite zu haben. Barney gelang es, Muspratt vor dem Galgen zu bewahren.[129] Von den zehn Männern der *Bounty*, die sich vor Gericht verantworten mussten, wurden lediglich drei zum Tode »durch Erhängen am Halse«, verurteilt, wie es am 18. September 1792 im abschließenden Urteil verkündet wurde[130]. Diese drei waren die Matrosen Thomas Burkett, Thomas Ellison und John Milward.[131] Burkett gehörte zu den Besatzungsmitgliedern, die, unter der Führung Fletcher Christians, am frühen Morgen des 28. April 1789 in William Blighs Kabine eingedrungen waren und ihn dort gefangen genommen hatten. Seine aktive Beteiligung an der Meuterei wurde vor Gericht von gleich mehreren Mannschaftskameraden bestätigt. Ellison gehörte ebenfalls zur Gruppe der Meuterer. Er war bewaffnet gewesen und hatte außerdem während der Meuterei als Wachposten gedient, damit die übrigen Männer um Fletcher Christian keine Gegenwehr befürchten mussten.[132] Thomas Ellison war mit gerade einmal sechzehn Jahren noch jugendlich und hatte das Ganze daher womöglich eher als Spiel, denn als den bitteren und hochgefährlichen Ernst betrachtet, der die Meuterei tatsächlich war.[133] Vor dem Gericht fand Ellison trotz seines Alters allerdings keine Gnade. Auch Milward war als aktiver Meuterer bewaffnet gewesen und, wie Ellison, während der Revolte ebenfalls als Wachposten aufgestellt worden.[134] Am 29. Oktober 1792 wurden die drei Männer auf die *Brunswick* überstellt, die im Hafen von Portsmouth vor Anker lag, wo das Urteil unter großer Anteilnahme der Bevölkerung vollstreckt wurde: Den Verurteilten wurden jeweils ein Sack über den Kopf gezogen und die Schlinge um den Hals gelegt. Um 11:26 Uhr wurde als Signal für die nun bevorstehende Hinrichtung eine Kanone abgefeuert. Anschließend wurden Burkett, Ellison und Milward an der Rah erhängt.[135]

Nachdem die *Bounty* Tahiti im September 1789 zum letzten Mal, völlig überhastet und ohne Abschied verlassen hatte, war guter Rat teuer. An Bord befanden sich nun, neben Fletcher Christian, noch acht weitere hartgesottene Meuterer, eine Gruppe von sechs indigenen Männern und ursprünglich neunzehn indigenen Frauen. Drei der Frauen, die den Meuterern als zu alt erschienen, wurden am Tag nach der Abreise jedoch kurzerhand auf einer Insel namens Eimeo ausgesetzt. Auf der Suche nach einem geeigneten Zufluchtsort segelte die Mannschaft zunächst westwärts, ein genaues Ziel hatte sie jedoch nicht. Dazu kam, dass die Situation an Bord massiv erschwert wurde, weil nur die neun Briten sich überhaupt darauf verstanden, das Schiff zu segeln.[136] Die Ziellosigkeit der Fahrt endete erst, als Fletcher Christian, der die *Bounty* nun alleine navigierte, in einem der von William Bligh an Bord zurückgelassenen nautischen Bücher zufällig auf eine Beschreibung der Insel Pitcairn von Kapitän Philip Carteret stieß. Carteret hatte die Insel bereits 1767 beschrieben, als er die *Swallow* kommandierte. Er nannte das Eiland nach Robert Pitcairn, einem seiner mitreisenden Kadetten, der es zuerst gesehen hatte.[137] Diese Insel war genau das, was Fletcher Christian suchte: Sie war weit genug von der restlichen Zivilisation entfernt, sie liegt zwischen Neuseeland und Chile, 3300 Kilometer entfernt von Ersterem und 3600 Kilometer entfernt von Letzterem[138], inmitten der unendlichen Weite des Pazifik und war zudem durch eine überaus starke, gefährliche Brandung an ihrer Küste nur schwer zugänglich.[139] Der schwierige Zugang würde es auch für die Besatzung der *Bounty* nicht einfach machen, dort zu landen, andererseits aber später einen großen Schutz vor fremden Schiffen bieten. Die *Bounty* begab sich daher auf eine über tausend Seemeilen lange Reise nach Pitcairn, wo sie am 21. Januar 1790 ankam.[140] Ein Grund für die lange Fahrt dorthin war der Tatsache geschuldet, dass Philip Carteret in seiner Beschreibung der Insel ihre Koordinaten falsch angegeben hatte. Die falsche Positionierung war für die Besatzung der *Bounty* nun, da sie die Insel sicher erreicht hatte, aber durchaus hilfreich, da sie so noch schwerer gefunden werden konnte. Nach der Ankunft wurden alle brauchbaren Dinge von Bord des Schiffes an Land gebracht, was angesichts der hohen Brandung keine leichte Aufgabe war. Eigentlich sollte auch das wertvolle Holz, aus dem die *Bounty* gebaut war, abgetragen und auf die Insel transportiert werden. Bevor dieser Plan in die Tat umgesetzt werden konnte, wurde das Schiff jedoch von dem Matrosen Matthew Quintal in Brand gesteckt. Möglicherweise griff er zu dieser drastischen Maßnahme, damit niemand mehr Pitcairn verlassen konnte. Dadurch waren zwar etwaige Spuren vernichtet, jedoch beraubte Quintal sich selbst und die anderen Besatzungs-

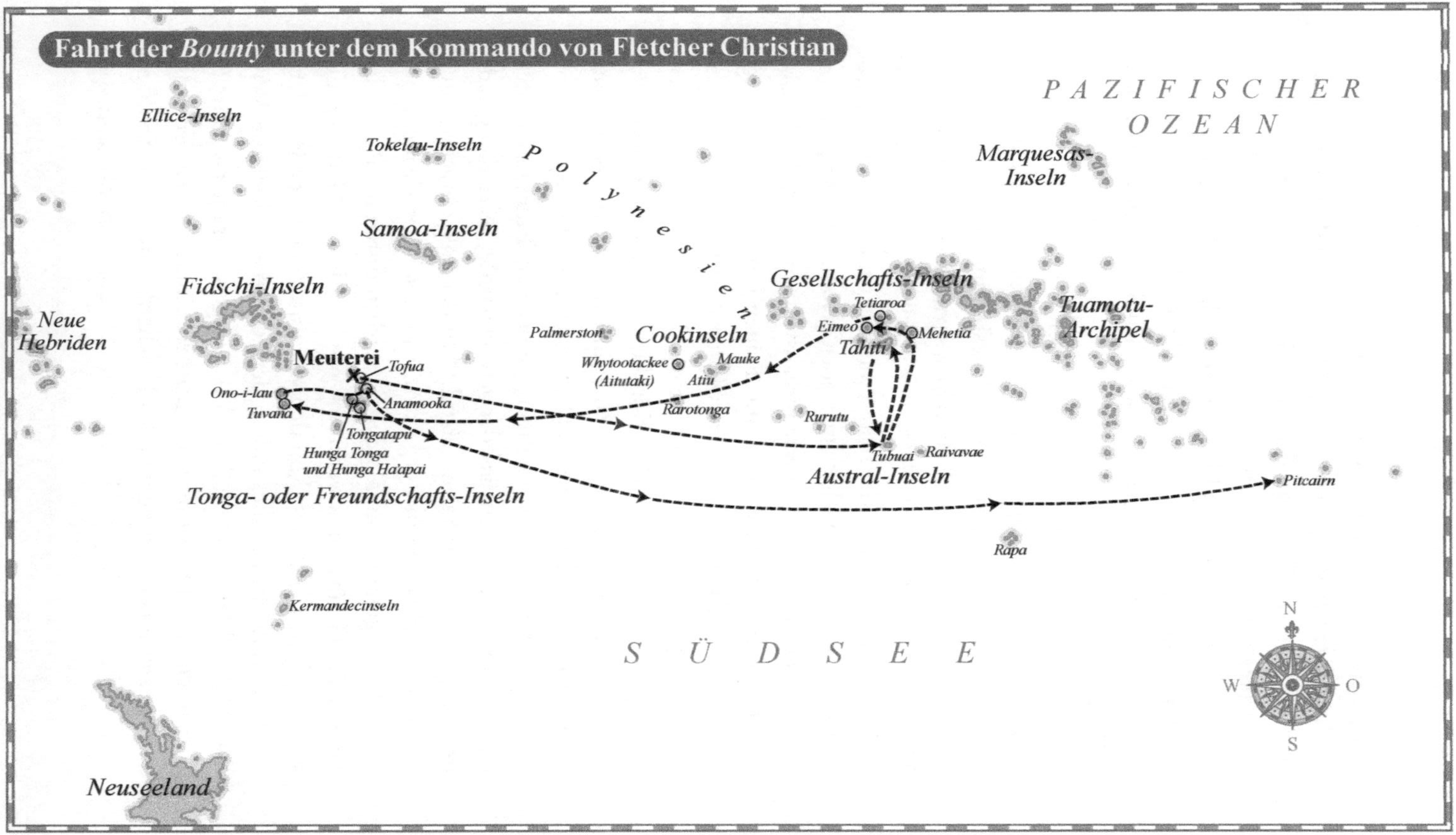
Fahrt der Bounty unter dem Kommando von Fletcher Christian
PAZIFISCHER
OZEAN
Ellice-Inseln
Tokelau-Inseln
Polynesien
Marquesas-
Inseln
Samoa-Inseln
Fidschi-Inseln
Gesellschafts-Inseln
Tetiaroa
Eimeo
Mehetia
Tahiti
Tuamotu-
Archipel
Neue
Hebriden
Palmerston
Cookinseln
Whytootackee
(Aitutaki)
Mauke
Atiu
Rarotonga
Meuterei
Tofua
Ono-i-lau
Tuvana
Anamooka
Tongatapu
Hunga Tonga
und Hunga Ha'apai
Rurutu
Tubuai
Raivavae
Austral-Inseln
Tonga- oder Freundschafts-Inseln
Pitcairn
Rapa
Kermandecinseln
SÜDSEE
N
W
O
S
Neuseeland

mitglieder der letzten Möglichkeit zur Flucht. Sie verfügten zwar noch über einige der Beiboote, allerdings waren diese kaum noch seetüchtig.[141] Die Bucht an der Küste Pitcairns, in der die *Bounty* vor Anker gegangen war und später ausbrannte, trägt bis heute ihren Namen: Bounty Bay.[142] Während William Bligh ein außergewöhnlich gutes Gespür für das Führen von Menschen in Extremsituationen hatte, versagte Fletcher Christian in dieser Hinsicht vollkommen.

Nachdem alle an Land gegangen waren, teilte Christian die gesamte Insel unter den neun britischen Besatzungsmitgliedern auf, die mitgereisten Polynesier und Polynesierinnen erhielten nichts. Sie wurden stattdessen zu Sklaven bzw. sexuellen Gespielinnen der Meuterer gemacht.[143] Diese künstlich geschaffene Ordnung innerhalb der Polynesier und der Briten war nicht nur zutiefst kolonialistisch, sondern sie machte auch noch etwas anderes zu bitterer Realität: Für die Meuterer war Pitcairn ihr letzter Zufluchtsort, für die polynesischen Männer und Frauen hingegen ein Gefängnis.[144] Zwar gab es auch immer wieder Zeiten eines brüchigen Friedens, in denen Kinder geboren wurden, aber unter der Oberfläche gärten tiefe, irreparable Konflikte, insbesondere zwischen den Briten und den polynesischen Männern.[145] 1793 erhoben sich Letztere gegen die Meuterer und begannen einen blutigen Kampf, in dessen Verlauf sie viele von ihnen ermordeten. Eines ihrer ersten Opfer war Fletcher Christian, der getötet wurde, als er sich gerade im Garten bei seinen Yams befand.[146] In der Folge brachten sich die polynesischen Männer gegenseitig um, nachdem sie miteinander in Streit geraten waren, oder sie starben durch die Rache der Frauen der Getöteten sowie durch die Hände der Meuterer, die noch am Leben waren.[147] Von den vier nun noch lebenden Meuterern wandte sich insbesondere der schottische Matrose William McKoy[148] dem Alkohol zu. Aus Glasgow stammend, hatte er dort in einer Schnapsbrennerei gearbeitet und seit der Ankunft auf Pitcairn aus den Früchten des Drachenbaums selbst Schnaps hergestellt.[149] McKoy starb, als er in betrunkenem Zustand von einer Klippe stürzte, es ist jedoch nicht auszuschließen, dass er hinuntergestoßen wurde.[150] Der als hitzköpfig und Unruhestifter geltende Matrose Matthew Quintal[151] wurde 1799 gemeinschaftlich von dem Kadetten Edward Young und dem Matrosen John Adams[152] durch einen gezielten Axthieb im Schlaf getötet. Quintal hatte zuvor den Zorn der anderen auf sich gezogen, als er verkündete, dass alle Frauen auf Pitcairn nunmehr ihm selbst und Young zustünden.[153] Edward Young starb ein Jahr später, am Weihnachtstag des Jahres 1800, eines natürlichen Todes, mutmaßlich an einer asthmatischen Erkrankung.[154] Bevor er starb, hatte Young Adams noch das Lesen und Schreiben beigebracht, dessen Adams kaum kundig gewesen war, und hatte ihn zudem im Singen von Kirchenliedern unterrichtet. Beide hatten nach dem Mord an Matthew Quintal dem Alkohol abgeschworen und sich dem christlichen Glauben zugewandt.[155] Diese Veränderung im Lebenswandel der beiden letzten Meuterer brachte auch der Gemeinschaft auf Pitcairn einen Wandel und befriedete sie dauerhaft. Nach Edward Youngs Tod wurde John Adams, der die Frauen und Kinder nun seinerseits in der christlichen Lehre unterwies, zu ihrem religiösen Oberhaupt und lebte bis zu seinem Tod im März 1829 mit den polynesischen Frauen und ihren Nachkommen einträchtig zusammen.[156] Die Nachfahren der Meuterer von der *Bounty* und der Polynesierinnen leben bis heute auf Pitcairn, das Teil des britischen Commonwealth ist.[157]

# 1

## *Das Ordnen der Natur: Die wissenschaftlichen Entdeckungsfahrten der Royal Navy*

Die britische Wissenschaft und Philosophie erlebten in der frühen Neuzeit einen Aufschwung. Neben einer Übertragung der Bibel und der Epen Homers ins Englische (letztere wurde 1581 durch Arthur Hall besorgt) gewann auch die maritime Expansion Großbritanniens mehr und mehr an Bedeutung. Diese Expansion bedeutete Macht und Reichtum. Das britische Interesse am amerikanischen Kontinent und an Asien wurde dadurch vergrößert, dass der katholische König Philipp II. von Spanien durch den in Amerika und Asien gewonnenen Reichtum die spanische Armada und Religionskriege in Europa finanzieren konnte. Um in der Lage zu sein, die religiöse und politische Freiheit Großbritanniens zu verteidigen, machten sich der britische Handel und die britische Wissenschaft daran, die Welt zu ergründen und zu erobern. Astronomie und Kartographie gewannen an Wichtigkeit, da ohne sie die Schifffahrt und somit eine maritime Expansion Großbritanniens nicht möglich waren.[1] Auch die Agrarwissenschaft und der Ackerbau sollten von dieser Expansion profitieren. So ermutigte etwa Thomas Sprat seine Kollegen in der 1660 gegründeten Royal Society[2], mit der Verpflanzung von östlichen Gewürzen und Gemüsesorten in die britischen Plantagen in Übersee zu experimentieren. Er regte außerdem an, Hanf und die Seidenraupe in Irland und Virginia anzusiedeln. Kolonien und Handel beförderten und erforderten die Vermehrung von Wissen, wie etwa für Fortschritte in der Medizin. So formulierte etwa Robert Boyle 1663 die Frage: »Wie viele neuartige Pflanzen, reich an medizinischen Kräften, mag wohl die Neue Welt für wissbegierige Ärzte aus der Alten Welt bereithalten?«[3] Von dieser Frage geleitet, war es auch Boyle, der britischen Seeleuten und Reisenden im ersten Band der *Transactions of the Royal Society* Anweisungen zum Sammeln verschiedener Pflanzenarten sowie zur Beobachtung naturwissenschaftlicher Phänomene gab. Boyles Kollegen in der *Royal Society* gaben Seeleuten, die in bestimmte Länder reisten, Listen mit Fragen auf die Reise mit und ließen sich nach der Rückkehr ausführlich ins Bild setzen.[4] Bei dieser Verbindung zwischen Wissenschaft und dem sich bildenden britischen Weltreich ging es jedoch nicht nur um ein Ineinandergreifen von sich bietenden neuen Möglichkeiten und deren Nutzen, sondern der christliche Glaube spielte ebenfalls eine entscheidende Rolle. Der sogenannte »Providentialism«, also die christliche Überzeugung, dass alle Geschehnisse in der Welt von Gott vorherbestimmt seien, befeuerte die Suche nach Wissen, den Handel sowie die Errichtung von Kolonien.[5] Das Buch Genesis, an dem sich die britischen Seefahrer sowie die britischen Philosophen orientierten, bildete die gedankliche Voraussetzung für die sogenannte Natürliche Theologie, also die Lehre, dass Gott durch die Erforschung des Buches der Natur zu ehren und auch in der Natur zu finden sei.[6] Ebenfalls dazu heißt es in Paulus' Brief an die Römer im Neuen Testament: »Seit Erschaffung der Welt wird seine [Gottes] unsichtbare Wirklichkeit an den Werken der Schöpfung mit der Vernunft wahrgenommen, seine ewige Macht und Gottheit.«[7] Darüber hinaus leiteten die britischen Seefahrer und Philosophen aus dem Buch Genesis auch ihre Überzeugung ab, dass der Mensch als Sohn Adams nicht nur das Recht, sondern sogar die Pflicht habe, die heidnische Natur zu ergründen und zu unterwerfen[8], gemäß dem Gebot Gottes an die Menschen, wie es im ersten Kapitel des Buches formuliert ist:

> »Gott segnete sie, und Gott sprach zu ihnen: Seid fruchtbar, und vermehrt euch, bevölkert die Erde, unterwerft sie euch, und herrscht über die Fische des Meeres, über die Vögel des Himmels und über alle Tiere, die sich auf dem Land regen. Dann sprach Gott: Hiermit übergebe ich euch alle Pflanzen auf der ganzen Erde, die Samen tragen, und alle Bäume mit samenhaltigen Früchten. Euch sollen sie zur Nahrung dienen.«[9]

Ab den 1760er Jahren schickte die Royal Navy zahlreiche Schiffe auf wissenschaftliche Entdeckungsfahrten in alle Teile der Welt. Ziel dieser Reisen war nicht nur die Kartographie, sondern insbesondere eine Erfassung und Bestandsaufnahme der Natur. Ab den 1780er Jahren entstand in Großbritannien eine neue Art der Wissenschaftspolitik, in der staatliche und gesellschaftliche Institutionen eng miteinander zusammenarbeiteten. Ziel dieser Kooperation, die ganz im Geiste der Aufklärung stand, war es, wissenschaftliche Daten zusammenzutragen und zu untersuchen, die dann zur einer »Verbesserung« der Natur benutzt werden sollten. Dadurch sollte die Welt »lesbarer«, d. h. zugänglicher gemacht und kontrollierbarer werden. Auf diesen Reisen nahmen die britischen Seeleute immer wieder große Gefahren auf sich, sorgten durch ihren Gewinn an Erkenntnis über die Beschaffenheit der Natur aber auch dafür, dass die Seefahrt und die Aufenthalte an fremden Gestaden sicherer wurden. Die Erkundungsreisen, die die Royal Navy im Auftrag der britischen Regierung und in engem Schulterschluss mit wissenschaftlichen Gesellschaften ausrüstete und durchführen ließ, waren das Vehikel, mit dem die Vermehrung naturwissenschaftlicher Kenntnisse im Vereinigten Königreich überhaupt erst möglich wurde.[10] Ein kluger Historiker sieht einen direkten Zusammenhang zwischen der sich in Europa ausbreitenden naturwissenschaftlichen Revolution der Frühen Neuzeit, der zur selben Zeit in Großbritannien Einzug haltenden Aufklärung und der Gründung des British Empire.[11]

Eine Art »Blaupause« für diese Art der Entdeckungsreisen war die erste Reise James Cooks mit der *Endeavour*, die ihn in den Jahren von 1768 bis 1771 nach Tahiti, Australien und Neuseeland führte. Cook (1728–1779) hatte für diese Reise von der Admiralität in London nicht nur den offiziellen Auftrag erhalten, in Tahiti das astronomische Phänomen des Durchgangs der Venus zu beobachten. Er war darüber hinaus in einem geheimen Auftrag, den er erst unterwegs hatte lesen dürfen, angewiesen worden, nach einem Land oder Kontinent zu suchen, der im Süden vermutet wurde.[12] Eines der deutlichsten Zeichen dafür, wie wichtig der britischen Krone diese Forschungsreisen waren – und wohl auch dafür, wie viel sie sich davon sowohl in wirtschaftlicher als auch in naturwissenschaftlicher Hinsicht versprach – war das Verhalten des britischen Königs vor und nach der ersten Reise Cooks: Um sich an den Kosten der Reise zu beteiligen, zahlte König George III. der *Royal Society* 1768 aus eigener Tasche die stattliche Summe von 4000 £ und gewährte dem Kapitän im August 1771 nach dessen Heimkehr zudem eine einstündige Privataudienz.[13]

Seit Cooks Missionen hatten die Schiffe, die zu Erkundungsreisen aufbrachen, zumeist ausgebildete Naturkundler mit an Bord, die von der *Royal Society* sorgfältig ausgesucht und von der Admiralität bezahlt wurden. Ihre Aufgabe bestand darin, an fremden Küsten botanische, zoologische und mineralogische Proben zu sammeln, diese ausführlich durch Texte und Zeichnungen zu beschreiben und die Sammlungen dann nach London zu bringen. Dort angekommen, wurden die Funde in den königlichen Botanischen Gärten in Kew und im British Museum untersucht, systematisiert und klassifiziert. Die Naturkundler an Bord der britischen Schiffe legten dadurch, ob bewusst oder unbewusst, das Fundament für die Entstehung der modernen Biologie und Geologie, die sich bis zu den Sechzigerjahren des 19. Jahrhunderts als Wissenschaften vollends durchsetzen sollten. Es ging dabei allerdings um viel mehr als eine bloße Bestandsaufnahme der Flora und Fauna in der Welt und ihrer jeweiligen Beschaffenheit: Es war der Versuch, die innere Ordnung der Natur zu verstehen, indem man empirische Daten und Proben sammelte und durch sie die Systematik der Arten erkannte. Das wissenschaftliche Verständnis der Aufklärung hatte es sich zum Ziel gesetzt, auf diese Weise den göttlichen Schöpfungsplan nicht nur zu befolgen, sondern ihn sogar zu perfektionieren[14], ganz im Einklang mit dem Auftrag Gottes an die Menschen, wie er im ersten Kapitel des Buches Genesis formuliert ist. Man wollte die Gesetzmäßigkeiten der Natur allerdings nicht um ihrer selbst willen erforschen, sondern vielmehr, um sie gewinnbringend nutzen zu können. Bestimmte Tier- und Pflanzenarten sollten »verbessert« und ihre Verbreitung dem eigenen, britischen Bedarf entsprechend gelenkt und angepasst werden. Das Wissenschaftsverständnis der Aufklärung ging fest davon aus, dass, wer die Natur und ihre Gesetzmäßigkeiten kannte und verstand, auch in sie eingreifen und so die bestehenden Verhältnisse zum eigenen Vorteil beeinflussen und verändern konnte. Diese Annahme zog eine Politik des globalen und systematisch betriebenen Pflanzentransfers nach sich. Damit wollte man aber nicht nur einfach eine Steigerung der Erträge erreichen, um die Menschen in den verschiedenen Regionen satt machen zu können. Es ging dabei auch ganz gezielt um die Etablierung profitabler Sorten, die auf dem britischen, europäischen und sogar dem Weltmarkt hohe Gewinne erzielen könnten.[15] Eine Expertin sieht in der Überzeugung, dass man die Natur nach den eigenen Vorstellungen kontrollieren könne und in dem Glauben an einen Ordnungsauftrag, wie sie im Großbritannien des 18. Jahrhunderts existierten, sogar »eine wesentliche Voraussetzung für die britische imperiale Politik des 19. Jahrhunderts«.[16] Macht über Pflanzen zu haben war das Kapital, mit dem sich sowohl die Unabhängigkeit als auch die Vormachtstellung einer Nation finanzieren ließ. Mit ihr konnte man die Welt beherrschen.[17]

# 2

## *Niederländisches Knowhow und eine reiche spanische Witwe: Zuckerrohr-Anbau im karibischen Raum und auf Jamaika*

Die ersten europäischen Siedler auf den Westindischen Inseln versuchten sich zunächst mit dem gewinnorientierten Anbau einer ganzen Reihe von tropischen Pflanzen, wie etwa Tabak, Indigo und Kakao. Die Zuckerrohrpflanze erwies sich allerdings als die Pflanze, die dort am besten (sprich profitabelsten) gedieh.[1] Daraus wurde eine Substanz gewonnen, die bis dahin – wenn überhaupt – nur Königen, reichen Kaufleuten oder Adeligen vorbehalten gewesen war: Zucker. Gesüßt hatte man vorher, wenn man es überhaupt getan hatte, einzig und allein mit Honig. Im Hinblick auf die Faszination, die Zucker für das damalige Europa ausgestrahlt haben muss, machten seine weiße Farbe, seine Süße, gleichzeitig aber auch seine Neutralität im Geschmack es zu einer wahrhaft paradiesisch anmutenden Zutat.[2]

Ursprünglich wohl in der südlichen Pazifikregion beheimatet[3], kam die Zuckerrohrpflanze (bot. *saccharum officinarum*) über Indien nach Europa und wurde von spanischen Seefahrern nach Amerika gebracht. Man nimmt an, dass es Christoph Kolumbus war, der die Pflanze von Madeira, wo sie im Jahr 1420 angesiedelt worden war, auf seiner zweiten Amerika-Reise nach Hispaniola brachte. Von dort aus gelangte sie auch nach Jamaika.[4] Die ersten Zuckerrohrpflanzen wuchsen schon auf jamaikanischem Boden, als die Insel noch unter spanischer Herrschaft stand und *Santiago* (nach einer anderen Schreibweise auch *St. Jago*) hieß. Als die Engländer sie am 10. Mai 1655 – als Teil des sogenannten *Western Designs*[5] – im Handstreich eroberten, gab es nur ein paar wenige Zuckerfabrikationen auf der Insel und diese produzierten lediglich für den lokalen Gebrauch. Eine davon gehörte einer reichen spanischen Witwe.[6] Barbados war die erste der Westindischen Inseln, auf denen die Engländer die Zuckerrohrpflanze ab 1640 anbauten. Gelernt, wie man Zucker und die mit ihm verwandten Substanzen herstellt, hatten die Briten von den Niederländern. Deren Anstrengungen, mit Zuckerrohrplantagen an der Küste Guayanas zu experimentieren, hatten die Portugiesen allerdings durchkreuzt.[7] Durch niederländisches Geld und Wissen wurde auch die Zuckerindustrie auf den französischen Karibikinseln Martinique und Guadeloupe ermöglicht.[8] Innerhalb von zehn Jahren hatten die Plantagenbesitzer auf Barbados ihren Gewinn, den sie mit Zucker erwirtschafteten, bereits verzwanzigfacht. Auch die Zahl der dort arbeitenden Sklavinnen und Sklaven hatte sich in diesen zehn Jahren entsprechend vergrößert – waren es zu Beginn ein paar hundert gewesen, waren es 1650 bereits über 20000. Die Eroberung Jamaikas, das mehr als sechsundzwanzig Mal so groß war wie Barbados, eröffnete Plantagenbesitzern völlig neue Möglichkeiten. Dementsprechend gab es im Jahr 1673 allein siebenundfünfzig Plantagen auf Jamaika und 1739 waren es schon vierhundertdreißig. Dies machte die Insel zur mit Abstand größten britischen und zeitweilig sogar weltweit zur größten Zuckerproduzentin.[9] Im 18. Jahrhundert – der Zeit ihrer größten Blüte – avancierten die »Zuckerkolonien« (oder »Zuckerinseln«, wie sie ebenfalls genannt wurden)[10] zu den wichtigsten und begehrtesten Besitztümern, die eine Weltmacht haben konnte: In jedem Krieg, der in Europa ausbrach, wurde erbittert um sie gekämpft und bei Friedensgesprächen hart um sie verhandelt.[11] 1763 etwa trat Frankreich im Frieden von Paris, der das Ende des Siebenjährigen Krieges besiegelte, Kanada an England ab. Dazu bereit, die Herrschaft über ihre Inseln in der Karibik aufzugeben, waren die Franzosen jedoch nicht.[12] Wie groß der wirtschaftliche Wert der Zuckerrohrpflanze und ihres Anbaus auf den Westindischen Inseln war, zeigt sich daran, dass die Spanier und nach ihnen Abenteurer aus aller Herren Länder dorthin kamen, weil sie große Gold-, und Silbervorkommen zu finden hofften. Nach einiger Zeit entdeckten sie jedoch, dass der wahre Reichtum der Westindischen Inseln ihre riesigen Zuckerrohrfelder war.[13] Im 17. Jahrhundert war die große Besonderheit der karibischen Länder, dass sie fast ausschließlich aus Plantagen bestanden, deren alleiniger Sinn und Zweck es war, Europa mit tropischen Lebensmitteln zu versorgen.[14] Und obwohl sich diese Aussage auf das 17. Jahrhundert bezieht, galt sie auch im 18. Jahrhundert noch unverändert. Bei der Frage, wie viele Menschen seit Beginn des transatlantischen Sklavenhandels im 16. Jahrhundert bis zu seinem Ende in der Mitte des 19. Jahrhunderts insgesamt von Afrika auf den amerikanischen Kontinent transportiert wurden, geht man heute davon aus, dass von den Jahren vor 1600 bis ins 19. Jahrhundert hinein schätzungsweise etwa 14 650 000 Sklavinnen und Sklaven von Afrika in die Amerikas transportiert wurden.[15] Manche Schätzungen gehen von etwa 11,06 Millionen aus.[16] Höhere Zahlen allerdings, manchmal ist von bis zu fünfzig Millionen verschleppten und versklavten Menschen die Rede[17], entbehren jeder Grundlage.[18] Anhand von Importtabellen, die Auskunft darüber geben, wie viele davon nach Jamaika kamen, wird angenommen, dass in den Jahren von 1751 bis 1807 insgesamt etwa 467 500 Frauen, Männer und Kinder auf die Karibikinsel gebracht wurden.[19]

Im anglikanischen Großbritannien der Frühen Neuzeit hatte beim Ineinandergreifen von Wissenschaft, Handel und der Errichtung von Kolonien die christliche Religion, und hier insbesondere die Überzeugung, dass alles von Gott vorherbestimmt sei, eine entscheidende Rolle gespielt. Nicht anders verhielt es sich bei der Sklaverei. Auch hier beriefen sich diejenigen, die sie befürworteten und von ihr profitierten, stets gern auf die Bibel. Insbesondere wurde dabei etwa mit dem sogenannten »Fluch des Ham«[20] argumentiert, von dem das Buch Genesis berichtet. Im neunten Kapitel des Buches wird von Noach (Noah) erzählt, der drei Söhne hatte: Sem, Ham und Jafet. Von diesen dreien hätten alle Völker der Erde abgestammt. Das Buch berichtet, Noach sei der erste Ackerbauer geworden und habe Wein angepflanzt. An dem Wein habe er sich einmal betrunken und während seines Rausches nackt in seinem Zelt gelegen. Ham, der der Vater Kanaans war, habe die Blöße Noachs gesehen und davon seinen beiden Brüdern erzählt. Diese hätten daraufhin ihren nackten Vater, ohne ihn dabei anzusehen, mit einem Überwurf zugedeckt, um dessen Nacktheit zu verbergen. Als Noach seinen Rausch ausgeschlafen hatte und erfuhr, was Ham getan hatte (er hatte seinen Vater nackt gesehen), verfluchte er Hams Sohn Kanaan und machte diesen zum niedrigsten Knecht – zum Sklaven – seiner Brüder.[21] Die Bibelauslegungen legten nun fest, dass Noachs drei Söhne die drei Stammväter aller Völker der Welt symbolisierten: Jafet sei der Stammvater aller Europäerinnen und Europäer, Sem der Stammvater der Semiten (Asiaten) und Ham der der Afrikanerinnen und Afrikaner. Für die Profiteure und Unterstützer der Sklaverei bedeutete dies konkret, dass die Versklavung der schwarzen Nachfahren Hams eine gottgewollte Erfüllung des biblischen Wortes war.[22]

# 3

## *Zucker, Stockfisch und gepökeltes Rindfleisch: Der Alltag der Sklavinnen und Sklaven – und die Brotfrucht als Manna aus der Südsee*

Die Zuckerrohrplantage von Edward Long war eine typische Vertreterin dieser Art von Wirtschaftsbetrieb im Jamaika des 18. Jahrhunderts. Long stammte aus Cornwall und war dort auch aufgewachsen. Nach dem Tod seines Vaters lebte er insgesamt acht Jahre auf dessen jamaikanischen Besitztümern. Nachdem die acht Jahre verstrichen waren, kehrte Long nach Großbritannien zurück. Fortan widmete er sich seinen schriftstellerischen Neigungen und lebte als Lobbyist von den Erträgen seiner Plantagen im fernen Jamaika. Longs Plantage befand sich an der Nordküste der Karibikinsel und umfasste insgesamt 1826 Morgen. Dazu gehörten außerdem ein 285 Morgen großer Wald, der wichtig für Bau- und Brennholz war, sowie ein 236 Morgen großes Stück Weideland. Dort grasten fünfzig Maultiere, 106 Ochsen, 24 Zuchttiere und eine Herde Schafe. Die Maultiere und Ochsen wurden für den Transport des Zuckerrohrs von den Feldern zur Zuckermühle benötigt. Manche Plantagenbesitzer nutzten sie auch, um ihre Zuckermühlen anzutreiben. Wo die geographischen Gegebenheiten es erlaubten und es, wie auf Jamaika, genügend Bäche und Flüsse gab, wurden die Zuckermühlen seit dem späten 17. Jahrhundert allerdings größtenteils mit Wasserkraft betrieben.

Auf Barbados und anderen Inseln, wo günstige Winde wehten, nutzte man vor allem Windkraft für die Zuckermühlen. Dampfmaschinen wurden dafür erst im Laufe des 19. Jahrhunderts eingesetzt.

Die jeweiligen Erträge einer Plantage waren nicht nur von der Qualität des Bodens und dem Alter der Zuckerrohrpflanzen abhängig (man pflanzte nur alle drei bis vier Jahre neu), sondern zudem auch sehr deutlich von den wechselhaften Witterungsbedingungen. Dies führte dazu, dass die Erträge von Jahr zu Jahr schwankten.[1] Einer der wichtigsten Faktoren für den wirtschaftlichen Erfolg der Plantagen und auch kennzeichnend für sie als Betriebsform war die bis ins Kleinste ausgefeilte und organisierte Arbeitsteilung. Dadurch wurde eine Arbeitsintensität geschaffen, die einem modernen Industriebetrieb in nichts nachstand.[2] Historiker haben die Plantagen deshalb auch nicht von ungefähr als *factories in the field*, also als »Fabriken auf dem Feld«, bezeichnet.[3] Insgesamt sieben Weiße führten Longs Plantage. Sie überwachten alle Arbeiten, vom Roden der Felder bis hin zur Verladung des Rohrzuckers auf Schiffe, und beaufsichtigten insgesamt dreihundertvier Sklavinnen und Sklaven. Diese arbeiteten in verschiedenen Gruppen, die jeweils verschiedene Zuständigkeitsbereiche hatten. Die große Mehrheit von ihnen begann und beendete ihr Arbeitsleben als Feldsklave bzw. als Feldsklavin. Auf Edward Longs Plantage gab es hundertachtundvierzig von ihnen, die meisten davon waren Frauen, eine Tatsache, die im karibischen Raum zwar ungewöhnlich aber keineswegs einzigartig war. Ab der Mitte des 18. Jahrhunderts teilten die Plantagenbesitzer ihre Feldsklavinnen und -sklaven in jeweils drei Kolonnen (auch *gangs* genannt) ein: Zur ersten Kolonne gehörten alle körperlich starken Männer und Frauen, die das Erwachsenenalter erreicht hatten. Zu ihren Aufgaben gehörten die schweren Feld- und Erntearbeiten, sowie der Bau und Unterhalt von Gebäuden. In der zweiten Kolonne arbeiteten die schon älteren Frauen und Männer, Schwangere und stillende Mütter sowie Jugendliche. Sie hatten die etwas leichteren Arbeiten zu erledigen. Die dritte Kolonne bestand schließlich aus den fünf-bis zwölfjährigen Mädchen und Jungen. Ihre Aufgaben waren das Jäten, Düngen sowie Schneiden des Grases. Die Kinder standen tagsüber unter der Aufsicht einer älteren Frau, wohingegen die erste und zweite Kolonne einem schwarzen Vorarbeiter unterstanden (der, nomen est omen, auf Englisch *driver* genannt wurde).[4] Jede dieser Kolonnen hatte neben ihrem schwarzen »Antreiber« (dem Vorarbeiter) zusätzlich auch noch einen weißen Aufseher.[5] Ein Machtinstrument und Disziplinierungsmittel gleichermaßen stellte eine kurze Peitsche dar, die die Vorarbeiter stets bei sich trugen (auf den französischen Karibikinseln wurden zur Überwachung der Sklavinnen und Sklaven zusätzlich noch Bluthunde eingesetzt[6]). Überhaupt bestimmten Gewalt oder ihre Androhung das tägliche Leben auf den Zuckerrohrplantagen, auf ihr fußte das Kolonialsystem an sich. Ähnlich wie im Europa der damaligen Zeit, galt Gewalt auch auf den Plantagen als völlig legitime Stütze von Autorität, Herrschaft und Macht über andere. Gehorchten die Sklavinnen und Sklaven nicht, drohten ihnen bis zu fünfzig Peitschenhiebe oder noch schlimmere Strafen. Qualifizierte Arbeiten, zu denen unter anderem das Sieden des Zuckers gehörte, erledigten Kreolen, die auf der Plantage geboren worden waren.[7] Nachdem das Zuckerrohr auf den Feldern geerntet worden war, wurde es auf Karren verladen und zur Mühle transportiert. Dort angekommen, wurden die Karren entladen und das Zuckerrohr in die Mühle gehievt. Die Mühle, die von mehreren Maultieren, einem Wasserrad oder durch Windkraft betrieben wurde, bestand aus drei schweren Eisenrollen. Diese Eisenrollen zerdrückten das Zuckerrohr und pressten dabei den Saft aus ihm heraus. Der Saft wurde dann durch eine hölzerne Rinne direkt zu einem Siedehaus geleitet. Dort floss der Saft in einen großen Kupfertank, der *clarifier* genannt wurde. Nun wurde dem Saft etwas Kalk hinzugefügt und das Gemisch daraufhin erhitzt. Der Kalk sorgte dafür, dass dem süßen Saft alle Rückstände und Unreinheiten entzogen wurden und sich auf seiner Oberfläche ansammelten. Diese Rückstände und Unreinheiten wurden jedoch keineswegs entsorgt, sondern mit Schöpfkellen aus Holz vorsichtig abgeschöpft und zu Rum weiterverarbeitet. Der reine, heiße Zuckersaft wurde nun in einem Kupferboiler ein zweites Mal erhitzt. Nachdem eine gewisse Zeit verstrichen war, wurde er ein drittes und viertes Mal erhitzt, jedes Mal stärker und in einem kleineren Boiler. Beim vierten und letzten Durchgang wurde der Saft schließlich so lange gekocht, bis daraus eine zähflüssige, braune Masse – roher Zucker – geworden war.[8] Die Zuckerrohrplantagen waren sowohl Bauernhöfe als auch Fabriken. Dies musste so sein, denn das reife Zuckerrohr musste innerhalb von vierundzwanzig bis achtundvierzig Stunden geerntet, klein gemahlen und der Zuckerrohrsaft gekocht werden, weil sonst die Gefahr bestand, dass ein Gärungsprozess einsetzte oder das frisch vom Feld eingebrachte Zuckerrohr zu verfaulen begann.[9] Ein gewöhnlicher Arbeitstag auf den Zuckerrohrplantagen dauerte, ähnlich wie der von europäischen Bäuerinnen und Bauern, vom ersten Hahnenschrei bei Sonnenaufgang bis zum Sonnenuntergang. In tropischen Gegenden bedeutete dies eine Arbeitsdauer von mindestens zehn Stunden täglich. Unterbrochen wurde der Arbeitstag lediglich von den Pausen fürs Frühstück und zum Mittagessen.[10] Der Arbeitsalltag auf den Plantagen und sich an ihn zu gewöhnen, bedeutete für die Sklavinnen und Sklaven – insbesondere unmittelbar nach ihrer Ankunft – eine große Umstellung. Es kostete Neuankömmlinge erhebliche Mühe, sich der ungewohnten Zwangsordnung anzupassen und einem neuen geregelten Tagesablauf zu folgen. All dies stand zur Freiheit und Selbstbestimmtheit ihres früheren Lebens im denkbar größten Gegensatz. Die Versetzung der Sklavinnen und Sklaven mitten hinein in eine europäisch geprägte Arbeitswelt, in der Gier nach Profit und Macht regierten, musste für sie ein unvorstellbarer Kulturschock gewesen sein.[11] Sonn- und Feiertage wie Ostern, Pfingsten, Weihnachten und Neujahr waren arbeitsfrei. Diese Tage mussten die Sklavinnen und Sklaven allerdings damit verbringen, die Gärten, die ihnen von ihren Herren zur Verfügung gestellt wurden, zu bestellen und zu pflegen, damit sie ihr eigenes Obst und Gemüse anbauen konnten. In der Erntezeit, die von Januar bis Juni dauerte, wurde noch härter und länger gearbeitet, denn die Verarbeitung des geschnittenen Zuckerrohrs duldete keinerlei Aufschub. In den Zuckersiedereien wurde dann Tag und Nacht gearbeitet, die Zuckerproduktion stand nie still.[12] Insgesamt betrachtet, war die Ernährung der Sklavinnen und Sklaven auf den westindischen Plantagen einseitig und schlecht – so gab es auf den Französischen Antillen kaum einen Ort, an dem sie genug zu essen hatten. Das wirkte sich nicht nur in erheblichem Maße auf die Leistungsfähigkeit der Männer, Frauen und Kinder aus, sondern erhöhte zudem die Anfälligkeit für Krankheiten. Selbst dort, wo es genügend stärkehaltige Gemüsesorten wie etwa Maniok oder Mais gab, herrschte ein Mangel an eiweißreicher Kost. Da es auf den Westindischen Inseln keine einheimischen Wildtiere gab, wurden Salzheringe aus Neufundland, Stockfisch aus Norwegen und gepökeltes Rindfleisch aus Irland importiert.[13] Die Einfuhr dieser Lebensmittel war allerdings kostspielig und der Nachschub in Zeiten internationaler Konflikte, wie etwa des Siebenjährigen Krieges oder der Amerikanischen Revolution, längst nicht immer gewährleistet. Eine tendenzielle Vernachlässigung des Nahrungsmittelanbaus auf den Plantagen erhöhte die Gefahr der von Zeit zu Zeit herrschenden Hungersnöte in einer Umgebung tropischen Überflusses.[14] Insbesondere drohte diese Gefahr den kleineren Inseln, auf denen Land ohnehin knapp war, und weniger auf Jamaika, wo die Berghänge zwar für den Anbau von Zucker zu steil, für den Anbau von Lebensmitteln allerdings genau richtig waren.[15] Und es waren die Kosten der Nahrungsmittelimporte und die Engpässe in der Versorgung, die für den Transfer der Brotfrucht zu den westindischen Plantagen des britischen Weltreiches eine entscheidende Rolle spielten.

Schon ab 1775 hatte sich die *Society of West India Merchants*, also die Gesellschaft der Westindischen Plantagenbesitzer, dazu bereit erklärt, die Kosten für den Export einer fruchtbringenden Pflanze in die westindischen Kolonien zu übernehmen, die als Nahrungsmittel genutzt werden könnte. Die sowohl von den Plantagenbesitzern als auch von der *Royal Society* für dieses Vorhaben favorisierte Frucht war die Brotfrucht.[16] Der britische Freibeuter, Weltumsegler und Entdecker William Dampier (1651–1715) schrieb 1688 als erster Europäer über sie:

> »Die Brotfrucht wächst an einem [...] Baume, der so groß ist, wie unsere größten Apfelbäume. [...] Sie selbst ist so groß wie ein Laib Brot [...] von runder Form, mit einer dicken, harten Schale. Wenn die Frucht reif ist, ist sie gelb und weich, süß und angenehm im Geschmack. [...]«[17]

Hinter der Idee zur Verpflanzung der Brotfrucht standen allerdings auch noch zwei größere wirtschaftliche Zusammenhänge: Zum einen vergrößerte die aufkommende Mechanisierung der Spinnereien und Webereien im Rahmen der britischen Industrialisierung deren Produktionskapazitäten beträchtlich. Die im Vereinigten Königreich dadurch im Überschuss produzierten Baumwollstoffe wollte man in Indien und China absetzen. Für die erfolgreiche Umsetzung dieses Vorhabens war man allerdings auf einen wachsenden Import von Baumwolle nach Großbritannien angewiesen, die nun wiederum von den Plantagen in der Karibik geliefert werden sollte.[18] Dazu kam, dass durch den Amerikanischen Unabhängigkeitskrieg seit 1776 die Versorgung Jamaikas und der anderen britischen Kolonien in der Karibik mit Lebensmitteln aus den amerikanischen Kolonien vorübergehend wegbrach. Lediglich britischen Schiffen war es gestattet, mit den britischen Besitzungen in der Karibik Handel zu treiben, und Nordamerika war ja nun keine britische Kolonie mehr.[19] Die Lösung all dieser Probleme versprach man sich von der Brotfrucht: Sie sollte die Sklavinnen und Sklaven der Karibik ernähren und dadurch gleichzeitig helfen, den britischen Asienhandel anzukurbeln und die britische Präsenz im Fernen Osten zu verstärken.[20]

# 4

## *Edle Wilde oder einfältige Barbaren: Die Wahrnehmung Tahitis im Europa der Aufklärung*

Über lange Zeit galten die Bewohner Tahitis in der Vorstellung von Europäern als edle und gute Wilde inmitten einer üppigen tropischen Landschaft, die all ihre »einfachen« Bedürfnisse erfüllte. Diese tahitianische Gesellschaft sei, so dachte man darüber hinaus, die eines friedlichen Miteinanders, das sich an natürlichen Gesetzen orientierte und weder Standesunterschiede noch Ungleichheit durch Reichtum kannte. Dieser Mythos kam jedoch nicht erst durch die europäischen Entdeckungen im südlichen Pazifik auf, sondern fand sich schon gleich von Beginn an in den Beschreibungen der neu entdeckten Länder. Gespeist wurden diese Beschreibungen einerseits durch tatsächliche Erlebnisse und Beobachtungen, andererseits aber auch durch mythische Überlieferungen eines »Goldenen Zeitalters« der Griechen oder der paradiesischen Inseln der Christen. Der Begriff des »edlen Wilden« geht möglicherweise auf Christoph Kolumbus zurück, der in seinen Bordtagebüchern die üppige tropische Landschaft der Karibik schilderte.[1] Zunächst glaubte der Portugiese, er habe die »Glücklichen Inseln« gefunden, die sich der Überlieferung nach im Westen befanden. Kolumbus lobte die schöne Gestalt und die Friedfertigkeit der Bewohner (»Diese Leute sind sehr sanft und schüchtern, sie laufen nackt herum, [...] ohne Waffen und ohne Gesetz.«[2]). Er beschrieb zudem ihre innige Verbundenheit mit der Natur und hielt sie für Menschen, denen Mangel genauso fremd sei, wie privates Eigentum – Merkmale, die mit dem »edlen Wilden« dauerhaft verbunden werden sollten.[3] Magische Vorstellungen und ein scheinbar sorgloses Dasein der Ureinwohner übten eine starke Anziehungskraft auf die Europäer aus – und zwar lange bevor die literarische Mode den Mythos vom »edlen Wilden« verbreitete.[4] Der französische Philosoph und Essayist Michel de Montaigne (1533–1592) hatte möglicherweise ebenfalls einen entscheidenden Einfluss auf die frühe Verfestigung des Mythos vom »edlen Wilden« in den europäischen Köpfen. Sein Essay *Über die Kannibalen* ist eine regelrechte Lobeshymne auf die brasilianischen Ureinwohner und ihre Art zu leben. Darin schreibt er:

> »Also: diese fremden Völker kommen uns so barbarisch vor, weil sie vom menschlichen Geist wenig umgestaltet und ihrem Originalzustand noch sehr nahe sind. Bei ihnen sind die Naturgesetze noch in Geltung; sie sind durch menschliche Gesetze noch wenig verdorben. [...] Hier lebt ein Volk, wo es gar keinen Handel gibt, keine Schrift, kein Rechnen, keine Vorgesetzten in Stadt und Staat, [...] keine Reichen und keine Armen, keine Verträge, [...] keinen Beruf, der zur Arbeit zwingt, [...] selbst die Begriffe: Lüge, Verrat, Heuchelei, Geiz, Neid, Verleumdung, Verzeihung, bedeuten dort nichts. Plato müsste zugeben, dass der Idealstaat, den er sich ausgedacht hat, bei weitem nicht so vollkommen ist, wie dieser.«[5]

Allerdings gab es in Europa nicht allein die Vorstellung vom »edlen Wilden«. Die im 18. Jahrhundert kursierenden Vorstellungen lagen zwischen wilden Barbaren auf der einen und glückseligen Kindern der Natur auf der anderen Seite – ganz abhängig davon, ob man nun die eigene Zivilisation als überlegen ansah oder ob man sich nach einer verloren gegangenen Natürlichkeit sehnte, von der man glaubte, sie habe sich in den indigenen und polynesischen Völkern und deren Lebensweisen erhalten. Diese Auseinandersetzung über die Vor- oder Nachteile von Kultur spaltete die Aufklärer in zwei Lager: Auf der einen Seite standen die Verteidiger und Verfechter des Fortschritts. Zu ihnen gehörte auch der Schweizer Geschichtsphilosoph und Autor Isaak Iselin (1728–1782), der 1764 sein Buch *Über die Geschichte der Menschheit* veröffentlichte. Der Tenor lautet, dass das goldene Zeitalter nicht Vergangenheit, sondern Zukunft sei. Der Mensch müsse sich aus der Abhängigkeit von fremden Autoritäten und von der blinden Natur befreien. Erst im Fortgang der Geschichte entwickle er mit Hilfe der Vernunft und der Wissenschaft einen immer höheren Grad an Humanität und Glückseligkeit.[6] Dementsprechend war Iselin der Meinung: »So stehet auf der höchsten Stuffe der natürlichen Glückseligkeit der Weise; diese unter den Sterblichen so seltene Erscheinung.«[7] Von den Verfechtern und Anhängern des Fortschritts wurden die indigenen und polynesischen Völker ganz am unteren Ende der menschlichen Entwicklungsgeschichte der Menschheit verortet. Fehlende Bedürfnisse und Sorglosigkeit waren nun nicht mehr länger Zeichen einer paradiesischen Unschuld, sondern vielmehr ein Ausdruck von Arbeitsscheu und Unvernunft. Sie wurden mit Kindern verglichen und mit den fortschrittlichen europäischen Gesellschaften konfrontiert. Letztere fanden ihre Vorrangigkeit dadurch bestätigt, dass es ihnen möglich war, alle Gesellschaften, die es auf der Welt gab, zu unterwerfen.[8]

Über die Ureinwohner schreibt Isaak Iselin:

> »Eigenthum, Sittlichkeit, Pflicht, und alles, was davon abhängt, sind Begriffe, deren solche Menschen unfähig seyn würden. Eben so unbekannt würden ihnen die Gedanken von Dauer, Zeit, Zahl, Anfang, Ende, Leben und Tod; und eine eigentliche Sprache würde für sie eine sehr überflüssige und sehr unbrauchbare Erfindung seyn. Für sie würde das Gegenwärtige allein etwas, das Vergangene und das Zukünftige aber [...] nichts seyn. So finden wir ungefehr den Verstand unsrer Kinder in den ersten Jahren des Lebens beschaffen.«[9]

Dieser typisch aufklärerischen Sicht stand eine entgegengesetzte Bewegung gegenüber. Dem »Vorwärts!« der Fortschrittsgläubigen trat sie mit ihrer Losung »Zurück zur Natur!« entgegen. Sie propagierte die »edlen Wilden« als die beneidenswerten Menschen. Diese seien noch ursprünglich und nicht durch eine technisierte Gesellschaft beeinflusst wie die Europäer. Die Anhänger dieser Idee waren der Meinung, die moderne Zivilisation habe die Menschen von sich selbst und der Welt entfremdet. Daher komme es darauf an, zu einem ursprünglichen, natürlichen Zustand zurückzukehren.[10] Eine der Galionsfiguren[11] und ein eifriger Wortführer dieser Idee war der Genfer Schriftsteller, Pädagoge, Naturforscher und Philosoph Jean-Jacques Rousseau (1712–1778). In seiner *Abhandlung über den Ursprung und die Grundlagen der Ungleichheit unter den Menschen* schreibt er über die Unterschiedlichkeit zwischen den »zivilisierten« Europäern und den »primitiven Wilden«:

> »Da der Körper des Wilden das einzige Werkzeug ist, das er kennt, gebraucht er ihn zu verschiedenen Tätigkeiten, zu denen unsere Körper aus Mangel an Übung nicht mehr fähig sind [...]. Lasst dem zivilisierten Menschen die Zeit, all seine Maschinen um sich zu versammeln, so wird er zweifellos den wilden Menschen überwinden. Wenn ihr aber einen noch ungleicheren Kampf sehen wollt, so stellt sie nackt und unbewaffnet einander gegenüber, und ihr werdet bald erkennen, welchen Vorteil es hat, alle seine Kräfte unaufhörlich zur Verfügung zu haben, stets auf jedes Ereignis vorbereitet zu sein und sich sozusagen selbst immer ganz mit sich zu führen.«[12]

Nachhaltig prägend für die europäische Vorstellung des Pazifiks, insbesondere von Tahiti, waren die Ölgemälde und Stiche des britischen Malers William Hodges (1744–1797). Hodges begleitete James Cook auf dessen zweiter Südseereise (1772–1775). Die Admiralität hatte die Reise finanziert und Hodges war damit beauftragt worden, während der Reise Skizzen anzufertigen, die er nach seiner

Rückkehr zu Ölgemälden für eine Ausstellung der Royal Academy ausarbeiten sollte. Die dazu gehörigen Stiche sollten wiederum zur Illustration des offiziellen Reiseberichtes dienen. Die (Reise-) Schriftsteller und Maler hatten eine herausragende Rolle, als es darum ging, dem Publikum des 18. Jahrhunderts die Forschungs- und Entdeckungsreisen ihrer Zeit zu präsentieren: Ihre Aufgabe war es, die auf diesen Reisen erstmals in Augenschein genommene Welt außerhalb Europas genau darzustellen und zwar als greifbar gemachtes Erlebnis für diejenigen, die zuhause geblieben waren. Für sie waren diese Bilder eine Einladung, die unbekannte Welt so zu sehen, wie sie tatsächlich war.[13]

Die Offiziere und Naturkundler auf den europäischen Entdeckungsschiffen sammelten eine große Menge an Informationen über die Bewohnerinnen und Bewohner der pazifischen, ozeanischen und sogar arktischen Gebiete. Auf diese Weise wurde es möglich, Aussagen darüber zu machen und Erkenntnisse darüber zu gewinnen, wie die eigentlichen, unverfälschten – von Gott ursprünglich geschaffenen – Menschen beschaffen waren. Die neue, empirisch ausgerichtete und nach Fakten gierende Naturkunde machte den ursprünglichen Menschen so zum Forschungsgegenstand. Ausführlich berichteten die europäischen Seeleute und Naturkundler von den Menschen Feuerlands, den Polynesiern, Maori, Aborigines und Inuit sowie den Begegnungen mit ihnen. In ihren Reiseberichten hielten sie deren Sitten, Gebräuche, Lebensumstände, Wirtschaft, religiösen Zeremonien, Herrschaftsstrukturen oder Kleider fest und legten mitunter sogar Wörterbücher an, um die fremden Sprachen zu dokumentieren und zu lernen. Darüber hinaus sammelten die Naturkundler eifrig Artefakte, Werkzeuge oder auch Kunstgegenstände, die in Sammlungen aufgenommen wurden. Auch brachten sie eigene Zeichnungen und Gemälde mit zurück nach Europa, auf denen die körperliche Beschaffenheit, die Kleidung oder die Lebensweisen der Fremden dargestellt wurden – wenn auch anfänglich nicht unbedingt detailgetreu, sondern idealisiert und angelehnt an den Stil der griechischen Antike.[14] Bei den Forschungs- und Entdeckungsreisen des 18. und 19. Jahrhunderts, die die Kenntnisnahme der gesamten Welt zum Ziel hatten, handelte es sich allerdings nur um das sichtbarste Zeichen der Entwicklung einer europäischen Moderne, die das Vergleichen mehr und mehr zu einem Verfahren werden ließ, das die ganze Welt umspannte. Im Rahmen einer erstmals »globalen Komparatistik« wurden nun auch die am weitesten entfernten Völker, Nationen, Religionen und Lebensformen miteinander verglichen.[15] Dieses naturwissenschaftlich-ethnologische Interesse seitens der Europäer war jedoch zunächst längst nicht immer mit Respekt, Höflichkeit und diplomatischem Geschick gepaart gewesen: Noch in der Mitte des 18. Jahrhunderts hatten europäische Entdeckungsreisende auch in der Südsee, wo die ersten Begegnungen vergleichsweise harmonisch vonstattengingen, oft mit brutaler und blutiger Gewalt auf die Schwierigkeiten des Kulturkontaktes reagiert.[16] So hatte der britische Kapitän Samuel Wallis (1728–1795), der Tahiti im Juni 1767 für Europa »entdeckte«, unter den Eingeborenen ein großes Blutvergießen angerichtet, als er beim ersten Kontakt in der tahitianischen Matavai-Bucht auf die sich seinem Schiff nähernden Kanus der Eingeborenen mit Kanonen feuern ließ. Die Bilanz waren mehr als dreihundert Tote unter den Einheimischen.[17] Es ist davon auszugehen, dass erst mit der ersten Reise James Cooks ein Umdenken auf der britischen Seite einsetzte, sowohl was die Zielsetzungen der Forschungs- und Entdeckungsreisen als auch den Umgang mit den Bewohnern der Überseegebiete betraf.[18] Dass man nun bestrebt war, sich auf die fremden Menschen in den Überseegebieten respektvoll einzulassen und ihnen friedfertig zu begegnen, machen die Anweisungen für Cooks zweite Reise seitens der Admiralität deutlich:

> »Gleichermaßen sollt Ihr auch darauf Acht haben, welchen Charakters, welchen Temperamentes und welcher Gesinnung die Eingeborenen oder Bewohner sind, denen Ihr begegnet, und wie groß ihre Zahl ist – so Ihr auf sie stoßen solltet. Ihr

seid dazu angehalten, alles nur Mögliche dafür zu tun, um eine Freundschaft oder Allianz mit ihnen zu schließen. Macht ihnen den Tand zum Geschenk, welcher ihnen von Wert sein könnte. Ermutigt sie zum Handeln & erweist ihnen jedwede Art der Höflichkeit und Wertschätzung [...].«[19]

Ein anderer europäischer Seefahrer, der Tahiti ebenfalls bereist, das Land, seine Bewohner ausführlich beschrieben und in den schillerndsten Farben dargestellt hatte, war der Franzose Louis-Antoine de Bougainville (1729–1811). Er hatte von 1766 bis 1769 mit der Fregatte *La Boudeuse* die Welt umsegelt und dabei auch Tahiti besucht.[20] Sein Bericht war für das exotische und paradiesische Bild von Tahiti, das sich in den Köpfen vieler Europäer des 18. Jahrhunderts festsetzte, ebenfalls von maßgeblicher Bedeutung.[21] Über das Aussehen der Tahitianerinnen und Tahitianer schreibt der Franzose:

»Sie haben feine Züge, ihre größte Schönheit besteht aber in einem schön gebildeten Leibe, welcher nicht von Jugend auf durch eine Schnürbrust verdorben worden. So wie die europäischen Damen sich die Wangen rot anpinseln, streichen die Damen in Tahiti die Hüften und das Hinterteil ihres Leibes dunkelblau an. Das gehört zum Putze und ist gleichzeitig ein Zeichen dafür, dass sie vornehmer sind als andere. Die Männer tun ein Gleiches. [...] Man muss hierzu bemerken, dass dieses Anmalen zu allen Zeiten üblich war bei den Völkern, die dem Naturzustand noch nahe waren. [...] Die größte Reinlichkeit erhöht noch den Reiz dieses liebenswerten Volkes. Sie baden sich beständig und essen und trinken niemals, ohne sich vorher und nachher zu waschen.«[22]

Die Tätowierungen, die de Bougainville erwähnt, waren nicht nur Schmuck, sie galten auch als Symbol der Männlichkeit. Solange sich ein Tahitianer sein Gesäß nicht vollständig hatte tätowieren lassen (wozu es einer langen und zudem äußerst schmerzhaften Prozedur bedurfte), galt er nach der Tradition des Landes als nicht heiratsfähig.[23] Ein weiterer Aspekt, der den Mythos von Tahiti als exotischem Ort kräftig befeuerte, war die Sexualität. Tahitianerinnen galten in Europa als schön, sinnlich und - in Bezug auf Sex - auch als besonders freigiebig. Ihre Gunst konnte oftmals schon mit einer Handvoll Nägel erkauft werden.[24] Der Botaniker Philibert Commerson (1727-1773) segelte mit de Bougainville nach Tahiti.[25] In einem Brief an den Astronomen und Mathematiker Jérôme Lalande berichtete er von dem Aufenthalt in Tahiti. In dem Brief wird deutlich, welches sexuelle Selbstverständnis aus europäischer Sicht in Tahiti herrschte:

> »Geboren unter dem schönsten Himmelsstrich [...] kennen sie keinen anderen Gott als die Liebe; jeder Tag ist ihr geweiht, die ganze Insel ist ihr Tempel, alle Frauen sind ihre Priesterinnen, alle Männer ihre Anbeter. [...] Weder die Schande noch die Scham üben ihre Tyrannei aus; [...] Der Akt der Zeugung ist ein religiöser Akt; das Vorspiel dazu wird durch die Wünsche und die Lieder des zu diesem Zwecke vereinten Volkes angeregt, und das Ende wird mit allgemeinem Beifall gefeiert. Jeder Fremde wird zur Teilnahme an diesen glücklichen Mysterien zugelassen, ja es ist sogar eines der Gesetze der Gastfreundschaft, ihn dazu einzuladen, so dass der gute Tahitier unaufhörlich genießt - entweder das Gefühl seiner eigenen Wonnen oder das Schauspiel der Sinneslust der anderen.«[26]

Erotik und Sexualität spielten für die europäischen Seeleute, die nach Tahiti reisten, eine entscheidende Rolle.[27] Unschwer kann man sich vorstellen, welch überaus sinnlichen Eindruck es auf sie gemacht haben muss, wenn sie nach der monatelangen, äußerst strapaziösen Reise die tahitianischen Frauen und Männer das erste Mal leibhaftig vor sich sahen. »Dann waren sie [die Frauen] da, den süßen Duft von Tiaré im Haar, Meersalz auf ihrer Haut.

Und knüpften den Männern an Bord mit sanften Fingern [...] die schweißnassen Hemden auf. Und mitunter auch zielstrebig die Hosen [...]«.[28] Die Tahitianerinnen verfolgten dabei allerdings durchaus auch ihre eigenen Interessen und zwar nicht nur, dass sie »erotische Geschenke«, wie Kleider und Stoffe bekamen oder dass sie, auf Geheiß ihrer Ehemänner, Nägel oder Äxte von den Seeleuten beschafften. Es ging ihnen dabei um mehr: Mit den bleichen Fremden ließen sich nämlich hellhäutige Kinder zeugen, was wiederum eine gute Voraussetzung für Frauen der mittleren Kaste der Freien in Tahiti, der *raatina*, war, um so den Aufstieg in die tahitianische Adelskaste anzubahnen.[29] Auch die Brotfrucht fand in den europäischen Reiseberichten des 18. Jahrhunderts immer wieder Erwähnung. Wie die Frucht aussah und wie sie zubereitet wurde, geht aus einer weiteren Schilderung William Dampiers hervor. Dampier macht darin auch noch einmal deutlich, warum die Brotfrucht von den Europäern ihren Namen bekam:

> »Die Eingeborenen von Guam nutzen sie als Brot. Sie ernten sie, sobald sie ausgewachsen, aber noch grün und hart ist. Alsdann backen sie sie in einem Ofen, welcher die Schale versengt und schwarz werden lässt. Aber sie kratzen die äußere schwarze Schale ab und es bleibt eine weiche, dünne Schale zurück. Das Innere der Frucht ist weich, zart und so weiß, wie die Krumen eines Laib Brotes. In ihrem Inneren befinden sich weder Kerne noch Steine, sondern alles ist von einer reinen Substanz, wie Brot. [...] Diese Frucht kann acht Monate im Jahr geerntet werden und in dieser Zeit essen die Eingeborenen auch *keine anderen Nahrungsmittel, die Ähnlichkeit mit Brot haben.*«[30]

Die Brotfrucht galt seit ihrer Beschreibung durch Dampier, Anson und Cook unter den europäischen Seefahrern als exotisch und Symbol eines sorgenfreien Lebens. Die Frucht wuchs auf Tahiti in lichten Hainen und die Brotfruchtbäume trugen acht Monate im Jahr Früchte. Alles, was man tun musste, war eine Frucht vom Baum pflücken und sie anschließend im Feuer braten. Hier war der Fluch von Adam, den man aus dem Paradies vertrieben hatte, unwirksam geworden.[31]

# 5

## *»Unter guten Geistern oder den Teufeln der Hölle«: Die Welt der Schiffe*

Das gesellschaftliche Ansehen von Seeleuten war im Großbritannien des 18. Jahrhunderts nicht sehr groß. Wer an Land lebte, erkannte ihre seltsame Kleidung und ihr exzentrisches Benehmen. Über die Absonderlichkeiten der Seeleute lachten die Menschen, denn sie verstanden diese nicht und wussten auch nichts über die Welt, in der sie lebten.[1] Wer im 18. Jahrhundert das erste Mal auf ein Schiff kam, tauchte ein in eine Welt, die ihre ganz eigenen Verhaltensregeln, eine bestimmte Kleidung und sogar ihre eigene Sprache hatte.[2] Wie befremdlich diese Welt auf Menschen gewirkt haben musste, die sie das erste Mal betraten, macht die Aussage eines Jungen deutlich, der zum ersten Mal zur See fuhr:

> »Ich wusste gar nicht, ob ich nun an gute Geister oder zu den Teufeln der Hölle geraten war. Alles an Bord erschien mir sonderbar - die Sprache, die anders war, die seltsamen Ausdrücke, die benutzt wurden. Stets hatte ich den Eindruck, dass ich schliefe oder träumte und nie wirklich hellwach war.«[3]

### *Handwerker, Schulmeister und Offiziere: Berufe und Ränge an Bord*

An Bord der (Kriegs-)Schiffe der Royal Navy des 18. Jahrhunderts gab es im Wesentlichen drei große Gruppen: die so genannten *Commissioned Officers*, dann die *Warrant Officers* und zuletzt *the people* (»die Leute«).

Die *Commissioned Officers* wurden von der Admiralität berufen und hatten eine festgelegte und traditionelle Laufbahn vor sich. Zu ihnen gehörten die Ränge Admiral, *Captain*, *Commodore*, *Master and Commander*, sowie die Leutnants. All diese Ränge hatten die staatliche Gewalt und damit das Kommando an Bord inne. Ein Admiral befehligte normalerweise einen Flottenverband, einen Hafen oder einen Stützpunkt in Übersee.[4] Admiralsränge gab es insgesamt drei: Admiral, *Vice-Admiral* (Vizeadmiral) und *Rear-Admiral* (Konteradmiral). Diese drei Ränge waren dann wiederum noch einmal drei Schwadronen zugeteilt: der roten, der weißen und der blauen. Der Leutnant war der niedrigste Rang der *Commissioned Officers*. War man erst einmal dazu ernannt worden, folgten in der Regel zunächst der Rang eines *Post Captains*, also eines Kapitäns mit Kommission, und als fernes Ziel die Ernennung zum Admiral. Ein Leutnant diente meist als untergeordneter Offizier an Bord eines Kriegsschiffes, es war allerdings auch sehr wohl möglich, dass er allein ein Schiff befehligte. Dieses musste dann allerdings kleiner als eine Schaluppe sein. Der Rang des Befehlshabers an Bord und die Größe des jeweiligen Schiffes mussten einander entsprechen. War ein Kapitän an Bord, der das Kommando inne hatte, war ein Leutnant für eine Wache zuständig. Konkret bedeutete das, dass er für einige Stunden die Verantwortung für das gesamte Schiff trug. Zu den Aufgaben der Leutnants gehörten außerdem die Koordination aller Aufgaben, die zum Segeln und zur Navigation des Schiffes nötig waren, Übungen an den Kanonen und Handfeuerwaffen, alle disziplinarischen Aspekte eines Kommandos sowie die Ausbildung der Schiffsjungen an Bord.[5] Die Deckoffiziere (*Warrant Officers*) hatten, anders als die *Commissioned Officers*, keinen militärischen Rang, die meisten von ihnen waren Handwerker und übten ihr jeweiliges Handwerk im Namen des *Navy Board* auf einem Schiff aus.[6] Dazu gehörten etwa die Kanoniere, der Schiffszimmermann, der Koch, der Proviantmeister, der *Master* und der Schiffspfarrer.[7] Mochten die Deckoffiziere auf der hierarchischen Leiter auch einige Stufen unter den Seeoffizieren stehen, so gewährte ihnen ihre Wichtigkeit an Bord der Schiffe dennoch ein bestimmtes Maß an Schutz: Aus disziplinarischen Gründen ausgepeitscht werden durften sie, ähnlich wie die Seeoffiziere, nicht.[8] Der Proviantmeister war für die Vorräte zuständig sowie für alle anderen Gebrauchsgegenstände an Bord. Teilweise versah er diese Aufgabe als Marineoffizier und wurde dafür mit staatlichen Vorräten entlohnt, über die er Rechenschaft ablegen musste. Zu einem guten Teil erledigte er seine Arbeit allerdings auf eigene Kosten und verkaufte der Marine auf eigene Verantwortung die Waren und Gegenstände, deren Qualität, Menge und Preise von der Marine festgelegt wurden. Der Bootsmann war für alles Seemännische an Bord zuständig. Konkret hieß dies, er kümmerte sich etwa um die Takelage oder darum, dass das Schiff sicher vor Anker gehen konnte. Er war dementsprechend auch für alle Ausrüstungsgegenstände verantwortlich, die für diese Arbeitsbereiche nötig waren, wie etwa Segel, Taue und dergleichen. Auch er hatte, ähnlich wie der Proviantmeister, selbst für einen Vorrat an Ausrüstung zu sorgen, und sich vor der Navy dafür zu verantworten. Er musste über diese Dinge Listen anlegen, Berichte schreiben und daher lesen und schreiben können. Der Schiffszimmermann war zuständig für die Wartung und Instandhaltung des Schiffsrumpfes, sowie für die Spieren und Masten an Bord. Diese Männer hatten umfassende berufliche Kenntnisse. Obwohl auch sie, ähnlich den Proviantmeistern und den Geschützoffizieren, nicht von adliger Herkunft waren, standen sie bei ihren jeweiligen Kapitänen für gewöhnlich in sehr hohem Ansehen.[9] Der Waffenmeister war nicht nur, wie der Name es schon sagt, für die

Waffen, sondern auch für die Ordnung an Bord zuständig. Er war es, der die Wachposten auf dem Schiff verteilte, er gab Acht, dass alle Kerzen gelöscht wurden und er zählte die Hiebe, wenn jemand an Bord ausgepeitscht wurde.[10] Der *Master* war der ranghöchste Deckoffizier. In einigen Bereichen – etwa dem der Bezahlung – war sein Rang dem eines Leutnants sogar gleichwertig. Auf Handelsschiffen hatte der *Master* das Kommando. Bei der Navy allerdings galt das nicht, hier war er einfach nur der Navigator des Schiffes.[11] Trotzdem gehörte eine große Vielseitigkeit zum Beruf des *Masters*. So musste er wissen, wie man richtig mit Kompass, Sextanten und Quadranten umging, zumal er auch auf diese Instrumente Acht geben musste. Zudem sollte er die Sterne deuten können und mit der See gut vertraut sein. Logarithmen musste er errechnen können sowie Karten anfertigen. All dies Wissen erwies sich jedoch als nutzlos, wenn der *Master* nicht auch noch zusätzlich verstand, wie man die Segel richtig setzte und wie der Anker funktionierte. Er hatte gleichermaßen ein Mathematiker und Handwerker, Wissenschaftler und Matrose zu sein. Machte er seine Aufgabe schlecht, brachte er das Leben aller Mannschaftsmitglieder in Gefahr.[12] Allerdings konnten auch die *Commissioned Officers* diese Aufgaben übernehmen. Sie waren dafür ebenfalls ausgebildet und in dieser Disziplin oft ähnlich gut qualifiziert wie die *Master* selbst, wenn nicht sogar besser.[13] Formell betrachtet unterstanden die Deckoffiziere in Fragen der Disziplin zunächst einmal ihrem Kapitän und letztendlich der Admiralität. Brauchten sie Arbeitsmaterialien oder Nachschub, mussten sie sich dafür an das entsprechende Amt innerhalb der Admiralität wenden, dem sie unterstellt waren: Der Proviantmeister etwa wandte sich an das *Victualling Board*, der Schiffsarzt an das *Sick and Hurt Board*, die Waffenmeister kontaktierten das *Ordnance Board*, die *Master* und die Bootsmänner mussten beim *Navy Board* vorsprechen.[14]

Die dritte und zugleich größte Gruppe an Bord waren die *people*, oder auch *hands* genannt, kurz: die Mannschaft. Zu ihr gehörten die Seeleute, die wiederum in drei Untergruppen aufgeteilt wurden – die *able seamen*, die *ordinary seamen* und die *landmen*.[15] Als Faustregel galt, dass ein Jahr auf See aus einem Mann einen *seaman* und zwei Jahre einen *ordinary seaman* machten.[16] Die Mannschaft war auch noch einmal in Gruppen, sogenannte *Divisions*, aufgeteilt, die jeweils für bestimmte Masten oder auch Mastabschnitte an Bord zuständig waren, je nach ihrer Erfahrung und Zuverlässigkeit. Diese Gruppen wetteiferten untereinander in Schnelligkeit und Geschicklichkeit bei der Arbeit in der Takelage und schufen dabei auch interne Loyalitäten. Einzelne Offiziere, vor allem die Leutnants, waren jeweils für die *Divisions* verantwortlich. Zu den *landmen* wurden unter anderem die Dienstboten des Kapitäns, des Admirals oder der Offiziere gezählt. Diese Dienstboten gehörten aber nicht nur zu den *landmen*, sondern zugleich auch zu den *idlers*.[17] Diese Gruppe (auch *daymen* genannt), zu Deutsch etwas süffisant »die Faulenzer« oder »Nichtstuer«, hatte innerhalb der Mannschaft eine besondere Stellung: Sie waren zumeist Mannschaftmitglieder mit Aufgaben, die nur tagsüber erledigt werden konnten.[18] Das bedeutete, dass sie nicht zu den ansonsten obligatorischen Wachen eingeteilt wurden und überdies keinen Dienst in der Takelage tun mussten.[19] Seemänner im eigentlichen Sinne waren die *idlers* nicht. Dazu zählten unter anderem der Zimmermann, der Proviantmeister, der Schiffsarzt, der Schiffspfarrer sowie deren Gehilfen. Es gab auch einige unter ihnen, die formal den Rang eines Unteroffiziers hatten. Das waren unter anderem der Segelmacher und seine Gehilfen, der Schreiber des Kapitäns, der Koch und sein Küchenjunge sowie der Schulmeister an Bord.[20] Die Altersspanne der Schiffsbesatzung lag in etwa zwischen sechs und siebzig Jahren. Die größte Altersgruppe war die der jungen Männer bis fünfundzwanzig Jahre. Allerdings gab es auch sehr wohl einige ältere Männer innerhalb der Mannschaft, sie waren meistens *Warrant Officers* oder *able seamen*.[21]

## *Faulpelze,* Sea Daddys *und Muskelkraft: Der Arbeitsalltag an Bord*

Der Tag auf See begann um 12 Uhr mittags. Dann machten die Offiziere ihren Kontrollgang übers Schiff und bestimmten seine Position sowie den Sonnenstand. Das geschah, damit die Zeitrechnung auf See eingehalten werden konnte, wobei man der normalen Zeitrechnung eines Tages an Land immer um zwölf Stunden voraus war und es auch blieb. War ein Schiff aber im Hafen oder lag vor Anker, kehrte man an Bord sofort zu der normalen Zeitrechnung, die an Land herrschte, zurück.[22] Der Tag war in Wachen, also gewissermaßen Schichten an Bord, und in so genannte *Bells* unterteilt, halbstündige Zeitabschnitte, die mit der Sanduhr gemessen wurden.[23] Auf jedem Kriegsschiff, das sich auf See befand, gab es normalerweise zwei Wachen. Alle *seamen* und *landmen*, Bedienstete und Unteroffiziere (*Petty Officers*) wurden zur Wache in einem bestimmten Teil des Schiffes eingeteilt. Es gab jeweils zwei Gruppen, die Backbord- und die Steuerbordwachen. Das System war so eingerichtet, dass immer, zu jeder Tages- und Nachtzeit, zumindest eine Wache an Deck war. Jede Wache dauerte vier Stunden. Davon ausgenommen waren die vier Stunden in der Zeit von vier Uhr nachmittags bis acht Uhr abends. In dieser Zeit dauerte eine Wache nur zwei Stunden. Die Schicht der ersten Wache begann um acht Uhr abends, wenn alle anderen Mannschaftsmitglieder unter Deck gingen und sich schlafen legten. Die erste Wache ging bis Mitternacht. Dann begann die Schicht der zweiten Wache, die bis vier Uhr morgens ging. Die erste Wache schlief dann bis vier Uhr, wenn auch für alle anderen Mannschaftsmitglieder die Nacht zu Ende war. Alle wachhabenden Männer konnten also höchstens vier Stunden Schlaf am Stück bekommen. Dazu kam, dass sie jederzeit geweckt werden konnten, wenn Not am Mann war und die gerade Dienst tuende Wache Unterstützung brauchte. Das galt übrigens auch für die Mehrheit der *idlers*, die ansonsten als einzige Gruppe an Bord nur tagsüber arbeitete, und daher genug Schlaf bekam. Wenn Gefahr drohte oder aber eine Aufgabe des Nachts viele Hände erforderte, mussten auch sie mit anpacken. Insbesondere auf kleinen Schiffen, wie etwa Fregatten und Schaluppen, deren Mannschaften nicht so groß waren, wie diejenigen auf Kriegsschiffen, war das oft der Fall.[24] Der Wachwechsel diente zudem als Zeitmesser, da es an Bord der Schiffe keine allgemein gebräuchliche Uhr gab. Einer der Unteroffiziere, normalerweise der wachhabende Quartiermeister, hatte eine Sanduhr, mit der jeweils eine halbe Stunde gemessen wurde. Sobald die Sanduhr umgedreht wurde, läutete er die Schiffsglocke. Das Ertönen des achten Schlags war jeweils das Signal zum Wachwechsel.[25] Dieses strikte Wachsystem im Vier-Stunden-Takt sorgte für eine der größten Entbehrungen im alltäglichen Leben an Bord: Schlafmangel. Gemildert wurde er nur, indem man jede sich bietende Gelegenheit nutzte, um Schlaf nachzuholen, sei es tagsüber oder wenn ein gerade wachhabender Offizier einige seiner ebenfalls zur Wache eingeteilten Kollegen an Deck schlafen ließ. Ob der Schlafmangel auch für die Offiziere problematisch war oder nicht, hing sehr von der Größe des jeweiligen Schiffes ab. Normalerweise übernahmen der *Master* und die sechs Leutnants, die an Bord waren, reihum die Wache. Gab es auf einer kleinen Schaluppe etwa jedoch nur einen einzigen Leutnant, bedeutete das für ihn und den *Master* natürlich mehr Arbeit und weniger Möglichkeit, tagsüber eventuell etwas Ruhe und Schlaf zu bekommen. An Bord der kleineren Kriegsschiffe hielten der Bootsmannsmaat und der Waffenmeister oft Wache. Der Kommandant eines Schiffes musste des nachts damit rechnen, ebenfalls an Deck gerufen zu werden, etwa dann, wenn sich der Wind drehte, oder etwas anderes Unvorhergesehenes geschah. Bei ruhigem Wetter mochte ein Kommandant vielleicht ohne Unterbrechungen schlafen können. War dies jedoch nicht der Fall, kam es durchaus vor, dass er gleich mehrere Tage und Nächte lang an Deck sein musste. Die Einzigen an Bord, die - selbst in größter Not - davon ausgehen konnten, genug Schlaf zu bekommen, waren der Schiffsarzt, der Proviantmeister, der Schiffspfarrer, der Schiffszimmermann und die Seesoldaten. Sie brauchten sich noch nicht einmal dann zu rühren, wenn das Pfeifsignal »Alle Mann an Deck« durchs Schiff tönte.[26] Der Tagesablauf auf einem Segelschiff war peinlich genau organisiert und zeitlich durchgetaktet. Die Nacht war für die Mannschaft um vier oder fünf Uhr morgens vorüber. Dann schrillte ein Ton aus der Pfeife des Bootsmanns und sein Weckruf ging durch das ganze Schiff.[27] Noch vor dem Frühstück wurde das Deck mit Bimsstein geschrubbt und getrocknet. Manche Kapitäne ließen ihre Mannschaft dann an den Kanonen üben.[28] Ob das Frühstück um 6:30 Uhr[29] oder um acht Uhr auf den Tisch kam[30], ist strittig. Abends sangen die Männer, spielten auf Instrumenten oder tanzten an Deck – sofern das Wetter es zuließ.[31] Das Tanzen an Deck als Aktivität mag für uns heutzutage zwar seltsam oder gar albern klingen, es hatte aber einen durchaus ernsten Hintergrund: Es sollte die Männer schlicht und einfach bei Laune halten.[32] »Eine gewisse Zeit der Entspannung und Fröhlichkeit ist absolut notwendig. Und ich habe es als dermaßen notwendig betrachtet, dass der Abend nach 4 Uhr ihrem Vergnügen und Tanz vorbehalten ist«, kommentiert etwa William Bligh im Logbuch der *Bounty* das Tanzen.[33] Jedoch war diese Praxis alles andere als beliebt.[34]

Zu Beginn einer Woche, jeweils an Montagen, übten die Männer an den großen und kleinen Kanonen sowie den Umgang mit Entermessern und Musketen. An Dienstagen wurden auf und an dem Schiff Reparaturarbeiten durchgeführt. Mittwochs holte man alle Segel ein und wechselte sie aus. Ein Tag innerhalb der Woche[35] war der so genannte *Make and Mend Day*, der Tag, an dem die Mannschaft ihre Kleider wusch und flickte. Die Seeleute wuschen die Kleidung meistens im salzigen Wasser der See, zumal dann, wenn es nur wenig Trinkwasser an Bord gab. Nach dem Waschen hängten die Männer ihre Kleidung in die Takelage. Die Mannschaften mussten ihre Kleidung jedoch nicht nur selber waschen und ausbessern, sie mussten sich auch neue nähen. Die Stoffe dafür wurden ihnen zugeteilt. Die verschiedenen Gruppen innerhalb der Mannschaft nähten sogar miteinander um die Wette, wer von ihnen die hübschesten Muster und Verzierungen - meist bunte Bänder an den Nähten der Hosen oder an den Hüten - anfertigte.[36] Freitags wurden alle Kanonen bemannt und ein Übungsschießen abgehalten. Samstags säuberte die Mannschaft das Schiff von oben bis unten.[37] An den meisten Sonntagen wurde ein Gottesdienst abgehalten oder es wurden zumindest vor versammelter Mannschaft die *Articles of War* - die an Bord gültigen Gesetze - verlesen.[38] Diese Praxis des regelmäßigen Verlesens von Anordnungen, wie etwa der *Articles of War*, war deshalb nötig, weil das Bildungsniveau unter Seeleuten insgesamt sehr niedrig war und kaum jemand von ihnen lesen konnte.[39] Es war oft der Fall, dass die jeweilige Mannschaft sonntags nach *Divisions* - Abteilungen - gemustert wurde. Alle hatten dafür sowohl nüchtern als auch gewaschen auf ihrer Gefechtsstation zu sein (dass dies reibungslos verlief, hatten die Offiziere gegenüber ihrem Kapitän zu verantworten).[40]

Alle Arbeiten, die an Bord getan werden mussten, erforderten Muskelkraft. Das galt für die Matrosen, die hoch oben in der Takelage arbeiteten, dort Segel setzten und einholten und Reparaturen erledigten. Der Schiffszimmermann, der die Spieren, den Rumpf und die Masten im Auge behielt, sie kontrollieren und ausbessern musste, brauchte dazu ebenfalls körperliche Kraft. Auch die Arbeit des Geschützmeisters war ein Handwerk. Er reparierte die gusseisernen Waffen und stellte auch neue her, da er gleichzeitig als Schiffsschmied fungierte. Der Segelmacher und seine Helfer kümmerten sich um das Segeltuch und besserten es, wenn nötig, aus. Tag und Nacht waren einige Männer oben im Ausguck, blickten in die Ferne und hielten Ausschau. Es war üblich, sie als Belohnung abzulösen, wenn sie etwas bemerkt oder gesehen hatten. So hatte jeder an Bord seine festen, regelmäßigen Aufgaben. Allerdings gab es auch einige Dinge, die nur von allen Mannschaftsmitgliedern gemeinsam erledigt werden konnten. Dazu gehörte etwa das Lichten des tonnenschweren, gusseisernen Ankers. Auch das Einholen der Barkasse – sie wog ebenfalls mehrere Tonnen – war eine dieser Aufgaben.[41] Diejenigen, die noch am wenigsten Erfahrung hatten oder aber charakterlich schwierig waren, wurden zur *Afterguard* auf das Achterdeck oder in den vorderen Teil des Schiffes zwischen Achter- und Vorderdeck abgestellt. Hier erledigten sie unter den wachsamen Augen der Offiziere Aufgaben, für die zwar Kraftaufwand und Koordination, jedoch kaum besondere Fertigkeiten gefragt waren, wie etwa das Tragen von Segeln. Die jungen Matrosen arbeiteten hoch oben in der Takelage, wo sie einander Segel anreichten und sie ausrollten. Die älteren Matrosen, die dies nicht mehr konnten, arbeiteten stattdessen auf dem Vorderdeck unter der Aufsicht des Bootsmanns.[42] Die Arbeiten, die vonnöten waren, um ein Schiff zu segeln, wurden also in der Gruppe erledigt – und üblicherweise stillschweigend. Einzig die Stimme des Kapitäns sollte an Bord während der Arbeit zu hören sein und auch nur er (oder allenfalls der wachhabende Offizier) durfte Befehle erteilen. In Sachen Schweigen ging Captain Thomas Hardy an Bord der *Victory* sogar so weit, dass er Befehle nicht mit seiner Stimme, sondern durch Handzeichen gab.[43] Man hat den Arbeitsalltag der Schiffsmannschaften mit seinen Organisationsstrukturen (Arbeit in der Gruppe und unter Aufsicht, die genaue Einhaltung von Arbeitszeiten, dazu exakte, sich tagtäglich wiederholende Arbeitsabläufe) als frühen Vorläufer des Arbeitsalltags bezeichnet, wie die industrielle Revolution ihn später prägen und dauerhaft etablieren sollte.[44] Noch bis ins erste Drittel des 19. Jahrhunderts hinein wurde der Beruf des Seemanns als ein Handwerk betrachtet, das man ohne eigene Erfahrung nicht lernen konnte – das galt für den einfachen Seemann, genauso wie für die Offiziere.[45] Norbert Elias war der Meinung, dass wer ein Segelschiff befehligen wollte, den Verstand eines Handwerkers benötigte.[46] Dieses Handwerk konnte ausschließlich durch die eigenen, schon von Kindesbeinen an gemachten Erfahrungen erlernt werden.[47] So wurde der englische Ausdruck *to learn the ropes*[48] ganz und gar wörtlich verstanden: Die Kunst des Segelns und des Navigierens musste sowohl an Bord als auch *in the maintop*, also hoch oben über den Schiffsplanken in den Masten, gelernt werden. Das Alter, in dem Jungen auf ein Schiff kamen, lag zwischen sieben und zwölf Jahren. Angeleitet von ihrem so genannten *Sea Daddy*, einem erfahrenen Seemann, lernten die Jungen dann, wie sie sich sicher in der Takelage zu bewegen, Segel zu setzen und einzuholen hatten. Mitunter bedeutete das auch ganz konkret, dass die Jungen und Männer selbst bei Sturm und Eis in dreißig Metern Höhe auf den Masten und Wanten balancierten und Segel einholten, während die Masten dabei gleich in mehrere Richtungen schwankten. *Pitch and roll*, also »stampfen und rollen«, wurden die Bewegungen eines Segelschiffes genannt, wenn es die hohen Wellenberge und -täler erklomm, und dabei auch die Bewegungen seitwärts mitmachte, die sich auf die Mastspitze der Takelage um ein Vielfaches auswirkten. Die Jungen an Bord erlernten außerdem, wie man mit Seilen und Knoten umging, und wie man ein Schiff sicher steuerte (*to hand reef and steer*, wie es im Seemannsjargon hieß). Mit diesem Wissen und diesen Fähigkeiten wurden sie zum *Able Seaman* ausgebildet und in die körperlich schwere Arbeit und die Entbehrungen eingeführt, die das Leben auf See für sie bereithielt.[49] Nur Menschen, die jung auf ein Schiff kamen, um dort ausgebildet zu werden, konnten schließlich hoffen, das Schiff am Ende auch tatsächlich zu beherrschen. *To catch'em young* – »man muss sie sich holen, solange sie noch jung sind« – war dementsprechend eine oft gebrauchte Redewendung bei der alten Marine. Daher war es auch ganz normal, wenn ein Junge bereits im Alter von neun oder zehn Jahren seine Laufbahn als Marineoffizier direkt an Bord eines Schiffes begann. Wer später, namentlich erst im Jugendalter, an Bord kam, so meinten erfahrene Seeleute, konnte mitunter nicht mehr seefest werden und die Seekrankheit früh überwinden. Außerdem gelänge es jungen Burschen dann noch besser, bestimmte Fertigkeiten zu erlernen, wie etwa das Knoten und Spleißen, das richtige Aufentern oder die Grundlagen des Takelns, die nur durch langes und kompliziertes Üben zu meistern waren. Wer ein rechter

Seemann werden wollte, musste zumindest eine Zeit lang mit den eigenen Händen arbeiten. Das Wissen aus Büchern nützte dabei nur wenig.[50]

### *Grog, Brot und »tragbare Suppe«: Essen und Trinken an Bord*

Über die Qualität der Ernährung auf den Schiffen der britischen Marine des 18. Jahrhunderts gehen die Meinungen auseinander. Während manche die Ernährung an Bord als eintönig und oft kaum genießbar bezeichnet haben[51], gehen andere wiederum davon aus, dass die Seemänner dies nicht toleriert hätten, da sie bei einer schlechten Ernährung überhaupt nicht in der Lage gewesen seien, die körperlich überaus schwere Arbeit zu leisten, die ihnen das Segeln eines Schiffes oder gar der Kampf in der Schlacht abverlangten.[52] Wo genau die Wahrheit über die Qualität der Ernährung lag, muss dahin gestellt bleiben. Fest steht jedoch, die Ernährung war gesichert, es gab regelmäßig zu essen und zu trinken. Das war für die Menschen, die in ähnlichen Berufen an Land arbeiteten, zur damaligen Zeit nicht immer der Fall. Die Rationen, die die britische Marine an ihre Seeleute ausgab, waren in puncto Inhalt und Gewicht standardisiert.[53] Die Männer hatten ein Anrecht auf ihre Ration. Schiffszwieback (der auch als »Brot« bezeichnet wurde[54]) sowie gepökeltes Rind- und Schweinefleisch waren die Hauptnahrungsmittel der Mannschaften.[55] Brot, wie wir es kennen, so genanntes *soft bread*, »weiches Brot« also, gab es auf den Schiffen nicht. Gestreckt wurde das Pökelfleisch etwa mit Erbsen, Käse, Butter, Schiffszwieback oder auch getrocknetem Fisch.[56] Dazu gab es für jedes Besatzungsmitglied täglich ein halbes Pint (ca. einen halben Liter[57]) Rum. Mit Wasser wurde der dann zu Grog vermischt.[58] Zu Admiral Nelsons Zeiten war es üblich, dass der Rum um zwölf Uhr mittags ausgeschenkt wurde, während dazu das Lied *Nancy Dawson* gespielt wurde.[59] Über die

Namensherkunft des Wortes Grog gibt es gleich mehrere Theorien: Eine von ihnen besagt, dass er nach einem gewissen Admiral Vernon benannt wurde. Vernons Spitzname war »Old Grog«, weil er bei schlechtem Wetter stets einen Grogham-Mantel trug. Vernon sei es auch gewesen, der den Brauch, Rum und Wasser zu einem Getränk zu vermischen, 1740 (nach anderen Aussagen 1741) in der Royal Navy eingeführt habe.[60] Tatsächlich wurde der verdünnte Rum schon im 17. Jahrhundert im karibischen Raum Grog genannt. Die Kneipen, die ihn ausschenkten, hießen *Grog Shoppe*. Die Geschichte um den Mantel Vernons wurde erst Jahrzehnte nach seinem Tod verbreitet.[61] War ein Schiff in einheimischen Gewässern unterwegs, wurde an die Besatzung statt Rum Bier ausgegeben, das allerdings schneller schlecht wurde. Eine Tagesration bestand normalerweise aus einem Pfund Zwieback und einer Gallone (ca. viereinhalb Liter[62]) Bier pro Person.[63] Wöchentlich bekamen britische Seemänner zwei Pint Erbsen, drei Pint Weizenmehl, acht Unzen Butter und ein Pfund Käse pro Person zugeteilt. Gab es keine Butter, wurde stattdessen Olivenöl ausgeschenkt, gab es kein Weizenmehl, bekamen die Männer stattdessen Reis.[64] Zusätzlich zu den an Bord ausgegebenen Rationen wurden unterwegs Schlachttiere und frisches Gemüse gekauft, sowie frischer Fisch gefangen.[65] William Bligh berichtet in seinem Logbuch von der *Bounty*, dass auf See nicht nur Fisch gefangen wurde, um den Speiseplan aufzustocken und abwechslungsreich zu gestalten, zumal in Zeiten von Fleischknappheit:

> »Wir fingen noch immer Vögel genug, aber sie waren so mager und schmeckten so tranig, dass wir einen Versuch mit ihnen anstellten, der uns glänzend gelang. Wir sperrten sie ein und fütterten sie mit Weizenschrot, wovon sie in kurzer Zeit zunahmen. Die Sturmvögel schmeckten nun wie die schönsten Enten, und die Albatrosse wurden so fett und schmeckten so gut wie die besten Gänse. Die unverhoffte Hilfe, die wir auf diese Weise gewannen, kam uns sehr gelegen, denn von unse-

rem mitgenommenen lebendigen Vieh war außer den Schweinen nichts mehr am Leben, weder die Schafe noch das Federvieh hatten der strengen Witterung widerstehen können.«[66]

Eine ganz große Neuheit zur damaligen Zeit war so genannte *portable soup*, »tragbare Suppe«, offenbar eine Art Trockensuppe. Sie wurde an die Seemänner ausgeschenkt, wenn es kein frisches Gemüse an Bord gab. Sie galt – wie das frische Gemüse auch – als Mittel gegen die Vitaminmangelkrankheit Skorbut. Um sie herzustellen, wurde zunächst frisches Gemüse gekocht. Den dabei entstandenen Gemüsesud dickte man ein und ließ ihn hart werden. In dieser Konsistenz sollte der Sud eine unbegrenzt lange Haltbarkeit haben.[67] Obwohl der Kapitän laut Gesetz die Verantwortung dafür trug, dass seine Leute an Bord gute Lebensmittel und einen ebensolchen Lebensstandard während einer Reise genießen konnten, war das in der Praxis nicht immer der Fall. So beschwerten sich die Matrosen der *Norfork* im Jahr 1718 darüber, dass die ausgegebenen Nahrungsmittel »voller Maden und daher ungenießbar« seien. Der Kapitän der *Norfolk* riet seinen Matrosen jedoch, sich mit den ausgegebenen Lebensmitteln zu begnügen. Andernfalls müssten sie eben hungern, da »er keine anderen zur Verfügung stellen würde«.[68] Auch die Mahlzeiten an Bord der britischen Schiffe des 18. Jahrhunderts liefen nach ihren ganz eigenen, festgefügten Regeln ab. Sowohl die einfachen Matrosen als auch die Offiziere aßen in so genannten Messen, das heißt, in kleineren Gruppen. Die Mitglieder der jeweiligen Messen taten sich prinzipiell nach eigenem Gusto zusammen. Es ist allerdings davon auszugehen, dass Mannschaftsmitglieder, die miteinander arbeiteten, auch miteinander aßen und tranken. Für die Seesoldaten an Bord eines Schiffes war es üblich, die Mahlzeiten unter ihresgleichen einzunehmen, das galt auch für die Unteroffiziere – ihnen war es sogar verboten, sich mit den Matrosen beim Essen und Trinken zusammenzusetzen. Jede Messe, die zumeist aus vier bis acht Männern bestand, hatte ihren eigenen »Koch«. Dessen Aufgabe war es, das Essen und die

Getränke vom Schiffskoch abzuholen und auf den Tisch zu bringen.[69] Kapitäne und Admirale aßen und tranken - von den Matrosen getrennt - an ihren eigenen Tafeln. Den Kapitänen stand dafür auch das so genannte *table money* zur Verfügung, mit dem sie Gäste an Bord an ihren Tisch zum Essen einladen konnten. Die Offiziere hatten ebenfalls ihre eigenen Messen. Dort legten sie ihr Geld zusammen, um sich eigene (sprich gehobenere) Speisen und Getränke zu gönnen, zumindest das eine oder andere, wodurch sich die normalen Schiffsrationen kulinarisch etwas »aufpeppen« ließen. Für ärmere Offiziere dürfte dies übrigens durchaus eine Schwierigkeit dargestellt haben - sie waren im Zugzwang, sich finanziell an den Mahlzeiten beteiligen zu müssen. Man kann sich unschwer die große soziale Peinlichkeit vorstellen, die es für diese Offiziere bedeutet haben muss, wenn sie dies nicht taten oder tun konnten. Dann blieb ihnen nämlich nichts anderes übrig, als sich mit den kargen Schiffsrationen zu begnügen, während ihre wohlhabenden Messkameraden zur Rechten und zur Linken - sowohl im wahrsten als auch im übertragenen Sinne des Wortes - um Klassen besser aßen und tranken, als sie selbst.[70]

## *Nässe, Kälte und 28 Zoll in der Nacht: Das Leben in der großen Gruppe an Bord*

Im Bereich der Verpflegung wurde einiges getan, um den Mannschaftsmitgliedern die Reise so angenehm zu machen, wie es die Situation auf einem Segelschiff eben zuließ. Dies konnte jedoch nicht darüber hinwegtäuschen, dass das Leben dort sehr hart war. Es war ein Leben, zu dem nicht nur Schlafmangel und permanente Nässe, sondern, aller Bemühungen zum Trotz, auch Hunger und Durst sowie Kälte gehörten. Darüberhinaus war es tagein, tagaus ein Leben in der großen Gruppe. Raum für Privatsphäre oder Rückzugsmöglichkeiten gab es nicht - weder beim Verrichten der Notdurft noch für den Besuch von Ehefrauen oder Freundinnen.[71]

Allerdings kommt es auch hier durchaus auf den Blickwinkel an, in dem man bestimmte Dinge betrachtet. Für jemanden aus gutem oder gar adeligem Hause mit Dienerschaft war es wohl keine allzu verlockende Aussicht, im 18. Jahrhundert auf einem Schiff der Royal Navy zur See zu fahren. Für einen Jungen oder heranwachsenden Burschen aus armen Verhältnissen dürfte die Aussicht auf einen festen Schlafplatz, warme Mahlzeiten, medizinische Versorgung und eine lebenslange Anstellung auf einem britischen Schiff wiederum ganz anders geklungen haben.[72] Zum Schlafen hatte jeder Seemann nur vierzehn Zoll Platz, was tatsächlich aber achtundzwanzig Zoll waren, da eine Mannschaft normalerweise im straff organisierten Rhythmus lebte, die das System der Wache vorgab, sodass immer nur die Hälfte der Männer gleichzeitig in ihren Hängematten schlief. Angebracht waren die Hängematten jeweils im Unterdeck zwischen den Kanonen. Allmorgendlich wurden sie dann entlang der Reling aufgehängt, wo sie einen zusätzlichen Schutz gegen feindlichen Beschuss boten (*hammock netting* wurde dieser Abwehrmechanismus genannt). Mehrere hundert Männer schliefen auf diesem Unterdeck zwischen den Kanonen, wo es zur Belüftung lediglich die Hauptluken gab, die bei schlechtem Wetter geschlossen werden mussten.[73] Auf dem Unterdeck (oder Kanonendeck, wie es auch genannt wurde) wurde allerdings nicht nur geschlafen, sondern der Großteil der Mannschaft lebte hier an Bord tagein tagaus, wenn nicht gerade an Deck gearbeitet wurde. Die Hauptluke war nicht nur die einzige Luftzufuhr, sondern auch die einzige Quelle für Tageslicht auf diesem Deck. Die Stückpforten für die Kanonenrohre boten nämlich weder Luft noch Licht, da sie auf See geschlossen gehalten werden mussten. So muss es auf dem Unterdeck nicht nur überaus stickig, sondern auch fast völlig dunkel gewesen sein. Eines der größten Probleme, die das Leben an Bord mit sich brachte, war jedoch die permanente Feuchtigkeit. War das Wetter auf See so schlecht, dass kein Feuer gemacht werden konnte, an dem die Männer ihre Kleidung trocknen konnten, mussten sie wohl oder übel ihre durchnässten Kleider anbehalten, in ihnen arbeiten und sogar schlafen. Es ist anzunehmen, dass die Kleidung der Männer ohnehin immer klamm war. Sie wuschen sie oft im salzigen Meerwasser, da frisches Wasser oft knapp war. War die Feuchtigkeit in wärmeren Gegenden schon problematisch genug, konnte sie an kalten Orten sogar zur ernsten gesundheitlichen Gefahr werden: Admiral Edward Boscawen (1711–1761) etwa berichtete 1755 von seiner Kanada-Expedition, dass alle seine Männer Erfrierungen am Körper gehabt hätten.[74]

## *Eine Katze mit neun Schwänzen und das »Peitschen durch die Flotte«: Disziplin und Bestrafung*

In der britischen Marine des 18. Jahrhunderts war die Bedeutung des Wortes *Disziplin*, so wie wir es heute verwenden, kaum gebräuchlich. Seine damalige Bedeutung lag noch viel näher an der des lateinischen Ursprungswortes *disciplina* für »Lehre«, »Unterricht« oder auch »Schule«.[75] Mit dem Begriff *river discipline* etwa bezeichnete man ein grundsätzliches Niveau von nautischen Kenntnissen und praktischen Fertigkeiten, die Mannschaften bei ihrer Arbeit an Bord erreicht haben mussten, damit sie sich mit ihrem Schiff überhaupt auf hohe See hinauswagen konnten.[76] *River discipline* war der berufliche Mindeststandard, den Seeleute erreicht haben mussten.[77]

Um die Machtverhältnisse und die Ordnung auf den britischen Schiffen durchsetzen und aufrecht erhalten zu können, gab es zwei Regelwerke – ein ziviles und ein militärisches. Das zivile, die *Regulations and Instructions relating to His Majesty's Service at Sea*, wie es offiziell hieß, erließ die Admiralität, die damit im Namen des Königs und seiner Regierung handelte.[78] Diese *Regulations* regelten die alltäglichen Abläufe an Bord sowie die Abläufe und die verschiedenen Verantwortlichkeitsbereiche innerhalb der britischen Marine. Das militärische Regelwerk waren die *Articles of War*. Durch sie beeinflusste das britische Parlament das Leben und Arbeiten auf den Schiffen. Sie bestanden aus insgesamt sechsunddreißig Artikeln, die verschiedene Vergehen und die entsprechenden Strafen aufführten und waren das Strafgesetzbuch der britischen Marine.[79] Dieses Gesetz war eine willkürlich zusammengestellte Ansammlung von Vorschriften, Regeln und Ermahnungen, die sich überwiegend mit Verstößen befasste, die Offiziere vor ein Kriegsgericht bringen konnten. Dazu zählten Ungehorsam, Feigheit vor oder Zusammenarbeit mit dem Feind, Beschimpfungen eines Vorgesetzten oder Angriffe auf ihn. Mord und praktizierte Homosexualität wurden, wenn jemand ihrer für schuldig befunden wurde, ausnahmslos mit dem Tode bestraft. Den Kapitänen, die tagtäglich für die Disziplinierung ihrer Mannschaften sorgen mussten, nutzten diese Gesetze als Instrument bei der Einhaltung einer Ordnung an Bord jedoch nur wenig, da sie sich kaum mit den alltäglichen Sorgen, Nöten und Problemen einer Schiffsmannschaft beschäftigten. Dasselbe galt übrigens für die *Regulations*, die den Offizieren an Bord in Bezug auf Disziplinierung und Bestrafung ebenfalls kaum nützliche Praxis an die Hand gaben.[80] Anders als die *Regulations*, die von der Admiralität regelmäßig umformuliert und dann neu verabschiedet wurden, war dies bei den *Articles of War* nicht der Fall. Im Jahre 1661 erstmals in Kraft getreten, wurden sie nur ein einziges Mal, im Jahre 1749, verändert. Diese Veränderung bestand im Wesentlichen darin, dass die Offiziere unter straffere Kontrolle der Admiralität gestellt wurden. Dadurch wollte man verhindern, dass die Offiziere, die an einer Kriegsgerichtsverhandlung teilnahmen, zu milde über ihre Kollegen urteilten und die Todesstrafe zu selten verhängten.[81] Das erste Opfer dieser deutlichen Verschärfung war Admiral John Byng (1704–1757). Byng wurde, da er in einer Schlacht gegen Spanien nicht engagiert genug gekämpft und dem Gegner zudem nicht genügend Verluste beschert hatte, im Jahre 1757 zur Strafe auf seinem eigenen Schiff offiziell erschossen.[82] Mit beißendem Spott schildert Voltaire in der Novelle *Candid oder die Beste der Welten* die

Hinrichtung Byngs, den er seit seinen Jugendtagen persönlich gekannt hatte.[83] Den moralischen Aspekt, den diese Hinrichtung (und damit letztendlich wohl auch die Veränderung der britischen Marinegesetzgebung) aus Voltaires Sicht haben sollte, offenbart der Franzose durch die Worte, die er einem Augenzeugen der Hinrichtung in den Mund legt. Dessen sarkastischer Kommentar zu Byngs Tod lautet: »Es ist ganz gut, wenn in diesem Lande von Zeit zu Zeit ein Admiral beseitigt wird, das ermutigt die übrigen.«[84] Blieben die *Articles of War* zwar äußerst vage, was die Bestrafung von alltäglichen Vergehen und Verstößen an Bord anging, so waren sie allerdings in einem Punkt völlig eindeutig: Zwölf Peitschenhiebe waren die Höchststrafe, die vom Befehlshaber eines Schiffes verhängt werden durfte. Über härtere Strafen und ihr jeweiliges Maß konnte nur ein Kriegsgericht entscheiden. Das Problem mit dieser vorgeschriebenen Anzahl Hiebe war jedoch, dass die meisten Vorfälle, die auf See bestraft wurden, alltäglicher Natur waren und keine zwölf Hiebe rechtfertigten. Kam es auf See allerdings tatsächlich einmal zu so groben oder gar gefährlichen Vorfällen, dass sie ernsthafter bestraft werden sollten, empfanden viele Offiziere und Kapitäne dieses Strafmaß als zu gering.[85] Dieser Umstand führte dazu, dass die Befehlshaber an Bord die Zwölf-Hiebe-Vorschrift in der Praxis entweder höchst eigenwillig auslegten oder sie überhaupt nicht beachteten. Die große Mehrheit der Strafen und Disziplinierungsmaßnahmen, die auf hoher See angewendet wurden, waren zwar äußerst wirkungsvoll und oft auch hart, allerdings nur in seltenen Fällen wirklich lebensbedrohlich. Der Grund dafür lag auf der Hand: Auf die Arbeitskraft der Männer konnte an Bord auf Dauer schlicht nicht verzichtet werden. Insbesondere galt dies für kleinere Schiffe mit geringerer Mannschaftsstärke, wie etwa den Kohlefrachter *Endeavour*, mit dem James Cook von 1768 bis 1771 die erste seiner drei Reisen unternahm, oder ein Transportschiff wie die *Bounty*. Allerdings gab es einige Strafen und Disziplinierungsmaßnahmen, die, obwohl sie keine schweren oder gar lebensgefährlichen körperlichen Verletzungen zur Folge hatten, auf ihre eigene Art und Weise für die Delinquenten dennoch unmissverständlich waren. Eine dieser Bestrafungen war die vorübergehende Gefangennahme an Bord, wenn Besatzungsmitglieder Befehle verweigert, sie nicht befolgt oder ihre Arbeit nicht ordnungsgemäß gemacht hatten. So berichtet James Morrison davon, dass William Bligh den Zimmermann William Purcell in Gewahrsam habe nehmen lassen, da er mit der Arbeit der Deckoffiziere insgesamt unzufrieden gewesen sei.[86] Auch die eigenmächtige Rationierung oder Verweigerung von Nahrungsmitteln seitens des Kapitäns war eine durchaus gängige Disziplinierungsmaßnahme.

Eine verbotene, aber dennoch praktizierte Möglichkeit, einfache Matrosen zu bestrafen und gleichzeitig endgültig loszuwerden, war, sie unterwegs an einem einsamen Ort auszusetzen. Insbesondere in Friedenszeiten, wenn die Arbeitslosigkeit unter Seemännern insgesamt hoch war und entsprechend schnell Ersatz für fehlende Matrosen gefunden werden konnte, wurde von dieser Praxis reger Gebrauch gemacht.[87] Eine der wohl bekanntesten Geschichten, in denen diese Art der Bestrafung eine entscheidende Rolle spielt, ist die des schottischen Seemanns Alexander Selkirk (1676–1711). Er segelte auf der *Cinque Ports* mit, die von Kapitän Thomas Stradling befehligt wurde, und nach Amerika fuhr. Unterwegs kam es zwischen Selkirk und Stradling zu einem heftigen Streit, in dessen Folge Selkirk beschloss, die *Cinque Ports* zu verlassen, zumal sie sich in schlechtem Zustand befand und der Proviant an Bord zur Neige ging. Auf der (heute zu Chile gehörenden) Insel Juan Fernandez wurde der Schotte mit seinem Hab und Gut an Land gelassen. Als er jedoch sah, wie einsam diese Insel war, und er zudem erkannte, dass er dort nun vielleicht den Rest seines Lebens verbringen müsste, änderte Alexander Selkirk kurzerhand seine Meinung und bat inständig darum, wieder an Bord kommen zu dürfen. Kapitän Stradling erklärte Selkirks Entscheidung, von Bord gegangen zu sein, jedoch zu einem Akt der Meuterei und ließ ihn auf der Insel zurück. Dies geschah 1704 und erst fünf Jahre später, im Februar 1709, wurde der Schotte auf der Insel gefunden und kehrte nach Großbritannien zurück. Alexander Selkirk gilt als das reale Vorbild für Daniel Defoes Romanhelden Robinson Crusoe.[88] Eine ähnliche Bestrafung wie das Aussetzen, wenn auch nicht ganz so rigoros, war die Strafversetzung von Seemännern auf andere Schiffe. Dort sollten sie ihren Dienst ableisten und man hatte sich ihrer entledigt. Oder sie wurden festgenommen und als Gefangene auf andere Schiffe gebracht. Manche Kapitäne ließen Mannschaftsmitglieder auch in Gefängnisse an Land bringen, nachdem sie in den nächsten Hafen eingelaufen waren.[89] Es gab jedoch auch Bestrafungen, bei denen es zu Verletzungen körperlicher Art kam. Jack Nastyface berichtet in seinen Memoiren, dass der Kapitän etwa das so genannte »Auspeitschen an der Schiffstreppe oder auf dem Achterdeck« (*Flogging at the gangway or on the quarter deck*) für alles anordnete, was entweder er selbst oder aber seine Offiziere als Vergehen betrachteten. Der Verurteilte musste dabei den Oberkörper entkleiden, dann wurde er mit den Handgelenken und den Knien an einer Gräting oder einer Leiter festgebunden. Dem Bootsmannsmaat wurde dann befohlen, ihn mit der so genannten neunschwänzigen Katze auszupeitschen.[90] Der Antiquitätensammler und Sprachforscher Francis Grose beschreibt diese Peitsche, deren Name aus dem Soldaten- und Seemannsjargon herrührt, 1785 als »Geißel, die aus neun Schnüren besteht, in die abermals neun Knötchen hineingeflochten sind.«[91] Nach den ersten sechs Hieben übernahm ein anderer Bootsmannsmaat die Peitsche. Die Anzahl der Schläge variierte zwischen einem und fünf Dutzend. Normal war hier ein Strafmaß von drei Dutzend Peitschenhieben.[92] Auch an Bord der *Bounty* kam diese Strafe mehrere Male zum Einsatz. Über das erste Mal am 11. März 1788 heißt es dazu in William Blighs offiziellem Logbuch kurz und knapp: »An diesem Tage sah ich mich genötigt, auf die Klage des Obersteuermanns den Matrosen Matthew Quintal wegen ungebührlichen widersetzlichen Betragens mit zwei Dutzend Hieben zu bestrafen.«[93] Ein weiteres Beispiel für eine Strafe, die auf hoher See ausgeführt wurde, bei der es ebenfalls zur Körperverletzung kam und bei der die Zwölf-Hiebe-Regel missachtet wurde, war der so genannte »Spießrutenlauf« (*running the gauntlet*). Der Verurteilte wurde dabei nackt in ein Fass gesteckt, in dem ein Sitz angebracht war. Seine herunterhängenden Arme wurden gefesselt. Dann wurde der Delinquent in dem Fass vom Achterdeck aus über das Schiff gerollt, nachdem der Bootsmann ihm zuvor ein Dutzend Peitschenhiebe gegeben hatte. Während der Verurteilte über das Schiff gerollt wurde, hielt der Waffenmeister ihn dadurch in Schach, dass sein Schwert genau auf die nackte Brust gerichtet war. Als nächstes bildete der Rest der Mannschaft ein zweifaches Spalier, durch das der Mann im Fass gerollt wurde. Dabei schlugen die Mannschaftsmitglieder mit Seilstücken aus Brennnessel-Fasern auf ihn ein. Wer nicht zuschlug, machte sich verdächtig, mit dem Verurteilten gemeinsame Sache gemacht zu haben. Der Bootsmann und seine Maate gaben ihm während der Prozedur insgesamt noch achtundvierzig zusätzliche Peitschenhiebe. Diese Strafe wurde bei Diebstahl verhängt.[94] Die härteste Züchtigungsstrafe, die innerhalb der Royal Navy des 18. Jahrhunderts verhängt werden konnte und über die wiederum einzig ein Kriegsgericht entscheiden durfte, war das so genannte »Peitschen durch die Flotte«, das *flogging through the fleet* (auch *flogging round the fleet* genannt), bei dem bis zu fünfhundert Peitschenhiebe als Strafmaß verhängt werden konnten, allerdings wurden sie nur selten in Gänze verabreicht.[95] Eine detaillierte zeitgenössische Beschreibung dieser Strafe findet sich in den Lebenserinnerungen des Matrosen John Nicol, der zwischen 1774 und 1801 zur See fuhr.[96] Diese Beschreibung macht deutlich, wie brutal das »Peitschen durch die Flotte« war:

> »Einer unserer Männer wurde durch die Flotte gepeitscht. Er hatte ein paar Dollar von einem Handelsschiff mitgehen lassen, als er dabei half, es in den Hafen zu lotsen. Es war ein schrecklicher Anblick: Der bemitleidenswerte Bursche saß gefesselt in einem Ruderboot und wurde nun von einem Schiff zum nächsten gebracht. War er an Bord, bekam er

jedes Mal die gleiche Anzahl Hiebe. Bevor die Strafe vollstreckt wurde, hatte der arme Teufel eine ganze Flasche Rum geleert, um damit die zu erwartenden Schmerzen zu betäuben. Als er nur noch zwei Auspeitschungen zu überstehen hatte, bemerkte der Kapitän jedoch, dass er betrunken war. Sofort befahl er, den Rest der Strafe auszusetzen, bis der Kerl wieder nüchtern war. [...] Sein Rücken war so angeschwollen wie ein dickes Kissen, ganz blau und schwarz«.[97]

Von diesen groben Verstößen abgesehen, bestand die große Mehrheit der Vergehen an Bord jedoch aus asozialem Verhalten, das das Arbeitsleben, die alltäglichen Abläufe und damit den Zusammenhalt der Mannschaft erschwerte oder bedrohte. Dazu gehörten Trunkenheit, Faulheit am Arbeitsplatz oder auch Unsauberkeit (damit war das Verrichten der Notdurft an Plätzen auf dem Schiff gemeint, wo sie nicht hingehörte). Das Bestrafungs- und Disziplinierungssystems der Royal Navy des 18. Jahrhunderts war vor allem ein Instrument, mit dem man den Problemen und besonderen Herausforderungen des alltäglichen Lebens und Arbeitens auf See begegnen wollte. Eine Maßnahme, mit deren Hilfe eine künstliche Macht an Bord aufrechterhalten werden sollte, war dieses System hingegen nicht.[98]

# 6

## *Ein* Global Player *seiner Zeit: Die Royal Navy als Macht an Land und auf See*

Die Royal Navy entstand aus einer Flotte königlicher Schiffe, die lediglich bei Bedarf in Stellung gebracht wurden. Erst im 16. Jahrhundert, unter Heinrich VIII., investierte die Krone Geld in eine Kriegsmarine, die dann im Laufe des 17. Jahrhundert zu einer festen Institution wurde. Als 1707 mit dem *Act of Union* England und Schottland zu Großbritannien verschmolzen wurden, vereinigten sich die englische und schottische Marine zur Royal Navy.[1]

Die britische Marine war sowohl politisch als auch strategisch ziemlich eigenständig und verfügte über einen großen Handlungsspielraum. Sie wurde von der Admiralität zentral gelenkt und war streng hierarchisch organisiert. Die Royal Navy verband Institutionen und Menschen in drei Bereichen mit einander: auf See, an der Küste und an Land. Auf See war sie eine auf allen Weltmeeren vertretene Größe, die in Flotten, Geschwader (so genannte *squadrons*) und kleinere Einheiten bis hin zu einzelnen Schiffen unterteilt war. Jede dieser Einheiten wurde von einem Offizier geleitet – mochte es sich dabei nun um einen Flotten-Admiral oder einen *Master and Commander* handeln, der das Kommando über eine kleine Schaluppe innehatte. Die Häfen der Royal Navy an der Küste glichen einander auf eine bestimmte Art und Weise, ganz gleich, ob sie nun an der Themse, dem Kap der Guten Hoffnung lagen oder zur jamaikanischen Stadt Port Royal gehörten. Pubs, die Bier ausschenkten und traditionelle britische Gerichte, wie *Steak and Kidney Pie* servierten, gab es hier genauso wie Läden für nautischen Bedarf und die üblichen Etablissements, die sich den Bedürfnissen weit gereister Seeleute verschrieben hatten. An Land war die britische Marine eine staatliche Institution. Sie war Teil der britischen Regierung und des Militärs.[2] Ihr Hauptquartier war die Admiralität in London, deren Gebäude sich in der Nähe des königlichen Palastes von Whitehall befand. Im *Board Room* des Admiralitätsgebäudes kamen die *Lords of the Admiralty* zu ihren Konferenzen zusammen.[3] Dabei saßen sie an langen Tischen. In dem Raum gab es außerdem Karten und einen Windanzeiger. Er war das Machtzentrum der Royal Navy. Hier kamen alle Nachrichten über Schiffe, Feindbewegungen, Personal und Nachschub zusammen. Außerdem wurden hier Entscheidungen getroffen, ebenso wie Briefe und Instruktionen in die Welt hinausgeschickt. Die Admiralität vertrat die Royal Navy sowohl im Kabinett als auch im Parlament und kontrollierte außerdem die Zusammenarbeit mit der britischen Armee. Beide waren voneinander unabhängige Institutionen und nur über das Kabinett mit einander verbunden. Die Admiralität an sich war eine Regierungsbehörde, ein Ministerium, auf das auch politischen Einfluss genommen wurde, etwa in Form von Sparmaßnahmen oder Reformen - wie das bei anderen Ministerien auch der Fall war. Zwischen den einzelnen Bestandteilen der Royal Navy auf See, an Land und in den Häfen musste ein funktionierendes Zusammenspiel organisiert werden. Das war zur Führung eines Seekrieges genauso nötig wie in Friedenszeiten, wenn es darum ging, die britischen Interessen in der Heimat, in Europa und in Übersee zu vertreten.[4] An der Spitze der Royal Navy stand die Admiralität, genauer gesagt, das so genannte *Board of Admiralty*. Ihm stand der so genannte *First Lord* vor. Er war Mitglied des Kabinetts und der politische Leiter der Admiralität. Wichtige Anweisungen wurden allerdings nur durch die Unterschriften zweier weiterer Lords gültig. Normalerweise waren die meisten Mitglieder des *Board of Admiralty* Zivilisten, die ihr Amt aus politischen Gründen innehatten.

Der *First Lord* selbst war jedoch in der Regel ein Offizier, der durch eine erfolgreiche Karriere als Seemann in dieses Amt gekommen war. Es kam aber durchaus auch vor, dass der *First Lord* ein Zivilist war und keinerlei Erfahrung als Kommandant auf See vorweisen konnte - in diesem Fall war er allein schon aus strategischen Gründen darauf angewiesen, dass mindestens ein gelernter und erfahrener Admiral Mitglied dieses Gremiums war. Unterstützt wurden die *Lords of the Admiralty* durch zwei Sekretäre, die dem Personal der Behörde vorstanden und die für die Verwaltung der Admiralität zuständig waren. Tatsächlich aber verfügten diese beiden Sekretäre über große Macht: Der erste Sekretär vertrat die Verwaltung in der Politik und saß daher auch im Parlament. Der zweite Sekretär war der dauerhaft angestellte, eigentliche Leiter der Verwaltung. Seine Position war mit der eines Staatssekretärs vergleichbar. Die Aufgaben des *Board of the Admiralty* bestanden zum einen in der strategischen und taktischen Leitung eines Seekrieges (von 1793 bis 1815 kämpfte die Royal Navy gegen Frankreich und dessen wechselnde Verbündete).[5] Zum anderen erfüllte die Admiralität des 18. Jahrhunderts neben diesen strategischen und taktischen Funktionen aber auch logistische Aufgaben in weltumspannendem Maßstab. Nicht von ungefähr hat man die damalige Royal Navy als »die bei weitem größte industrielle Organisation der westlichen Welt« bezeichnet.[6] Sie koordinierte und verwaltete ein riesiges Netz von Flotten, Schiffen und Booten - und zwar auf allen Weltmeeren. Zudem gab es auf allen Kontinenten Flottenstützpunkte der britischen Marine, darunter Afrika, Australien, Nord- und Südamerika sowie in Indonesien und China. Außerdem kümmerte sich die Royal Navy um die Verköstigung und medizinische Versorgung der Seeleute sowie den Schiffsbau und die Instandhaltung der Flotte. Um all das gewährleisten zu können, unterhielt sie eigene Krankenhäuser, Versorgungsstützpunkte und Werften sowohl in Großbritannien als auch in aller Welt. Die marineeigenen Werften glichen wahren Fabrikkomplexen, die Seile, Segel und Schiffe herstellten. Dazu wurden riesige Mengen an Rohstoffen benötigt, insbesondere

Holz, das zunehmend aus dem britischen Weltreich oder dem Baltikum herantransportiert werden musste.[7] Die Befehle und Wünsche der Krone, das hieß konkret die Beschlüsse und Entscheidungen des Kabinetts, ergingen an die Admiralität durch einen der beiden Staatssekretäre.[8] Um die geschilderten Aufgaben bewerkstelligen zu können, gehörten zur Royal Navy einzelne Verwaltungsabteilungen, *boards* genannt, die jeweils für bestimmte Teilbereiche zuständig waren. Koordiniert wurden diese Abteilungen von der Admiralität.[9] Diese Admiralität war nicht allein für die Schiffe und Flotten zuständig, sondern auch für die Ernennung und Beförderung aller Offiziere, für die Mannschaften der Schiffe, deren Befehle und Anweisungen sowie für die Lenkung der Flotten und Geschwader. Das *Navy Board* kümmerte sich um die materielle Seite, etwa um den Bau und die Reparaturen der Schiffe und darum, dass sie mit allem ausgestattet wurden, was nötig war: Segel, Taue, Masten und Wanten, bis hin zu Nägeln. Diese Dinge waren für den reibungslosen Ablauf des Alltags an Bord unentbehrlich und mussten deshalb überall auf der Welt verfügbar sein. Damit Hand in Hand gehend war das Navy Board auch verantwortlich für die Werften und deren Verwaltung. Das *Victualling Board* sorgte für die Verpflegung und den Proviant der Seeleute. Das *Sick and Hurt Board* stellte die medizinische Versorgung der Seeleute auf den Schiffen sicher. Darüber hinaus sorgte es für die Behandlung kranker Seeleute durch Krankenhäuser an Land sowie für Heime, in denen alte und invalide Seeleute ihren Lebensabend verbringen konnten. In die Verantwortung des *Sick and Hurt Board* fielen außerdem die Einstellung, Ausbildung und Bezahlung von Schiffsärzten. Das *Ordnance Board* stellte Waffen und Munition für die Marine bereit. Um die Finanzen der Marine kümmerte sich der *Treasurer of the Navy*, der Schatzmeister. Er war für die laufenden Ausgaben verantwortlich, insbesondere aber für die Bezahlung der Seeleute und Offiziere. Die Royal Navy übernahm im Übrigen auch judikative Funktionen. Sie stellte Ermittlungen an, fällte Gerichtsurteile und vollzog diese auch – sofern sie unter das Seerecht fielen.[10]

# 7

## *Geiz, Desinteresse und ein zu kleines Schiff: Die Planung der Reise der* Bounty

Die treibende Kraft hinter den beiden Brotfrucht-Reisen war der Botaniker Sir Joseph Banks (1743–1820). Banks war jedoch nicht nur Botaniker, sondern zudem auch der Präsident der *Royal Society* und ein sehr wohlhabender Mann. Von 1768 bis 1771 hatte er als Naturkundler und Gast an James Cooks erster Weltumsegelung mit der *Endeavour* teilgenommen.[1] Auf dieser Reise begegnete der Botaniker – während eines Tahiti-Aufenthaltes – zum ersten Mal der Brotfrucht und war von ihr begeistert.[2] Sein Kollege und Begleiter, der schwedische Botaniker Daniel Solander (1733–1782) hatte die Frucht sogar als »eine der nützlichsten Gemüsesorten der Welt« bezeichnet.[3] Diese Erfahrung mit Cook hatte Banks zu einem national wie international gefragten und anerkannten Fachmann für Entdeckungsfahrten und naturkundliche Fragen gemacht. Darüber hinaus war er zum Berater des englischen Königs aufgestiegen und fungierte als der inoffizielle Leiter der königlichen botanischen Gärten in Kew. Sowohl die Regierung als auch die Admiralität schätzten Banks' Expertise und baten ihn um Rat, wann immer es um die Organisation, Planung und Ausrüstung dieser Entdeckungsreisen ging.[4] Was er auf diesen Fahrten und durch den Pflanzentransfer betrieb, kann man als botanischen Imperialismus bezeichnen. Nicht nur die Gesellschaft der westindischen Plantagenbesitzer hatte sich ab 1775 deutlich für den Transfer der

Brotfrucht von Tahiti in die Karibik ausgesprochen. Auch Gouverneur Morris von St. Vincent hatte bereits 1772 gegenüber Banks sein Interesse an der Brotfrucht bekundet, ebenso wie sich Leute aus Jamaika immer wieder für ihre Anpflanzung stark gemacht hatten. Die Plantagenbesitzer waren ganz erpicht auf die Brotfrucht als Nahrungsmittel für ihre Sklavinnen und Sklaven und glaubten fest an einen Erfolg.[5] Der Botaniker diskutierte die Möglichkeit einer Verpflanzung der Brotfrucht mit Plantagenbesitzern und Kollegen auch immer wieder privat.[6] Der Amerikanische Unabhängigkeitskrieg (1775–1783) vereitelte aber zunächst, dass der Wunsch nach einer Verpflanzung auch tatsächlich verwirklicht werden konnte. Zu Beginn des Jahres 1787 erreichte London die Nachricht, dass eine Ladung Brotfrüchte zu den französischen Kolonien in der Karibik transportiert worden sei. Daraufhin ergriff die britische Regierung das Heft des Handelns und beauftragte Joseph Banks damit, der Admiralität bei der Planung und Ausrüstung einer eigenen Brotfrucht-Expedition zur Hand zu gehen.[7] Die Tatsache, dass die Briten in diesem Punkt hinter die Franzosen zurückgefallen waren, verlieh der Sache »nützlichen Nachdruck«.[8] Jedoch stieß die Idee der Verpflanzung der Brotfrucht als Nahrungsmittel für die Sklavinnen und Sklaven nicht überall auf begeisterte Zustimmung. Die Antisklaverei-Bewegung gewann beachtlich an Zulauf. Die Gründung der *Society of Effecting the Abolition of the Slave Trade* fiel ausgerechnet in das Jahr 1787. Die Mitglieder dieser »Gesellschaft zur Abschaffung des Sklavenhandels«, die Quäker waren, wurden als Abweichler betrachtet und ihnen wurde die Möglichkeit verwehrt, Parlamentsabgeordnete zu sein. William Wilberforce (1759–1833), ein leidenschaftlicher Gegner der Sklaverei, der auch in brieflichem Kontakt zu Joseph Banks stand, war jedoch Abgeordneter und setzte sich im Parlament ganz im Sinne der Quäker für die Abschaffung der Sklaverei ein. Für die Gegner der Sklaverei war der Transfer der Brotfrucht keine heilbringende Verteilung des Manna in der Karibik, sondern vielmehr die Perversion einer aufgeklärten Wissenschaft, die dabei half, Menschen auszubeuten.[9] Die wohl erste briefliche Erwähnung des Brotfruchttransfers findet sich in einem Brief Joseph Banks' vom 30. März 1787 an den mit ihm befreundeten Charles Jenkinson, damals Präsident der britischen Handelskammer.[10]

»My Lord, Ich bin der festen Überzeugung«, »dass dem Plan, ein Schiff auszurüsten, zu dem alleinigen Zwecke, die Brotfrucht zu den Westindischen Inseln zu bringen, wahrscheinlich viel mehr Erfolg beschieden sein wird, als demjenigen, diesen Transport von Botany Bay aus zu bewerkstelligen«.[11]

Wie in diesem Brief anklingt, war es Banks' ursprüngliche Idee gewesen, für die Verpflanzung der Brotfrucht ein Sträflingsschiff einzusetzen. Dieses Schiff sollte von England aus zunächst mit den Gefangenen an Bord nach Botany Bay in der Nähe von Sydney segeln und sie dort abliefern. Dann, gewissermaßen auf dem Rückweg, sollte das Schiff in Tahiti Setzlinge des Brotfruchtbaums an Bord nehmen, diese zu den Westindischen Inseln transportieren und danach nach Großbritannien zurückkehren. Anfang des Jahres 1787 hatte Joseph Banks diese Planung dem damaligen Premierminister, William Pitt dem Jüngeren (1759–1806), vorgelegt. Die Regierung hatte ihr Einverständnis gegeben. Als der Botaniker sich jedoch mit den logistischen Details des Transports beschäftigte, etwa der Bedingung, dass die große Kapitänskajüte des Schiffes in ein Gewächshaus verwandelt werden müsste, um die Brotfruchtsetzlinge während der Reise vernünftig unterbringen zu können, kamen dem Botaniker Zweifel. Er erkannte, dass die für den Transport nötigen (Um-)Baumaßnahmen eines oder mehrerer Schiffe in einer Sträflingskolonie, wo Baumaterialien, wie Holz und Ton, sowie sachkundige Handwerker kaum zu bekommen waren, nur schwer machbar sein würden.[12] In dem Brief an Charles Jenkinson zeigte Banks die Nachteile seiner bisherigen Idee auf und schlug stattdessen vor, man solle doch besser in England ein entsprechendes Schiff ausrüsten und eine Mannschaft für dieses Unternehmen bereitstellen. Dann riet er der Admiralität, eine Brigg zu kaufen, die nicht schwerer sein sollte als 200 Tonnen. Für die Reise solle eine neunundzwanzigköpfige Mannschaft zusammengestellt werden, die aus einem Master, einem Maat, zwanzig Matrosen, einem Hauptmann und sechs Seesoldaten bestehen sollte. Banks schreibt weiter, dass das Schiff mit einer Feuerkraft von sechs Vier-Pfünder-Kanonen auszurüsten sei. Auch die Reiseroute hatte er schon klar vor Augen: Das Schiff sollte zunächst Kap Hoorn umrunden und dann mit Kurs auf die Gesellschaftsinseln durch die Endeavour-Straße fahren. Danach sollte es über das Kap der Guten Hoffnung weiter zu den Westindischen Inseln segeln.[13] Dort angekommen, sollte das Schiff die Hälfte der geladenen Brotfruchtbaumsetzlinge in den Königlichen Gärten von St. Vincent anlanden, wo sie »zum Wohle der Inseln über dem Winde« angepflanzt werden sollten.[14] Die restlichen Brotfruchtsetzlinge sollten danach nach Jamaika gebracht werden.[15]

Joseph Banks verfasste aber nicht nur die Instruktionen für diese Reisen, sondern er war auch für die Auswahl des Personals auf den Reisen zuständig. Außerdem entschied er sowohl über den Namen des jeweiligen Schiffes als auch über dessen Befehlshaber.[16] Am 26. Mai 1787 kaufte die Admiralität für £ 1950 ein gebrauchtes Handelsschiff und brachte es in die Marinewerft nach Deptford an der Themse. Es trug den Namen *Bethia* und hatte wahrscheinlich 1783 auf dem Fluss Hull seine Kiellegung[17] gehabt. Am 8. Juni 1787 stattete Banks der *Bethia* in Deptford einen Inspektionsbesuch ab. Noch am selben Tag wies die Admiralität das Navy Board an, das Handelsschiff unter dem Namen *Bounty* in die Liste seiner Schiffe aufzunehmen.[18] Die *Bounty* war ein schönes Schiff, lag gut und solide im Wasser. Sie hatte eine stumpfe Nase, ein breites Heck sowie drei spitz zulaufende Masten, die sie weit überragten. Die bemalte Gallionsfigur am Bug war eine Frau in Reitkleidung. Das Schiff hatte 220 Tonnen, eine Länge von knapp sechsundzwanzig Metern und eine Breite von rund 7,5 Metern.[19] Diese Frauenfigur sah jedoch nicht nur hübsch aus, sondern es wurde mit ihr im 18. Jahrhundert außerdem ein ganz praktischer Aberglaube verknüpft: Die weiblichen Gallionsfiguren, die nicht selten barbusig dargestellt wurden, sollten durch ihre Schönheit das Meer so sehr in Verlegenheit bringen, dass es stets ruhig blieb.[20]

Von 1776 bis 1780 war William Bligh auf James Cooks letzter Reise der *Master* und Kartograph der *Resolution* gewesen[21], was Banks nicht verborgen geblieben sein dürfte. Hinzu kam, dass Bligh durch seine vorherige Reisen mit Cook und für Duncan Campbell, den Onkel seiner Frau Elizabeth und Geschäftsmann, in dessen Auftrag er ab 1783 mehrfach zu den Westindischen Inseln gesegelt war, nicht nur mit dem Pazifischen Raum, sondern auch mit den Westindischen Inseln bestens vertraut war.[22] Campbell war es wohl auch, der Joseph Banks kannte, und der dafür warb, dass der junge Mann als Kommandant der *Bounty* ausgewählt wurde, bzw. der ihn gegenüber Banks deutlich für dieses Kommando empfahl.[23] In einem Brief vom 30. August 1787, den Campbell an seinen Sohn Dugald in Jamaika schrieb, berichtete er selbst von seinem Engagement in dieser Angelegenheit: »Bligh rüstet derzeit ein kleines Schiff im Dienste Seiner Majestät aus. Ich war dabei behilflich, dass er dieses Kommando erhielt. Er wird nach Tahiti segeln, um die Brotfruchtsetzlinge von dort aus zu Deiner Insel und nach Sankt Vincent zu transportieren.«[24] Dass es aber Joseph Banks war, der Bligh schlussendlich als Kapitän der *Bounty* vorschlug, macht dessen überschwänglicher Brief vom 6. August 1787 an den Botaniker deutlich:

> »Sir, am gestrigen Tage kehrte ich aus Jamaika zurück und hätte Euch sogleich meine Reverenz erweisen sollen [...]. Ich habe die schmeichelhaften Neuigkeiten Eurer großen Güte mir gegenüber vernommen, nämlich dass Ihr vorhabt, mich mit dem Kommando des Schiffes zu beehren, welches Ihr für eine Reise in die Südsee vorschlagt. Nachdem ich Euch meinen tief empfundenen Dank dafür ausgesprochen habe, kann ich Euch nunmehr nur versichern, dass ich mich darum bemühen – und hoffentlich erfolgreich sein – werde, ein solches Vertrauen auch zu verdienen. [...].«[25]

Den Naturkundler oder Gärtner, in dessen Obhut die Pflanzen auf den Forschungs- und Entdeckungsreisen sein würden, suchte Joseph Banks ebenfalls höchstpersönlich aus.[26] Im Falle der *Bounty* betraute er den Gärtner David Nelson mit dieser Aufgabe. Nelson war im Auftrag des Botanikers auf der dritten Reise James Cooks mitgesegelt, um Pflanzen und Proben zu sammeln und war dabei, wie Banks ihm bescheinigte, »höchst erfolgreich« gewesen. Zudem hatte David Nelson sich nicht nur auf der Reise an Bord vorbildlich verhalten, sondern darüber hinaus auch Bekanntschaft mit den Bewohnerinnen und Bewohnern der Südseeinseln und deren Sprache gemacht.[27] In den Instruktionen für die Reise der *Bounty*, die der Botaniker für Nelson im August 1787 verfasste, ist bis ins kleinste Detail festgelegt, was der Gärtner tun sollte. Durch diese Reise sollten die Westindischen Inseln »mit einigen der nützlichsten Pflanzen des Ostens versorgt« werden. In seinen Anweisungen schärfte Banks David Nelson auch noch einmal ausdrücklich ein, dass »der Erfolg des Unternehmens insbesondere von der Sorgfalt und Pflege« abhinge, die Nelson den Brotfruchtsetzlingen angedeihen ließ. Das Schiff wurde in Deptford für die Reise ausgerüstet. Dort würden, informiert Banks den Gärtner, auch alle Vorkehrungen getroffen, um den Pflanzen eine schonende und artgerechte Überfahrt zu ermöglichen. Nelson solle, so oft er es als nötig erachte, selbst in Deptford anwesend sein, um bei diesen Vorbereitungen und (Um-)Baumaßnahmen zur Hand zu gehen. Auch sollte der Gärtner Verbesserungs- oder Änderungsvorschläge einbringen, die zur Sicherheit und Überlebensfähigkeit der Pflanzen während der Reise beitrugen. In Tahiti angekommen, hatte Nelson die Aufgabe, schreibt Banks weiter, von den Bewohnern so viele Brotfruchtsetzlinge käuflich zu erwerben, wie die dafür bereitgestellten Blumentöpfe, Eimer oder Kästen an Bord nur aufnehmen könnten. »Eure besondere Pflege und Aufmerksamkeit wird erst jetzt beginnen«, schrieb er über den Teil der Reise, der vor der Mannschaft liegen sollte, nachdem die *Bounty* in Tahiti die Anker gelichtet und Kurs auf die Karibik genommen haben würde. Und weiter: »Solltet Ihr diese [die Pflege und Aufmerksamkeit] den Pflanzen nicht regelmäßig und ohne Unterlass angedeihen lassen, so werdet Ihr diese Mission kaum zu einem erfolgreichen Ende führen können. Einen einzigen Tag oder auch nur eine Stunde der Vernachlässigung kann, egal zu welcher Zeit, die Zerstörung aller gesammelten Brotfruchtsetzlinge und sonstigen Pflanzen zur Folge haben [...]. Deshalb kann ich es Euch gar nicht nah genug legen, Euch vor den Verführungen jeglichen Schlendrians oder geistiger Getränke zu hüten.« Der Plan, die Natur im Sinne des britischen Bedarfs zu »verbessern« und zu »vervollständigen«, manifestierte sich auf dieser Reise allerdings nicht nur in Form des Brotfruchttransfers. So wies der Botaniker David Nelson an, entweder im Norden Javas oder – sollte es ihn dort nicht geben – auf Panaitan (eine auch Prince's Island oder Princess Island genannte Insel zwischen Java und Sumatra) Trockenreissamen an Bord der *Bounty* zu nehmen, um »dieses nützliche Getreide« ebenfalls zu den Westindischen Inseln zu transportieren. Dort sollte Nelson die Einwohnerinnen und Einwohner mit dem Reisanbau vertraut machen, nachdem er sich die dazu nötigen Kenntnisse zuvor selbst nach Kräften angeeignet hätte. Die nächste Insel, die das Schiff nach der Durchquerung der Endeavour-Straße anlaufen sollte, war Mauritius, die damalige Isle de France (englisch: Isle of France). Dort wurden, erklärte Banks, Muskatnuss und Gewürznelken »in Hülle und Fülle« angebaut. Wenn sich Samen oder Setzlinge einer der beiden Pflanzen mit Zustimmung des dortigen Gouverneurs beschaffen ließen, war Nelson angehalten, zuzugreifen und ihrem Anbau größte Aufmerksamkeit zu schenken. Durch Schmuggel sollte der Gärtner sie jedoch auf gar keinen Fall beschaffen, auch dann nicht, wenn man ihm die Pflanzen oder Samen nicht geben wolle. Der Weg der *Bounty* würde dann um das Kap der Guten Hoffnung herum führen. Dies war ein Teil der Reise, auf dem mit »stürmischem und kaltem Wetter« gerechnet werden musste. Die nächste Insel, die das Schiff voraussichtlich anlief, war Sankt Helena. Würden sie dort tatsächlich vor Anker gehen, instruierte der Naturwissenschaftler David Nelson, sollten »einige der Brotfruchtsetzlinge« sowie »ein kleiner Teil Eurer Pflanzen und Reissamen« dem dortigen Gouverneur übergeben werden, damit er sie im dortigen Botanischen Garten der Ostindien-Kompanie anpflanzen könne. Nach dem Abschied von Sankt Helena hatte Banks geplant, dass das Schiff zuerst nach Sankt Vincent und von dort nach Jamaika weiterreiste. Jedoch sollte auf diesen beiden Inseln nicht die gesamte, noch übrige botanische Ladung angepflanzt werden. »Von jeder Baum- und Pflanzenart sollt Ihr indes eine kleine Probe aufbewahren und diese [...] für Seiner Majestät Garten in Kew mit nach England bringen«, wurde zum Abschluss seiner Anweisungen bestimmt.[28]

Die Königlichen Botanischen Gärten in Kew, die Joseph Banks in seinem Schreiben an David Nelson erwähnte, waren für das Gelingen des britischen Pflanzentransfers von entscheidender Bedeutung: Seit Mitte des 18. Jahrhunderts waren sie in wachsender Zahl in den unter britischem Einfluss stehenden Überseegebieten eingerichtet worden. Es gab sie, beispielsweise, am Kap der Guten Hoffnung, auf Jamaika, Sankt Vincent und Barbados genauso wie in Indien oder Australien. Ähnlich wie die Gärten der britischen Ostindien-Kompanie dienten diese Gärten in Übersee, die unter der Leitung der Botanischen Gärten in Kew standen, sowohl als Umschlagplatz als auch als Zwischenstation für die Nutzpflanzen auf ihrem Weg rund um die Welt. Hier wurden die Pflanzen aus anderen Erdteilen zum einen akklimatisiert und vermehrt. Zum anderen hielt man hier aber auch das Wissen über sie fest – welche Aufzucht und Pflege sie benötigten, in welchem Klima und in welchen Böden sie am besten gediehen. Nur so war es möglich, sie an geeignete neue Standorte zu verpflanzen und erfolgreich weiter zu verbreiten. Neben dieser Funktion wurden in den Botanischen Gärten auch nach wie vor seltene und schöne Pflanzen zur Freude und zum Hausgebrauch der Königin oder des Königs gesammelt – und ab dem 19. Jahrhundert auch zur Freude aller Britinnen und Briten.[29]

Mitte August 1787 wurde William Bligh von der Admiralität offiziell zum Befehlshaber der *Bounty* ernannt.[30] Die Anweisungen, die er sowohl vom Staatssekretär Lord Sydney als auch von den Mitgliedern des *Board of Admiralty* für die Reise bekam, waren im Wesentlichen gleichlautend mit den Instruktionen, die Banks für David Nelson verfasst hatte.[31] Obwohl Joseph Banks in seinen Anweisungen eindeutig klar gemacht hatte, dass es auf der Reise auch um andere Pflanzen gehen sollte, war und blieb das wichtigste Ziel der Mission der Transfer der Brotfrucht. Die große Kajüte der *Bounty*, die die ganze Breite des Schiffes einnahm, erstreckte sich vom Heck bis zu ihrem Großmast. Diese Kajüte war auf den Schiffen des 18. Jahrhunderts normalerweise den Kapitänen vorbehalten. Hier befanden sich ihre Privatgemächer und außerdem konnten sie hierhin die Offiziere und Offiziersanwärter einladen. Für einen Navigator und Kartographen wie William Bligh befand sich in der großen Kajüte überdies noch eine Bibliothek, in der er seine Karten und Zeichnungen ausbreiten sowie seine eigenen Bücher unterbringen konnte. Auf der *Bounty* kam Bligh allerdings nicht in den Genuss, sie nutzen zu dürfen – im Marinedock in Deptford hatte man sie nämlich in ein großes Gewächshaus verwandelt. Dieses war mit Oberlichtern, Belüftungsluken sowie einem doppelten Boden ausgestattet worden, der Platz für insgesamt 629 Pflanzentöpfe bot. Darüber hinaus gab es in dem Gewächshaus einen Ofen, der die Pflanzen bei kaltem Wetter warmhalten sollte, ein ausgefeiltes Entwässerungssystem sorgte dafür, dass überschüssiges Wasser aufgefangen und wiederverwendet werden konnte. Das Quartier des Kapitäns hatte man stattdessen direkt neben dem Gewächshaus eingerichtet. Es bestand aus einem fensterlosen Raum und maß gerade einmal 2,70 mal 2,40 Meter. Daran grenzte ein kleines Speisezimmer.[32] Es ist zurecht als »beengter, würdeloser Raum« bezeichnet worden.[33] Die Konsequenzen der Umbauten für das Machtgefüge an Bord der *Bounty* waren erheblich: Normalerweise wurden die Stellung und die Autorität eines Kapitäns auch räumlich – in Form der Kapitänskajüte – gleichermaßen hervorgehoben und geschützt. Dadurch, dass Bligh an Bord der *Bounty* aber auf sie verzichten und stattdessen notgedrungen mit dem kleineren Raum Vorlieb nehmen musste, verringerte sich seine Macht auf dem Schiff sowie die Möglichkeit, sie durchzusetzen.[34] Da er an der Inneneinrichtung des kleinen Schiffes nichts mehr ändern konnte, tat der Seemann nun alles Nötige, um die *Bounty* für ihre bevorstehende lange und gefährliche Reise seetüchtig zu machen.[35] Ende August 1787 ordnete die Admiralität an, dass die Masten und Rahen gemäß Blighs Wünschen, zu kürzen seien.[36] Dies sorgte dafür, dass das Schiff stabiler wurde. Diese Umbaumaßnahme zog sich jedoch länger als gewünscht hin:

> »Ich bitte um Vergebung, Sir«, schreibt Bligh am 15. September 1787 an Joseph Banks, »aber ich vermag Euch nicht mitzuteilen, dass unsere Umbaumaßnahmen in der von mir erwarteten Geschwindigkeit vonstattengegangen sind. Die Verzögerung ist der Tatsache geschuldet, dass die Masten und Rahen nur unter großen Schwierigkeiten gekürzt werden konnten. Ich bin jedoch froh, dass ich in dieser Angelegenheit so hartnäckig geblieben bin.«[37]

Darüber hinaus wurde der hölzerne Rumpf der *Bounty* von außen mit Kupfer beschlagen, um ihn vor Beschädigungen durch den Seewurm zu schützen.[38] Diese Praxis war ab 1778 üblich geworden und ihren Nutzen hatte man zuerst ausgerechnet an Schiffen festgestellt, die aus der Südsee zurückgekehrt waren.[39] Schon im Juni 1787 hatte das Marineamt drei Barkassen für die *Bounty* in Auftrag gegeben. Der übliche Lieferant hatte den Auftrag aber aufgrund fehlender Kapazitäten abgelehnt. Daher hatte das Marineamt bei einem privaten Unternehmer eine Barkasse von knapp sieben Metern Länge mit Kupferbeschichtung in Auftrag gegeben. Außerdem hatte es bei derselben Bootswerft einen Kutter von sechs Metern und eine Jolle von 5,15 Metern Länge bestellt. Aus unbekannten Gründen verlangte William Bligh vom Marineamt jedoch, dass sowohl der Kutter als auch die Jolle durch größere Boote ersetzt werden sollten, obwohl beide Boote schon geliefert worden waren. Das Amt entsprach der Forderung und kaufte stattdessen die gut 7,5 Meter lange und 84 Zentimeter tiefe Barkasse der *Bounty*, die Platz für vier Passagiere mehr bot.[40] Diese Anschaffung sollte später Leben retten. Während der Vorbereitungen für die erste Brotfrucht-Reise bemühte William Bligh sich entschlossen um seine Beförderung. Er hatte den Rang eines Leutnants inne, wollte aber, noch bevor die *Bounty* ablegte, entweder zum Kapitän oder zumindest zum *Master and Commander* befördert werden. Das hatte für ihn nicht nur mit einer besseren Besoldung zu tun, sondern vor allem militärische Gründe: Die *Bounty* war ein sehr kleines Schiff - die Admiralität war geizig gewesen und hatte für den Kauf des Schiffes nur wenig Geld ausgegeben. Angesichts seiner Ausstattung und der räumlichen Verhältnisse an Bord ahnte sein Kommandant wohl, welche Probleme sich während der zweijährigen Reise ergeben könnten.[41] Entgegen den ursprünglichen Planungen und Empfehlungen von Joseph Banks war die Mannschaftsstärke der *Bounty* inzwischen nämlich fast verdoppelt worden - anstatt der von Banks empfohlenen neunundzwanzig Besatzungsmitglieder bestand die Mannschaft (Bligh eingeschlossen) nun aus sechsundvierzig Männern. Von diesen war Bligh allerdings der Einzige, der ein Offizierspatent innehatte und somit einen militärischen Rang bekleidete. Der Rest der Mannschaft bestand aus Deckoffizieren (*Warrant Officers*) und Matrosen (*Able Seamen*).[42] Erschwerend kam noch hinzu, dass es - ebenfalls entgegen Banks' Planungen - aufgrund akuten Platzmangels an Bord des kleinen Schiffes doch keine Seesoldaten geben würde.[43] Auf den britischen Schiffen erfüllten diese jedoch eine äußerst wichtige Doppelfunktion: Zum einen waren sie an Bord als eine Art Polizeieinheit von größter Wichtigkeit, wenn es darum ging, gegen Aufstände seitens der Mannschaft vorzugehen. Zudem waren die Seesoldaten einer Privatarmee vergleichbar, welche die Mannschaft, wenn es nötig wurde, auch an Land schützte.[44] Bligh hoffte nicht nur, dass die Admiralität ihn zum Kapitän befördern, sondern ihm zusätzlich auch einen Leutnant zur Seite stellen würde, der ihn an Bord der *Bounty* unterstützte. Auf diese Weise würde zum einen die Offiziersstruktur während der Reise erweitert und zum anderen zumindest ein Teil der hierarchischen Defizite wieder wett gemacht, die durch die räumliche Enge an Bord und die Zusammensetzung der Mannschaft zu erwarten waren.[45] Unterstützung in seinen Bemühungen um eine Beförderung erhielt der Kapitän von Lord Selkirk, einem schottischen Grafen.[46] In einem Brief an Joseph Banks vom September 1787 setzte der sich vehement für Bligh ein. Zum *Master and Commander* solle man ihn befördern, schreibt Selkirk. Mehr noch: Angesichts der Tatsache, dass Bligh als einziger von all denjenigen, die mit James Cook gesegelt waren, nie befördert worden war, sei es nur recht und billig, ihn nun sogar zum Kapitän zu ernennen.[47] Von Anfang November bis Mitte Dezember 1787 wandte er sich selbst in dieser Angelegenheit immer wieder und unermüdlich an Banks, jedoch ohne Erfolg. Banks vermochte dem Seemann die ersehnte und wichtige Beförderung nicht zu verschaffen.[48] Bligh war von Lord Howe, dem damaligen *First Lord of the Admiralty*[49], lediglich zugesichert worden, dass man ihn nach dem erfolgreichen Abschluss der Brotfrucht-Reise zum Kapitän ernennen werde.[50] Anfang Oktober 1787 machte der Kommandant das Schiff bereit, um mit ihm nach Spithead – dem Marinehafen der Royal Navy in der Nähe von Portsmouth[51] – zu segeln. Dort sollte er die amtliche Segelorder, den Befehl zum Auslaufen, abwarten. In der Zwischenzeit war die *Bounty* umgebaut und mit Vorräten sowie diversen Reiseutensilien beladen worden. Dazu gehörten nicht nur Lebensmittel, sondern auch Gegenstände zum Handel mit den Bewohnerinnen und Bewohnern Tahitis und Polynesiens, wie etwa Spiegel sowie achtzig Pfund weiße, blaue und rote Glasperlen. Auch die Mannschaft war mittlerweile zusammengestellt worden und an Bord gekommen.[52] Es ist wohl nicht übertrieben zu sagen, dass das kleine Schiff regelrecht vollgestopft war mit nautischen Gerätschaften, Handelsobjekten (darunter allein 1000

Messer, sowie achtundvierzig Sägen und mehrere tausend Nägel, da diese Gegenstände aus Metall besonders beliebt bei den Menschen in Polynesien und ihnen daher entsprechend kostbar waren), Nutztieren, die als Proviant dienen sollten, den Mannschaftsmitgliedern - und den Blumentöpfen für die Pflanzen.[53] Am 9. Oktober 1787 kam ein Lotse an Bord, um das Schiff auf seiner Fahrt zur Themsemündung zu übernehmen.[54] In Long Reach wurde die *Bounty* bewaffnet. Die Admiralität hatte angeordnet, dass sie mit vier kurzen, vierpfündigen Kanonen und zehn halbpfündigen Drehbassen[55] auszustatten sei - einer Feuerkraft, die Kenner für »lächerlich gering« halten.[56] Zusätzlich wurden hier noch Handfeuerwaffen, Flinten, Pulver und Bajonette an Bord genommen. Fast eine Woche lag die *Bounty* in Long Reach vor Anker, bevor sie den Befehl bekam, nach Spithead weiter zu segeln. Doch Wetter und Winde erwiesen sich als so schlecht und ungünstig, dass das Schiff für die eigentlich kurze Strecke die Themse hinunter und an der Küste entlang ganze drei Wochen brauchte.[57] Am 4. November ging die *Bounty* schließlich in Spithead vor Anker.[58] Es lag Bligh viel daran, erklärte er Banks von dort aus in einem Brief vom 5. November 1787, Kap Hoorn so bald wie nur möglich zu erreichen, um das sturmumtoste Kap mit Glück so spät im Jahr noch umrunden zu können[59], denn »sollte ich auch nur das laueste Lüftchen bekommen, das mich um das Kap herum bringt, so muss ich es voll ausnutzen.«[60] Diese Hoffnung blieb allerdings ein frommer Wunsch. Die Tage vergingen, das Wetter blieb schlecht und der Seemann wartete vergeblich auf seinen Befehl zum Auslaufen. Auch als sich das Wetter besserte, blieb der Befehl, ohne den der Anker nicht gelichtet werden durfte, weiterhin aus.[61] Wie sehr den Kommandanten das vergebliche Warten auf den Auslaufbefehl belastete, geht aus einem Brief vom 10. Dezember 1787 an seinen ehemaligen Arbeitgeber Duncan Campbell hervor, in dem er seinem Ärger darüber, schäumend vor Wut, Luft macht:

»Wenn es irgendeine Strafe gibt, die über eine Gruppe von Männern wegen Vernachlässigung verhängt werden kann, so sollte sie die Admiralität dafür treffen, dass sie mich drei Wochen lang an diesem Orte hier festgehalten hat, während ein schöner, günstiger Wind alle Schiffe, die zum Ablegen bereit waren, aus dem Kanal hinausgetragen hat. Nur meines nicht, obwohl ich es mir doch am sehnlichsten gewünscht habe [...].«[62]

Eine kluge Beobachterin ist der Meinung, dass das Schiff schon am 15. Oktober bereit zum Auslaufen war. Dies wurde aber durch die Vorbereitungen eines Krieges mit den Niederlanden verhindert. Dazu kam, dass Joseph Banks zu der Zeit nicht in London war, wodurch er die Admiralität in Sachen *Bounty* nicht mehr ständig an ihre Pflichten erinnern konnte. Deshalb ließ die Admiralität Bligh auf seine letzten Befehle - und damit auch auf die Erlaubnis zum Auslaufen - warten.[63] Am Sonntag, den 23. Dezember 1787, kurz vor Heiligabend, aber war es soweit: Der Dreimaster lichtete bei Anbruch eines stürmischen und wolkenverhangenen Tages[64] die Anker für seine Reise nach Tahiti.

Wenn man die Planung und Ausrüstung der ersten Brotfrucht-Reise betrachtet, fällt auf, wie atypisch und nachlässig, ja, sogar fahrlässig die Admiralität dabei vorging und das, obwohl die Expedition eine für den globalen Pflanzentransfer und die wirtschaftliche Vormachtstellung Großbritanniens äußerst wichtige Mission erfüllen sollte. Es ist nicht zu ermitteln, warum sich die Admiralität gegen Joseph Banks' ausdrückliche Empfehlungen entschied und etwa die Mannschaft von neunundzwanzig auf sechsundvierzig Besatzungsmitglieder aufstockte und zudem keine Seesoldaten auf der *Bounty* stationierte. Sicher ist jedoch, dass sich bereits Zeitgenossen über die Nachlässigkeit mokierten, mit der die Admiralität bei der Planung und Ausrüstung der ersten Brotfrucht-Reise zu Werke ging. So machte sich Lord Selkirk nicht nur für William Blighs Beförderung zum Kapitän stark, sondern der schottische

Graf hatte ursprünglich sogar vorgehabt, seinen Sohn auf der *Bounty* als adeligen Matrosen mitreisen zu lassen. Als Lord Selkirk das kleine Schiff jedoch genauer begutachtete, beunruhigte ihn der Eindruck, den die *Bounty* auf ihn machte. Daraufhin schickte er einen offenherzigen und eindringlichen Bericht an Joseph Banks, in dem er den Botaniker auf »bedenkliche Mängel« hinwies.[65] Weiter heißt es in Lord Selkirks Bericht: »In diesem Augenblicke beehrt mich zufälligerweise ein Offizier zur See mit seinem Besuch. Er teilt mir mit, dass die Ausstattung von Blighs Schiff die eines Kutters sei. Zudem lässt er mich wissen, dass diese höchst unangemessen für eine solch lange Reise ist [...].«[66] Bligh hatte die Sorgen, die er sich in Bezug auf die Ausstattung der *Bounty* machte, auch innerhalb seiner eigenen Familie nicht für sich behalten. In einem Brief vertraute er sich seinem Schwiegervater Richard Betham an.[67] Betham antwortete:

> »Die Regierung ist, so dünkt mich, zu sparsam zu Werke gegangen. Meiner Meinung nach sind sowohl das Schiff als auch die Mannschaft zu klein für solch eine lange Reise. [...] Nach meinem Dafürhalten muss für sie [die Regierung] die Einführung der Brotfruchtsetzlinge auf den Westindischen Inseln allerdings genauso segensreich sein, wie es für uns und ganz Europa einst die Einführung der Kartoffel [...] durch Sir Walter Raleigh und ihre Kultivierung in Großbritannien gewesen ist. [...] Stets hatte ich angenommen, dass man Euch vor Eurer Abreise zum *Master and Commander* ernannt hätte [...]«.[68]

Diese Passage macht deutlich, dass nicht nur Lord Selkirk davon überzeugt war, die Admiralität sei bei der Vorbereitung der ersten Brotfrucht-Reise nicht umsichtig genug vorgegangen, sondern Richard Betham ebenfalls. Dieser macht in seinem Brief außerdem deutlich, welch große Bedeutung manche Zeitgenossen, die keine Plantagenbesitzer waren, dem Transfer der Brotfrucht beimaßen.

Einer der führenden Bligh-Biografen hebt die Ambivalenz hervor, mit der die Admiralität bei den Vorbereitungen der Reise zu Werke ging. Einerseits investierte sie beim Kauf lediglich £ 1950 in ein kleines Schiff, gab aber andererseits für den anschließenden Umbau der *Bounty* £ 4456 aus.[69] Die Unvernunft, mit der die Reise geplant wurde, trat schnell ans Licht. So gab es heftige Diskussionen unter den Personen, die federführend mit der praktischen Seite der Vorbereitungen zu tun hatten. Und obwohl sie der Admiralität ihre Planungsfehler explizit vor Augen führten, wurde daran nichts oder nur wenig geändert.[70] Ein scharfsinniger Beobachter ist der Auffassung, dass nicht allein der Geiz seitens der Admiralität bei der Anschaffung der *Bounty*, sondern auch die Ignoranz der Botaniker bei der Vorbereitung dazu führte, dass man für die erste Brotfrucht-Reise ein so kleines Schiff auswählte. Darin sieht ein Bligh-Experte Indiz dafür, dass der Admiralität die Reise nicht sonderlich wichtig war.[71] Man kann davon ausgehen, dass Joseph Banks die Reise der *Bounty* sehr am Herzen lag, sie bei der Admiralität jedoch nicht dieselbe Priorität genoss.[72] Die *Bounty* sollte sich zwar als Fahrzeug von bemerkenswert großer Robustheit erweisen und verfügte als ehemaliges Handelsschiff zudem über beträchtliche Ladekapazitäten. Sie war jedoch, auch nach damaligen Maßstäben, sehr klein (die *Endeavour* und die *Resolution*, auf denen James Cook um die Welt gesegelt war, hatten zum Vergleich jeweils eine Größe von 368 und 462 Tonnen)[73]. Daher war die *Bounty* für eine so lange, gefährliche Reise schlicht nicht geeignet.

# 8

## *Wiedergutmachung und ein offenes Ohr für Blighs Wünsche: Die Planung der Reise der* Providence *und der* Assistant

Die Meuterei an Bord der *Bounty* und das damit besiegelte Ende der ersten Brotfrucht-Reise brachten die britische Regierung nicht von der Idee ab, dieses Manna des globalen Handels in die Karibik zu verpflanzen. Sie folgte dem Drängen und den Bemühungen Joseph Banks', eine zweite Mission nach Tahiti auszurüsten.[1] Auch die westindischen Plantagenbesitzer schalteten sich ein und sprachen sich dafür aus.[2] Erneut wurde William Bligh mit dem Kommando betraut. Die Vorbereitungen für diese Reise begannen Mitte März 1791 mit einem offiziellen Brief Lord Grenvilles, des damaligen Innenministers. Darin informierte dieser die Admiralität im Namen des Königs über die Absicht, eine Brotfrucht-Reise mit zwei Schiffen und zwei Gärtnern auszurüsten.[3] Als Erster Leutnant sollte Francis Godolphin Bond (1765–1839) mitsegeln. Bond war der Sohn von Blighs Halbschwester Catherine. Genau wie sein Onkel, war auch Bond in die Royal Navy eingetreten. 1779 wurde er zum Kadetten befördert und diente danach in dieser Funktion auf mehreren Schiffen, unter anderem auch auf der *Crescent*. Auf diesem Schiff explodierte versehentlich eine ungesicherte Ladung Schießpulver und traf Bond direkt ins Gesicht. Dadurch erlitt er schwere Verbrennungen, die ihn sowohl im Gesicht dauerhaft entstellten als auch eine seiner Hände verkrüppelten.[4] Bligh wusste – höchstwahrscheinlich durch Joseph Banks – bereits im Februar 1791 »unter der Hand« darüber Bescheid, dass es eine zweite Brotfrucht-Reise mit ihm als Kommandanten geben würde. Das geht aus seinem Brief an Francis Godolphin Bond vom 8. Februar 1791 hervor:

> »Es gibt Gespräche darüber, dass ich nach Otaheite [Tahiti] geschickt werden soll, um Brotfrucht-Pflanzen zu holen. In diesem Falle soll ich vielleicht zwei Leutnants zur Seite gestellt bekommen. [...] Sollte Dir eine so lange und sehr schwierige, wie auch gefährliche Reise zusagen, könnten sich die Dinge so entwickeln und ich dafür sorgen, dass Du ernannt wirst. Allerdings ist es noch sehr unsicher, vor allem die Frage, auf welchem Posten Du mitsegeln würdest. [...] Weder wurde zu diesem Zwecke schon ein Schiff gekauft, noch in dieser Angelegenheit offiziell mit mir gesprochen, ich denke jedoch, dass dieses bald geschehen wird. In dem Falle werde ich im Mai segeln.«[5]

Aus dem Brief geht auch hervor, dass die Admiralität schon früh daran dachte, Bligh durch zwei Leutnants die personelle Unterstützung zukommen zu lassen, die er auf der ersten Brotfrucht-Reise nicht gehabt hatte. Nun wollte die Admiralität für mehr Sicherheit sorgen. Nachdem der Kapitän auch offiziell über die Reise und sein Kommando informiert worden war, schrieb er am 11. März 1791 erneut an seinen Neffen:

> Lieber Frank, [g]emäß Deinem Wunsch setze ich Dich darüber in Kenntnis, dass es Anweisungen gibt, ein Schiff zu kaufen, mit dem ich nach Otaheite [Tahiti] segeln soll. Ich bitte Dich, nun darüber zu entscheiden, ob es für Dich von Nutzen ist, mit auf diese Reise zu gehen. [...] Du musst Deine Situation im Hinblick darauf bedenken, dass Du als Erster Leutn[ant]

mitreist. Das liegt in meinem Interesse, für das ich mich auch einsetzen werde. [...] Falls Du irgendeinen Widerwillen gegen diese Reise hast, segele nicht mit, da ich keinerlei Beweggründe zu der Reise als Deine Beförderung habe. Und wenn es in irgendeiner Weise in meiner Macht steht, so schätzte ich mich glücklich, Dir diese Möglichkeit zu geben.«[6]

Die Bemühungen seines Onkels waren erfolgreich: Bond wurde tatsächlich zum Ersten Leutnant der *Providence* ernannt. Immer wieder hatte Bligh gegenüber seinen Vorgesetzten deutlich gemacht, wie unzureichend sowohl die Vorräte an Bord der *Bounty* als auch die Größe des Schiffs waren. Außerdem hatte er sich über das Fehlen der Seesoldaten beschwert. Der Seemann bemängelte auch, wie unfähig seine Unteroffiziere auf der ersten Brotfrucht-Reise gewesen waren und wie lange er auf seinen Befehl zum Auslaufen hatte warten müssen. Nun schenkte die Admiralität diesen Beschwerden und Wünschen gleich von vorne herein viel mehr Beachtung.[7] Das Schiff, das Bligh sich für die Reise aussuchte – den Auftrag hierfür hatte er am 10. Mai 1791 erhalten – war vom Typ *West Indiaman*. Diese Schiffe wurden für den Handel mit und in den Westindischen Inseln gebaut. Ihre Besonderheit lag deshalb auch nicht in ihrer Geschwindigkeit, sondern in ihren großen Ladekapazitäten.[8] Am 23. April 1791 war das große der beiden Schiffe, es bekam den Namen *Providence*, vom Stapel gelaufen und am 30. April nach Deptford ins Dock gebracht worden.[9] Dort wurde es, wie die *Bounty* vier Jahre zuvor, für die bevorstehende Reise ausgerüstet und umgebaut. Und wie bereits ihre Vorgängerin, wurde auch die *Providence* in ein schwimmendes Gewächshaus verwandelt. Dies bedeutete, dass Bligh einmal mehr seine Kajüte zur Verfügung stellen musste – den einzigen großen, hellen und einigermaßen trockenen Raum an Bord, damit die Pflanzentöpfe genügend Platz hatten.[10] »Die *Providence* ist ein hochwertiges Schiff seiner Art, mit drei Decks und 420 Tonnen. Ihre Kiellänge [...] misst 98 Fuß [ca. 29 Meter] [...]«, so Blighs Beschreibung.

Und weiter: »Ihre Besatzung zählt hundert Mann, darunter sind auch zwanzig Seesoldaten [...]«.[11] Diese Aussage über die Größe und Ausstattung der *Providence* sowie ihre Bemannung verdeutlicht, dass die Admiralität nun gewillt war, für die zweite Brotfrucht-Reise ein Schiff auszurüsten, das, anders als die *Bounty*, nicht nur neu, sondern auch gut für die Mission geeignet war. Dies ist eines der klarsten Zeichen dafür, dass die Admiralität aus ihren Planungsfehlern bei der ersten Reise gelernt hatte und diese nun vermeiden wollte. »Das kleine Schiff hatte ebenfalls seinen Stapellauf«, berichtet der Kapitän später in seinem Logbuch, »und wurde auf den Namen *Assistant* getauft. Sein Kommando wurde Leutnant Nathaniel Portlock übertragen. Es hat 110 Tonnen [und eine] Kiellänge von 51 Fuß [ca. fünfzehn Metern] [...]. [...] Und [die Mannschaft] der *Assistant* besteht aus 27 [Männern] sowie vier Seesoldaten.«[12] Die *Assistant* war eine kleine Brigg.[13] Nathaniel Portlock (1747 oder 1749–1817) hatte zusammen mit William Bligh an Bord der *Resolution* an Cooks dritter Weltumsegelung teilgenommen.[14] Portlock, der in Virginia in den amerikanischen Kolonien geboren wurde[15], war sechs Jahre älter als Bligh und von ihm persönlich für die zweite Brotfrucht-Reise ausgesucht worden, da er ihn sehr schätzte.[16] Bligh war erpicht darauf, mit ihm zu segeln.[17] Die Entscheidung, den Mann aus Virginia als Kapitän der *Assistant* mit auf die Reise zu nehmen, sollte sich als Glücksgriff erweisen.[18] Die Anweisungen über den Verlauf und das Ziel dieser Reise, die Lord Chatham, der *First Lord of the Admiralty*, am 15. Juli 1791 für Bligh verfasste, machen die Funktion der *Assistant* auch noch einmal deutlich:

> »Da Seine Majestät es für angemessen hält, dass ein zweiter Versuch unternommen wird, und um alles nur Mögliche dafür zu tun, dass dieser ein Erfolg werde, sollen alsdann zwei Schiffe auf diese Reise gehen. Dementsprechend sind das Schiff, das Ihr kommandiert & der bewaffnete Frachter *Assistant* für die Reise beladen und mit Proviant versorgt worden.[19]

> […] Zu Seiner Majestät Freude werdet Ihr hiermit gebeten und angewiesen, bei der ersten günstigen Gelegenheit von Wind und Wetter mit besagtem Schiffe und dem Frachter (dessen befehlshabender Offizier, Leutnant Portlock, angewiesen worden ist, Euren Befehlen Folge zu leisten) in See zu stechen, um so schleunigst wie möglich über das Kap der Guten Hoffnung zu den Gesellschaftsinseln zu segeln […]«.[20]

Dieser Ausschnitt aus den Anweisungen verdeutlicht außerdem, dass die Reiseroute nun nicht mehr um Kap Hoorn herum, sondern von vorneherein über das Kap der Guten Hoffnung verlaufen sollte, was den beiden Schiffen und ihren Mannschaften auf ihrem Weg nach Tahiti zusätzliche Sicherheit geben würde. Auf Tahiti angekommen, sollte William Bligh, wie schon auf der Reise der *Bounty*, dort so viele Setzlinge und Pflanzen an Bord nehmen, wie nötig und möglich. Um das zu erreichen, wurde er angewiesen, den Tahitianerinnen und Tahitianern die mitgenommenen Handelsgegenstände zum Geschenk zu machen. Danach würde die Reise durch die Torres-Straße nach Timor gehen. Brotfruchtsetzlinge, die Schaden genommen hatten oder eingegangen waren, sollte der Kapitän im Norden Javas durch andere nützliche Pflanzen und Bäume aus den dortigen Breiten ersetzen. Diese Pflanzen und den möglicherweise notwendigen Trockenreis hatte der Seemann »unter den besten Bedingungen, die Ihr finden könnt, von den Bewohnern der Orte, die Ihr eventuell anlauft, käuflich zu erwerben«. Die weitere Route würde die *Providence* und die *Assistant* nach Sankt Helena führen. Dort seien – sofern der ansässige Gouverneur und sein Rat es für angemessen hielten – dem Gärtner der Ostindien Kompanie jeweils zehn Brotfruchtsetzlinge und ein Exemplar all der Pflanzen oder Bäume zu übergeben, von denen es an Bord mehr als fünf gab. Falls jedoch nicht genügend Pflanzen verfügbar waren, durfte Bligh nach eigenem Gutdünken festlegen, wie viele er von ihnen entbehren konnte, damit sie auf Sankt Helena angepflanzt werden konnten. Im Gegenzug sollte er die Pflanzen, Setzlinge und Samen an Bord nehmen, die ihm der Gouverneur und der Rat von Sankt Helena geben wollten, damit sie auf den Westindischen Inseln oder in dem Königlichen Botanischen Garten in Kew angepflanzt werden konnten. Nach dem Aufenthalt auf Sankt Helena sollte die zweite Brotfrucht-Reise weiter nach Sankt Vincent gehen. Dort angekommen, war geplant, die Hälfte aller an Bord befindlichen Pflanzen und Samen »zum Wohle der Inseln über dem Winde« an den Leiter des dortigen Königlichen Botanischen Gartens zu schicken. Davon ausgenommen war eine kleine Anzahl von Pflanzen, die Bligh für den Königlichen Botanischen Garten in Kew reservieren sollte. Auch hier wurde der Seemann angewiesen, Pflanzen und Samen des Botanischen Gartens von Sankt Vincent, die dessen Leiter dafür geeignet hielt, an Bord zu nehmen, um sie entweder auf Jamaika oder aber in Kew anzupflanzen. Die letzte anzulaufende Station war Port Royal auf Jamaika. Dort würden die restlichen Brotfruchtsetzlinge und sonstigen Pflanzen und Samen dem Direktor des dortigen Botanischen Gartens übergeben werden (hiervon ausgenommen war die Reserve, die mit zurück nach England gebracht werden musste). Nachdem das erledigt worden ist, möge Bligh, schreibt Lord Chatham weiter, auf dem schnellsten Wege nach England zurückkehren. Bei seiner Rückkehr an Bord haben sollte er die Pflanzen und Samen, die der Direktor des Botanischen Gartens von Jamaika »oder irgendeine andere Person, die willens ist, sich für die Pflanzenkunde einzusetzen«, ihm zuvor für »Seiner Majestät [...] Garten« mitgegeben hatte.[21] Die beiden Gärtner, die für die zweite Brotfrucht-Reise verpflichtet wurden, waren James Wiles und Christopher Smith.[22] Die Anweisungen, die Joseph Banks im Juni 1791 für die beiden formulierte, sind ähnlich strikt und exakt formuliert wie die an David Nelson, den Gärtner der *Bounty*, zuvor. Sogar im Wortlaut klingen die Anweisungen für Nelson wie diejenigen für Smith und Wiles immer wieder identisch oder zumindest fast gleichlautend:

»Da der Erfolg dieses Unternehmens gänzlich von Eurer Pflege und Sorgfalt [der Pflanzen] abhängt, kann es Euch gar nicht herzlich genug empfohlen sein, dass Ihr Euch gegen jedwede Verführung durch Schlendrian oder geistige Getränke wappnet, da die Unachtsamkeit eines einzigen Tages oder – bedingt durch bestimmte Umstände – auch nur einer halben Stunde die großen Investitionen der Regierung in dieses menschenfreundliche und großzügige Unternehmen [gänzlich] zunichtemachen kann«.

Affen, Ziegen, Hunde, Katzen und alle Tiere, die nicht gefangen gehalten wurden, waren zu fürchten, »da der Geruch von Erde sehr anziehend selbst auf diejenigen unter ihnen wirkt, die kein Gemüse fressen, [weil] sie gern versuchen, darin herum zu graben«. Insbesondere die beiden zuerst genannten Tierarten würden, so hoffte Banks, auf der *Providence* nicht erlaubt sein, denn »so gut man auch auf sie Acht geben mag, sie sind dazu in der Lage, das Arboretum [d.h. die Baumschule] binnen einer halben Stunde gänzlich zu zerstören«. Neben der Beschaffung und sorgsamen Pflege der Brotfruchtsetzlinge bekamen James Wiles und Christopher Smith von Banks auch den Auftrag, nach anderen interessanten Pflanzen Ausschau zu halten:

»Wo immer Ihr auf Pflanzen stoßt, die Eurer Meinung nach von besonderer Schönheit oder aber eigentümlich sind, so unterrichtet den befehlshabenden Offizier darüber, der, so es ihm angemessen erscheint, Euch die Erlaubnis erteilen soll, jeweils ein oder zwei Exemplare von ihnen für Seiner Majestät Botanischen Garten in Kew mit an Bord zu nehmen. Voraussetzung hierfür ist allerdings, dass der Vorrat an Brotfruchtsetzlingen und [anderen] nützlichen Pflanzen unter keinen Umständen durch die Aufnahme dieser eigentümlichen Pflanzen gemindert werde [...]«.

Auf St. Vincent und Jamaika sollten die beiden Männer die vor Ort dafür verantwortlichen Personen im Anbau der mitgebrachten Pflanzen und Samen unterweisen, damit sie auch dort die Früchte tragen konnten, die sie in ihren Heimatländern hervorbrachten, und ihnen außerdem zeigen, wozu man welche Pflanzen und ihre Früchte verwenden konnte. Bei aller Betonung, die Joseph Banks auf die Wichtigkeit der Brotfruchtsetzlinge und sonstigen Pflanzen sowie deren sorgsame Pflege legt, vergisst er nicht, welches Ereignis die zweite Brotfrucht-Reise überhaupt erst hatte nötig werden lassen. Deshalb formuliert er gleich zu Beginn eine unmissverständliche Ermahnung, die ihm nun, nach der Meuterei an Bord der *Bounty*, wichtiger ist als alles andere:

> »Die oberste Pflicht eines Mannes, dessen Bestreben es ist, Seiner Majestät zu dienen, ist der Gehorsam gegenüber den Befehlen derer, die Seine Majestät beliebt, in der Rangordnung über ihn zu stellen. Daher sei Euch zu jeder Zeit bewusst, dass Ihr, so lange Ihr zu Seiner Majestät Schiff *Providence* gehört, den Anordnungen des befehlshabenden Offiziers Folge zu leisten habt & dass Ihr Euch, wo immer Ihr auch könnt, nützlich zu machen habt, ohne darüber jedoch die Pflege Eurer Pflanzen zu vernachlässigen […]«.[23]

Diese Passage von Banks' Anweisungen zeigt deutlich, wie sehr die Admiralität und er versuchten, eine zweite Meuterei auf jeden Fall zu verhindern. Zum Schluss ordnet Banks noch an, dass ihm einer der beiden Gärtner Bescheid geben sollte, sobald sich die beiden Schiffe auf ihrer Rückkehr wieder in englischen Gewässern befanden. Dann sollte er Banks bei erster Gelegenheit brieflich mitteilen, wann die *Providence* ihren Heimathafen erreichte. Außerdem wurde ihm aufgetragen, eine genaue Liste der Pflanzen aufzustellen, die für den König bestimmt waren, und in welchen Töpfen oder Behältern sie angepflanzt worden waren. Daraufhin würden Boote zur *Providence* geschickt, um die Pflanzen in Empfang zu nehmen und nach Kew zu bringen.[24] James Wiles und Christopher Smith hatten von Banks außerdem den Auftrag bekommen, Pflanzen von England aus mit auf die Reise zu nehmen, um sie unterwegs auszusäen. Darüber hinaus sollten die beiden Gärtner für sich selbst verschiedene Vogelarten oder Insekten fangen, jedoch unter der Bedingung, dass dies sie nicht von ihrer eigentlichen Aufgabe während der Reise abhält. Nicht nur der Kommandant, sondern auch die Gärtner sollten Joseph Banks regelmäßig von der Reise Bericht erstatten.[25]

Blighs Vorhaben, bereits im Mai 1791 zu segeln, das er in dem Brief an Francis Godolphin Bond geäußert hatte, gelang nicht. Es dauerte mehr als drei Monate, bis die Mannschaften beider Schiffe vollständig waren. Er schreibt darüber in seinem Logbuch: »Bedingt durch eine strenge Zwangsrekrutierung und eine große Mobilmachung erhielten wir so wenige Männer, dass wir bis zum 19ten Juni nicht dazu im Stande waren, den Fluss [die Themse] hinunter zu segeln«.[26] Ein möglicher Grund für diese Verzögerung war eine Mobilmachung, die mit Spannungen zwischen Großbritannien und Russland zu tun hatte. Dabei ging es um die Vorherrschaft über den Hafen Oczakov am Schwarzen Meer, die einen Krieg zwischen den beiden Ländern mit sich brachte, der überwiegend auf See geführt wurde. In diesem Zusammenhang ist dann möglicherweise auch die Zwangsrekrutierung von Seeleuten zu verstehen, von der der Seemann schrieb, die für diese kriegerische Auseinandersetzung gebraucht wurden,[27] was die Zusammenstellung der Mannschaften der *Providence* und der *Assistant* erschwerte.[28] Das Misslingen der ersten Brotfrucht-Reise warf auch für die Zusammensetzung der Mannschaften lange Schatten auf die Planung der zweiten Reise und beeinflusste sie: Bligh weigerte sich strikt, Offiziere, die schon auf der *Bounty* gesegelt waren, mit auf die zweite Brotfrucht-Reise zu nehmen. Als William Peckover, der Geschützoffizier der *Bounty*, sich um einen Posten auf der *Providence* bewarb, lehnte Bligh ihn rundweg ab. Er riet Joseph Banks, wenn Peckover ihn in dieser Angelegenheit ersuche, solle er ihm sagen, Bligh habe ihn als »bösartigen und nichtsnutzigen Burschen«[29] bezeichnet. Die beiden einzigen ehemaligen Besatzungsmitglieder der *Bounty*, die einen Posten auf der *Providence* erhielten, waren der Segelmacher Lawrence Lebogue und der Matrose John Smith. Lebogue war gemeinsam mit Bligh im Beiboot der *Bounty* nach Kupang gereist und hatte loyal zu ihm gestanden. Smith war ebenfalls an Bord des Bootes gewesen, was seiner Gesundheit schwer zugesetzt hatte.[30] Als zusätzliche Unterstützung auf der Reise hatte William Bligh nun, neben Nathaniel Portlock, nicht nur einen sondern insgesamt sogar drei Leutnants, die mit ihm an Bord der *Providence* dienten. Neben Francis Godolphin Bond war James Guthrie der Zweite Leutnant.[31] Der dritte war George Tobin (1768–1838). Er war der Sohn eines Plantagenbesitzers, der Land auf der Karibikinsel Nevis besaß. Neben seiner Karriere bei der Marine betätigte er sich als begabter Landschaftsmaler.[32] Am 22. Juni 1791 verließen die beiden Schiffe das Marinedock in Deptford. Am Abend dieses Tages wurden sie bewaffnet: Das größere Schiff mit jeweils sechzehn vierpfündigen Kanonen und mehreren Drehbassen, das kleinere mit sechs vierpfündigen Kanonen und Drehbassen. Hinzu kam die dafür vorgesehene Munition. Die *Providence* hatte auf ihrer Weiterfahrt nach Sheerness starke Schlagseite. Deshalb nahm sie zwanzig zusätzliche Tonnen Eisenballast sowie etwas Kies an Bord. Später kamen, ebenfalls in Sheerness, die fünfzehn Seesoldaten, ihr Leutnant Thomas Pearce, ein Feldwebel, zwei Unteroffiziere sowie ein Trommler auf das Schiff.[33] Manche sehen in der Stationierung der Seesoldaten an Bord der *Providence* eine deutliche Mahnung an die Besatzungen beider Schiffe, dem Beispiel der Meuterer nicht nachzueifern.[34] Nachdem die beiden Schiffe auf die Reede in Spithead zurückgekehrt waren, kamen noch weitere Seeleute auf die *Providence*.[35] Am 3. August 1791 war es soweit: Die *Providence* und die *Assistant* brachen zu ihrer Reise nach Tahiti auf.[36]

## *Mit Gleichgültigkeit und geleitet durch ein schlechtes Gewissen: Die Planungen der beiden Reisen einander gegenübergestellt*

Vergleicht man die Planung und Ausrüstung der beiden Brotfrucht-Reisen mit einander, fällt schnell auf, wie deutlich, ja, fundamental sie sich voneinander unterscheiden. Zwar war der Transfer der Brotfrucht durchaus im Interesse der britischen Regierung und der Admiralität, aber eine echte Herzensangelegenheit war er nur für Joseph Banks. Nahezu alles, was normalerweise zu den britischen Forschungs- und Versorgungsreisen des 18. Jahrhunderts gehörte, fehlte entweder bei der Vorbereitung der ersten Brotfrucht-Reise oder musste hart erkämpft, zumindest aber freundlichst erbeten werden. Das Fehlen der Seesoldaten und das Ausbleiben von Blighs Beförderung (durch beides mangelte es an einer militärischen Rangordnung und einer klaren Machtstruktur innerhalb der Mannschaft) sollten sich später als genauso fatal erweisen, wie die bewusst in Kauf genommene Enge an Bord der *Bounty*, die wiederum ihrer geringen Größe geschuldet war. Wie nachlässig die Reise der *Bounty* seitens der Admiralität geplant worden war, zeigt ein Blick auf die Vorbereitungen der zweiten Reise. Obwohl es über drei Monate dauerte, bis die Mannschaften der *Providence* und der *Assistant* zusammengestellt waren, verlief die Ausrüstung der beiden Schiffe insgesamt verhältnismäßig schnell, reibungslos – und ordnungsgemäß. Generell gehörten Forschungs- und Entdeckungsreisen nicht zum Kerngeschäft der Royal Navy und der Admiralität, auch wenn es Ausnahmen gab, wie die Reisen James Cooks, die England neben Wissen auch Ruhm und Prestige einbrachten. Die hauptsächliche Aufgabe der beiden Institutionen war das Führen von Kriegen. In Bezug auf die Vorbereitung der Reise der *Bounty* wird dies insbesondere daran deutlich, dass der Admiralität eine Vorbereitung eines Krieges mit den Niederlanden wichtiger war, als Bligh seine letzten Befehle vor dem Auslaufen zu erteilen. Und die Bemannung der *Providence* und der *Assistant* nahm mehrere Monate in Anspruch, weil die Admiralität ihren

Blick zeitgleich auf einen anderen Schauplatz richtete und dafür ein hohes Truppenkontingent benötigte. Anders als die *Bounty*, die ein gebrauchtes Schiff gewesen war, waren die beiden Schiffe für diese Reise neu gebaut worden. Dazu kam, dass Bligh sie persönlich aussuchte, anders als noch ihre Vorgängerin, die in seiner Abwesenheit und quasi über seinen Kopf hinweg gekauft worden war. Die Beförderung zum Kapitän schien nun, nach dem kläglichen Scheitern der ersten Brotfrucht-Reise, ebenso wenig ein Problem zu sein wie die Stationierung der Seesoldaten auf der *Providence*. Hatte sich Bligh - bedingt durch seinen Aufenthalt auf Jamaika - erst spät in die Planung und Ausrüstung der ersten Brotfrucht-Reise einbringen können, war er nun von Anfang an mit in ihre Vorbereitungen eingebunden und fand zudem bei der Admiralität ein deutlich offeneres und wohlwollendes Ohr für seine Wünsche, Vorschläge und Ideen.[37] Auch die Bereitstellung eines Sicherheit gebenden zweiten Schiffes, sowie die Verpflichtung Nathaniel Portlocks (auch ihn hatte Bligh ja persönlich und ganz bewusst ausgewählt) und der drei Leutnants für die *Providence* waren hier neu und standen für die Admiralität offenbar außer Frage.[38] Sowohl die *Assistant* mit Portlock als Kapitän und die Mitnahme der Seesoldaten als auch die drei Leutnants machen klar, wie bemüht die Admiralität nun war, Bligh für diese Reise Sicherheit, Rückhalt und Unterstützung zukommen zu lassen - eine zweite Meuterei sollte um jeden Preis verhindert werden. Obwohl es noch andere Faktoren gab, die zum Ausbruch der Meuterei geführt hatten, kann man davon ausgehen, dass sowohl die eigentliche Meuterei als auch der Verlust der *Bounty* eine schallende Ohrfeige für die Admiralität und die Art und Weise gewesen sein müssen, wie sie bei der Planung der ersten Brotfrucht-Reise vorgegangen war. Die Tatsache, dass die Admiralität William Bligh auch das Kommando über die zweite Reise anvertraute, macht außerdem deutlich, dass sie die Schuld für die Meuterei nicht bei ihm sah.

# 9

## *Die Reise der Bounty*

### *Die Mannschaft*

| | |
|---|---|
| Kommandant (*commander*): | William Bligh |
| *Master:* | John Fryer |
| Bootsmann (*boatswain*): | William Cole |
| Geschützoffizier (*gunner*): | William Peckover |
| Zimmermann (*carpenter*): | William Purcell |
| Schiffsarzt (*surgeon*): | Thomas Huggan |
| Mastersmaate (*master's mates*): | Fletcher Christian |
| | William Elphinstone |
| Seekadetten (*midshipmen*): | John Hallett |
| | Thomas Hayward |
| | Peter Heywood |
| | George Stewart |
| | Robert Tinkler |
| | Edward Young |
| Quartiermeister (*quartermasters*): | Peter Linkletter |
| | John Norton |
| Quartiermeistersmaat (*quartermaster's mate*): | George Simpson |
| Bootsmannsmaat (*boatwain's mate*): | James Morrison |
| Geschützoffiziersmaat (*gunner's mate*): | John Mills |

| | |
|---|---|
| Zimmermannsmaate (*carpenter's mates*): | Charles Norman |
| | Thomas McIntosh |
| Segelmacher (*sailmaker*): | Lawrence Lebogue |
| Waffenmeister (*master-at-arms*): | Charles Churchill |
| Büchsenmeister (*armourer*): | Joseph Coleman |
| Gehilfe des Schiffsarztes (*surgeon's assistant*): | Thomas Denman |
| | Ledward |
| Schreiber des Kapitäns (*captain's clerk*): | John Samuel |
| Kapitänsdiener (*captain's servant*): | John Smith |
| Böttcher (*cooper*): | Henry Hilbrant |
| Schiffskoch (*ship's cook*): | Thomas Hall |
| Metzger (*butcher*): | Robert Lamb |
| Küchengehilfe (*cook's assistant*): | William Muspratt |
| Matrosen (*able seamen*): | Thomas Burkett |
| | Michael Byrn |
| | Thomas Ellison |
| | William McCoy |
| | Isaac Martin |
| | John Millward |
| | Matthew Quintal |
| | Richard Skinner |
| | Alexander Smith |
| | John Sumner |
| | Mathew Thompson |
| | James Valentine |
| | John Williams |
| Gärtner (*gardener*): | David Nelson |
| Gärtnergehilfe (*assistant gardener*): | William Brown[1] |

## *Von England nach Teneriffa*

Am Morgen des 23. Dezember 1787 lichtete die *Bounty* in Spithead die Anker. In der darauffolgenden Nacht wurde der Wind heftiger, am 25. Dezember beruhigte sich das Wetter jedoch wieder, »so dass wir das Weihnachtsfest recht froh begehen konnten«, wie Bligh schreibt.[2] Er ließ den Koch Thomas Hall zum Rindfleisch und dem weihnachtlichen *Plum Pudding* eine Extraportion Rum servieren.[3] Doch scheint es, als sei das Weihnachtsfest lediglich die sprichwörtliche Ruhe vor dem ersten großen Sturm gewesen. Am 26. Dezember 1787 geriet die *Bounty* in ein schweres Unwetter. Dabei wurden ihre Boote beschädigt sowie einige Fässer mit Bier über Bord geschwemmt, die an Deck festgemacht waren. Die stürmische See drang außerdem in die große Kajüte ein und verdarb zu großen Teilen den Vorrat an Schiffszwieback. Erst am 29. Dezember beruhigte sich das Wetter.[4]

Am Morgen des 6. Januar 1788 ging die *Bounty* auf der Reede von Santa Cruz vor Anker. »Sobald das Schiff vor Anker lag, schickte ich einen Offizier, Herrn Christian, zum Gouverneur, um ihm zu melden, ich hätte hier geankert, um meine Leute mit Erfrischungen zu versehen und die Sturmschäden an meinem Schiff auszubessern«[5] notierte Bligh in seinen Aufzeichnungen unmittelbar nach der Ankunft. Nun wurden die Vorräte aufgefüllt: »Wir kauften sehr guten Wein«, berichtete der Komandant in seinem Logbuch, »für den Preis von zehn Pfund Sterling die Pipe (etwa 400 l). Das frische Wasser bezahlte ich mit fünf Shilling die Tonne. Für andere Waren, wie Mais, Erdäpfel, Kürbisse, Zwiebeln usw., war die Zeit nicht günstig. Vom März bis in den November dagegen ist alles in Überfluss zu haben, besonders allerlei Obstsorten, wovon wir jetzt außer trockenen Feigen und schlechten Orangen nichts auftreiben konnten.«[6] Auch in dieser Beschreibung klingt Blighs Kritik daran an, dass die Admiralität die *Bounty* erst so spät hatte auslaufen lassen. Wären sie früher aufgebrochen und hätten sie entsprechend früher in Teneriffa Station gemacht, so wären sie in den Genuss allen wichtigen Proviants gekommen, den die spanische Insel die meiste Zeit des Jahres über zu bieten hatte. Nun jedoch, Anfang Januar 1788, mussten sie sich, neben Wein und Wasser, mit faulen Orangen und trockenen Feigen begnügen, kurz: mit dem kläglichen Rest, der noch übrig war. Über Land und Leute schreibt er:

> »Unter dem gemeinen Volk herrscht ein Grad von Elend und Bedürftigkeit, der nirgends so auffällig ist wie in spanischen und portugiesischen Niederlassungen. Um diesem Übel zu steuern, hat der jetzige Gouverneur von Teneriffa eine wohltätige Gesellschaft gegründet, die er selber leitet. Von den ansehnlichen Beträgen ist ein großes Gebäude errichtet worden, dass einhundertzwanzig arme Mädchen und ebenso viele Männer aufnimmt. Seine Exzellenz erwies mir die Ehre, mir dieses hospicio, wie man es nennt, selber zu zeigen, und auf allen Gesichtern las ich Zufriedenheit und Heiterkeit. [...] Santa Cruz ist ungefähr eine halbe Englische Meile lang und ebenso breit, mit geräumigen, luftigen Häusern, aber sehr schlecht gepflasterten Straßen. Die Einwohner sollen, wie man sagt, nur wenigen Krankheiten unterworfen sein. Wenn aber eine ansteckende Krankheit ausbricht, so pflegt sie die schlimmsten Folgen zu haben, wie dies besonders der Fall ist bei den Kinderpocken, die man jetzt durch Impfen zu bekämpfen sucht. Die Gefahr von Epidemien ist auch der Grund, weshalb man den ankommenden Schiffsbesatzungen die Landung nur gestattet, wenn sie Gesundheitsscheine mitgebracht haben.«[7]

Dass Bligh so ausführlich über die Auffrischung des Proviants und die dafür bezahlten Preise, das *Hospicio*, die sonstige Infrastruktur sowie die Häufigkeit von Krankheiten auf Teneriffa berichtete, zeigt, dass er der Admiralität genaueste Informationen darüber geben sollte, was die Insel Schiffen und ihren Mannschaften zu bieten hatte und was nicht. Auch diese Art des Wissens über bestimmte Orte, deren Begebenheiten und infrastrukturellen Nutzen für (britische) Seeleute war, ähnlich wie der Pflanzentransfer, Teil des globalen Netzwerkes, das die britische Regierung im 18. Jahrhundert für ihre Bedürfnisse und Zwecke auf- und ausbaute.

## *»Ein saufgieriger Trunkenbold«: Der alkoholkranke Schiffsarzt*

Am 10. Januar 1788 verließ die *Bounty* - in Stand gesetzt und mit Proviant versorgt - Teneriffa und nahm Kurs auf Kap Hoorn. Ihr Kapitän etablierte nun ein Drei-Wachen-System innerhalb der Mannschaft, wie er es selbst auf der Reise mit James Cook erlebt hatte. Normalerweise gab es an Bord der meisten Schiffe im 18. Jahrhundert ein System mit zwei Wachen, was konkret bedeutete, dass es zwei Seemänner pro Nacht gab, die jeweils vier Stunden lang Wache hielten. Ein System mit jeweils zwei wachhabenden Seeleuten pro Nacht war, wie es sich unschwer vorstellen lässt, nicht unbedingt dazu angetan, den größten Diensteifer unter den Besatzungsmitgliedern hervorzurufen. Dazu kam, dass in Notsituationen, wie einem Sturm, so viele Hände wie nur möglich gebraucht wurden und einsatzbereit sein mussten. Schlafmangel und Müdigkeit durch gestörten Schlaf, ständigen Einsatz und die harte Arbeit hoch oben in der Takelage und das alles dazu noch bei Wind und Wetter erwiesen sich für jede Mannschaft als kräftezehrend. Und eine ausgezehrte Mannschaft erhöhte wiederum die Wahrscheinlichkeit von Unfällen oder sonstigen Gefahrensituationen an Bord. Das Drei-Wachen-System beseitigte zwar längst nicht alle Gefahren, die das herkömmliche Zwei-Wachen-System mit sich brachte, und es machte auch die harte und gefährliche alltägliche Arbeit an Bord nicht zu einer sicheren und einfachen Angelegenheit. Aber es half den Männern bei der Erfüllung ihrer Aufgaben und sorgte außerdem dafür, dass zusätzliche Gefahren verringert wurden.[8] Die Einrichtung dieses Systems erforderte auch die dauerhafte Ernennung von drei wachhabenden Offizieren. Diese drei, die Bligh ernannte, waren der *Master* der *Bounty*, John Fryer, der Geschützoffizier William Peckover und der Mastersmaat Fletcher Christian. Für Christian war diese Ernennung eine wichtige Sprosse auf der Karriereleiter zu einer Beförderung.[9] Für den Verlauf dieser ersten Brotfrucht-Reise sollte Christians Ernennung sich später jedoch als eine Entscheidung von ungeahnter Tragweite erweisen. Erst jetzt, nachdem die *Bounty* Teneriffa verlassen hatte und sich auf der Weiterfahrt Richtung Kap Hoorn befand, eröffnete Bligh der Mannschaft den Zweck ihrer Reise. Als Ansporn stellte er ihr, mit Erlaubnis der Admiralität, Beförderungen in Aussicht.[10] Zu den Besatzungsmitgliedern, mit denen William Bligh immer wieder Schwierigkeiten hatte, gehörte Dr. Thomas Huggan, der Arzt der *Bounty*. Dieser war nicht nur faul und äußerst korpulent, sondern zudem ein schwerer Alkoholiker.[11] »Mein Schiffsarzt, so dünkt mich, mag wohl ein sehr fähiger Mann sein«, hatte Bligh noch vor seiner Abreise an Joseph Banks geschrieben und seine Bedenken in dem Brief so taktvoll und vorsichtig wie nur möglich geäußert. »Sein Müßiggang und seine Leibesfülle machen ihn für diese Reise jedoch ungeeignet. Ich wünschte, ich könnte ihn dazu bringen, sich zu ändern.«[12] Dieser Wunsch erfüllte sich zwar nicht, aber die Admiralität hatte Thomas Huggan als Unterstützung den Arztgehilfen Thomas Denman Ledward an die Seite gestellt. »Nun stellt sich heraus, dass mein Arzt ein saufgieriger Trunkenbold ist«, schreibt Bligh am 23. Januar 1788, abgestoßen von Huggan und dessen Verhalten an Bord, unverblümt in sein privates Logbuch. »Er ist ständig betrunken, da er über seinen eigenen Vorrat verfügt, der ihm, wie ich ihm versicherte, fortgenommen würde, sollte er nicht damit aufhören, sich so zum Tier zu machen.«[13] Diese Drohung setzte der Kapitän allerdings nie in die Tat um.[14] Huggans Verhalten besserte sich nicht, da sein Alkoholismus zu diesem Zeitpunkt schon ein finales, unheilbares Stadium erreicht hatte. Der Arzt starb sechs Wochen nach der Ankunft in Tahiti an den Folgen der Alkoholkrankheit.[15] Einen ranghohen Offizier mit an Bord zu haben, dessen Unvermögen so auffällig war, dürfte bei der Einhaltung und Aufrechterhaltung von Disziplin wohl kaum förderlich gewesen sein.[16] Bei der Auseinandersetzung zwischen William Bligh und Thomas Huggan spielte noch etwas anderes eine wichtige Rolle: Bligh war – auch das hatte er auf der Reise mit James Cook gelernt und sich von ihm abgeschaut – auf der *Bounty* peinlich genau auf Sauberkeit bedacht, wie sein Eintrag in seinem Logbuch von Mitte Februar 1788 zeigt:

> »Auf der Grenze zwischen den Nordost- und den Südostpassatwinden pflegen die Windstillen und Regengüsse, wenn sie lange anhalten, Krankheiten zu verursachen, wenn man nicht alle Sorgfalt anwendet, das Schiff rein und gesund zu erhalten, indem man es zwischen Decks durch Kohlefeuer trocknet und die Kleider und Betten sorgfältig lüftet. Außerdem sprengten wir noch mit Weinessig und benutzten abends die Pumpen als Ventilatoren. So kamen wir durch die heiße Zone, ohne einen Kranken gehabt zu haben.«[17]

Regelmäßig investierte er Aufwand und Kraft, um die *Bounty* und ihre Mannschaft sauber und gesund zu halten, mit reinlicher Kleidung und guten Manieren. Sein Ziel war es, seine Männer so gesund nach England zurückzubringen, wie James Cook es getan hätte. Thomas Huggans krankheitsbedingtes Verhalten machte dieses Ziel jedoch zunichte, da er als Schiffsarzt der wohl wichtigste Verbündete sein sollte, den der Kommandant in dieser Sache an Bord hatte. Und ausgerechnet dieser wichtigste Verbündete in einer so bedeutsamen Angelegenheit erwies sich als untauglich und unzuverlässig. Deshalb lastete die Verantwortung, für die Gesundheit der Besatzungsmitglieder zu sorgen, allein auf Blighs Schultern.[18]

### *Eine Personalentscheidung mit Folgen*

Am 2. März 1788 traf William Bligh eine Personalentscheidung, die den weiteren Reiseverlauf entscheidend prägen sollte: Er ernannte Fletcher Christian zum Leutnant.[19] Auch Bootsmannsmaat James Morrison erwähnt dies in seinem Bericht.[20] Die Entscheidung war eine Reaktion darauf, dass Bligh von der Admiralität keine Beförderung und demnach auch keinen Leutnant zu seiner Unterstützung an die Seite gestellt bekommen hatte. Mit dieser Personalie versuchte er, das militärische Machtgefüge an Bord der *Bounty* ins Lot zu bringen und zu normalisieren. Die Ernennung sorgte jedoch für nachhaltige Probleme: Zum einen erwartete Bligh nun, dass Christian sich dieses öffentlichen Vertrauensbeweises als würdig erwies, schließlich würde ein Versagen Christians auf diesem Posten auf Bligh selbst zurückfallen, da er ihn zum Leutnant gemacht hatte. Dass Fletcher Christian als Leutnant den Ansprüchen des Kapitäns jedoch nicht gerecht wurde, erklärt in gewisser Weise, warum sich die freundschaftliche Beziehung der beiden langsam verschlechterte. Zum anderen aber, und das ist der entscheidendere Punkt, fühlte sich *Master* John Fryer durch Christians Aufstieg brüskiert. Zunächst hatte Fryer allen Grund gehabt, zu glauben, er leiste gute Arbeit. Bevor die *Bounty* Spithead verließ, hatte Bligh sich schriftlich lobend über ihn geäußert.[21] Es gibt zwar keinen Grund zu der Annahme, dass der *Master* Christian diesen Schritt auf der Karriereleiter missgönnte, aber er haderte mit seiner eigenen Position und verlor nun an der Reise vollkommen das Interesse.[22] Christian konnte nun, nach seiner Ernennung zum diensttuenden Leutnant und damit zu Blighs Stellvertreter (denn de facto bedeutete diese Personalie genau das) ziemlich sicher damit rechnen, nach seiner Rückkehr in England auch offiziell zum Leutnant ernannt zu werden. Für John Fryer hingegen bedeutete Christians Beförderung eine schroffe Zurücksetzung, denn eigentlich hätte ihm, als *Sailing Master* der *Bounty*, diese Stellung als Zweitkommandierender zugestanden. Nun aber wurde ihm der Günstling des Kapitäns vorgezogen, obwohl der weder Deckoffizier war, geschweige denn über ein Offizierspatent verfügte. Dies trug in erheblichem Maße zum schlechten Verhältnis zwischen Bligh und Fryer bei.[23] John Fryer galt jedoch auch insgesamt als charakterlich schwieriger und streitsüchtiger Mann.[24] Dieses mag ein weiterer Grund für Bligh gewesen sein, warum er den bei der Mannschaft beliebten Fletcher Christian[25] zu seinem Stellvertreter an Bord machte und nicht den *Master*. Fryer wurde am 15. August 1752 in Wells-next-the-Sea in der Grafschaft Norfolk geboren[26] und war damit zwei Jahre älter als William Bligh. Zunächst hatte der Mann aus Norfolk als Steuermann zunächst in der Handelsschifffahrt gearbeitet.[27] An Bord der *Bounty* hatte er nun als *Master* einen Posten inne, der gleich mehrere Aufgaben umfasste: Fryer sollte dafür Sorge tragen, dass die alltägliche Routine an Bord reibungslos funktionierte. Darüber hinaus sollte er Bligh bei der Navigation des Schiffes hilfreich zur Seite stehen.[28] Bligh war jedoch selbst ein erfahrener, von James Cook ausgebildeter Navigator und noch dazu einer der wenigen Männer in der Royal Navy, die sich in der Südsee auskannten. Konkret bedeutete dies, dass der *Master* unter William Bligh im Grunde überflüssig war, weil er nicht gebraucht wurde. Dazu kam, dass es für Bligh selbst lediglich eine Formalität war, dass er die begehrte Beförderung zum Kapitän bekommen würde. Fryer betrachtete Bligh allerdings nur als einfachen Leutnant.[29] Deshalb und aufgrund ihrer sich ähnelnden Aufgaben an Bord respektierte John Fryer Bligh als Kommandant der *Bounty* nur, weil er es musste. Daher kam es zwischen den beiden ein ums andere Mal zu heftigen Streitigkeiten und Kompetenzgerangel. Ihr Verhältnis war von tiefer, gegenseitiger Abneigung geprägt, die lediglich mit mühsam aufrecht erhaltener Höflichkeit übertüncht wurde.[30]

### *William Bligh als Kapitän*

Wie alle Kommandanten, so war auch William Bligh an Bord der *Bounty* ein einsamer Mann. Da er keinen zweiten Seeoffizier an seiner Seite hatte, der ihn hätte unterstützen können, lastete die gesamte Verantwortung der ersten Brotfrucht-Reise allein auf seinen Schultern.[31] Der Kapitän war die herausragende Figur an Bord eines Schiffes der Royal Navy. Falls kein Admiral zugegen war, hatte er für die Dauer einer Reise alleinige Entscheidungsgewalt über das jeweilige Schiff. Er bestimmte den Kurs, entschied über Manöver und war sowohl für die Navigation als auch für militärische Einsätze verantwortlich. Er sprach Recht, bestrafte und hielt, sofern kein Priester an Bord war, sogar die sonntäglichen Gottesdienste ab. Diese überragende hierarchische Stellung des Kapitäns machte sich im Übrigen auch in der räumlichen Aufteilung des Schiffes deutlich bemerkbar: Das so genannte Quarterdeck, zwischen Hauptmast und Heck gelegen, war allein der Bereich der Offiziere, insbesondere aber des Kapitäns. Das Quarterdeck ohne ausdrückliche Genehmigung zu betreten, war verboten. Ebenso verboten war es, den Kapitän ohne Aufforderung anzusprechen, weder an Deck noch beim Abendessen, zu dem er als Gastgeber regelmäßig einige seiner Offiziere einlud. Die Last des Kapitäns war riesig – ein ums andere Mal musste er Entscheidungen treffen, von denen das Wohl und Weh, Leben und Tod aller an Bord abhingen. Im Gegensatz zu seiner allumfassenden Autorität an Bord stand auf der anderen Seite jedoch seine völlige Abhängigkeit von der Admiralität und dem Navy Board. Ihnen gegenüber hatte er über jeden einzelnen seiner Schritte Rechenschaft abzulegen und über alles, was er tat, Buch zu führen.[32] Diese ohnehin exponierte Stellung des Kapitäns wurde auf der *Bounty* noch dadurch deutlich vergrößert, dass Bligh keine militärische Unterstützung von Rang, wie etwa einen Leutnant, oder Seesoldaten hatte. William Bligh war ein ausgezeichneter und überaus kenntnisreicher Seemann und Navigator, als Mensch jedoch schwierig. Er war ein äußerst pedantischer Kommandant, der Nachlässigkeit und Inkompetenz überhaupt nicht leiden konnte.[33] Noch dazu hatte er eine jähzornige Natur: Wenn jemand auch nur den kleinsten Fehler gemacht hatte, brüllte er ihn an und wies ihn fluchend vor der gesamten Mannschaft zurecht. Doch genauso plötzlich, wie seine Wut aufflammte, war sie auch wieder vorüber.[34] Oft unnachgiebig und reizbar, war er seinen Untergebenen gegenüber zudem ohne Taktgefühl. Auch Humor gehörte nicht zu seinen Charaktereigenschaften.[35] Bligh hatte eine sehr hohe Meinung von sich, was wiederum zu Schwierigkeiten mit einigen seiner wichtigsten Deckoffiziere an Bord der *Bounty* führte.[36] Gleichzeitig war der Seemann aber aufrichtig um das Wohl seiner Mannschaft besorgt und er wusste nur zu gut, was es brauchte, damit eine Schiffsmannschaft gut zusammenarbeitete und gesund blieb. Diese Fürsorge bekam seine Mannschaft von ihm auch. Drastische Strafen, wie etwa das Auspeitschen, verhängte William Bligh nur, wenn er keine andere Möglichkeit mehr sah.[37] Ein Sadist war er nicht. Anders als die Mehrheit der Kommandanten der Royal Navy lehnte der Kapitän die Peitsche als Disziplinierungsinstrument sogar ab und stand damit ganz im Geiste der Aufklärung. Er fand, dass sie mehr Schaden als Nutzten brachte. Lieber griff er zu weniger brutalen Maßnahmen, wie etwa dem Entzug der täglichen Ration Rum.[38] Am 11. März 1788 wurde der Matrose Matthew Quintal mit zwei Dutzend Hieben bestraft.[39] »Bisher«, schreibt Bligh in seinem offiziellen Logbuch bedauernd, »hatte ich mich noch nicht in der unangenehmen Notwendigkeit befunden, jemanden an Bord züchtigen zu lassen«. Die Bestrafung erfolgte, wie es im offiziellen Logbuch heißt, »wegen ungebührlichen, widersetzlichen Betragens«.[40] In seinem privaten Logbuch wurde Bligh etwas deutlicher und nannte als Grund für die Bestrafung »Unverschämtheit und aufrührerisches Betragen«.[41] Es war der *Master* John Fryer gewesen, der diesen Vorfall eingetragen und den Kommandanten so davon in Kenntnis gesetzt hatte, weshalb dieser nun eine Strafe verhängen musste.[42] Die Mannschaft trat an, um Zeuge zu sein, wie der einundzwanzigjährige Matthew Quintal bis zur Hüfte seine Kleidung ausziehen musste und danach mit gespreizten Armen und Beinen an Hand- und Fußgelenken auf eine senkrechte Gräting gebunden wurde. Durch das Fehlen der dabei üblichen Dudelsackpfeifer und Trommler wurde diese Zeremonie auf ihren einfachsten - und dadurch brutalsten - Kern reduziert.[43]

### *»Der Sturm legte sich für kurze Zeit, tobte aber bald von neuem.«: Belastungsprobe am Kap Hoorn*

Die *Bounty* näherte sich nun zügig Kap Hoorn. Am 24. März 1788 »verloren wir das Land aus der Sicht, und bis zum Ende des Monats kämpften wir mit schlechtem Wetter und widrigen Winden«[44], wodurch die Mannschaft einen deutlichen Vorgeschmack auf das bekam, was ihr am Kap bevorstehen sollte. Obwohl die *Bounty* klein und für die Dauer einer solchen Reise nicht gemacht war, bewies sie insbesondere bei diesem Teil ihrer Fahrt doch eine große Robustheit - einem heftigen Sturm hielt das Schiff gut stand. Das Wetter blieb schlecht, mit Sturm und Hagel. Tag und Nacht prasselte ein Feuer, an dem die Kleider der Männer getrocknet wurden.[45] Der Versuch, Kap Hoorn zu umsegeln, forderte sowohl von der Besatzung und deren Gesundheit als auch von der *Bounty* einen immer höheren Tribut:

> »Der Sturm legte sich für kurze Zeit, tobte aber bald von neuem, und die See ging gewaltig hoch. Die Folgen der ständigen Erschütterung begannen sich nun am Schiffe zu zeigen. Wir mussten uns alle Stunden an die Pumpen stellen. Die Decks waren so leck, dass ich die große Kajüte den Leuten, deren Schlafstellen zu nass waren, einräumen musste, damit sie ihre Hängematten dort befestigen konnten. Dies hatte noch den Vorteil, dass das Mannschaftslogis nicht so gedrängt voll war. Zu allem Unheil mussten wir noch am Ende jeden

Tages feststellen, dass wir zurückgefallen waren, statt vorwärts zu kommen, und so sehr wir uns auch mühten, trieben wir doch nur vor dem Winde her. Unser Koch [Thomas Hall] fiel auf dem schwankenden Deck hin und brach sich eine Rippe. Ein Matrose renkte sich die Schulter aus. Der Konstabler [William Peckover] bekam rheumatische Schmerzen und musste sich hinlegen, so dass wir zum erstenmal während der Reise eine Krankenliste hatten.«[46]

Auch der Bericht James Morrisons gibt einen vielsagenden Eindruck von den Wochen, in denen die Mannschaft der *Bounty* versuchte, Kap Hoorn zu umsegeln. Seine Schilderungen decken sich an dieser Stelle zwar teilweise mit denen seines Kapitäns, zeigen andererseits aber auch Facetten des Mannschaftslebens, die Bligh entweder gar nicht thematisiert oder aber anders darstellt:

»Da wir keinen Burgoo[47] hatten, wurden nun allmorgendlich Weizen und Gerste zum Frühstück gekocht [...]. Die Menge des gekochten Weizens betrug eine Gallone für sechsundvierzig Mann, von der auch alle aßen, und die Menge der Gerste betrug zwei Pfund, für dieselbe Anzahl von Männern. Die Aufteilung dieser dürftigen Rationen führte häufig zu Streitigkeiten [...] und bei dem schlechten Wetter, das vorherrschte, wurden diese des Öfteren so geregelt, dass sie böse Konsequenzen mit sich brachten. Bei einer dieser Auseinandersetzungen wurden dem Koch, Thomas Hall, zwei Rippen gebrochen. Ein anderes Mal verbrühte sich [der Geschützmeister] Churchill dabei seine Hand.[48] Schließlich wurde es erforderlich, dass der Mastersmaat, der die Wache hatte, die Verteilung des Weizens kontrollierte. Das Wetter verschlechterte sich von Tag zu Tag. Hagel, Regen, Graupel und Schnee [...] wechselten einander in heftigen Stürmen ab. Oft vermochten wir deshalb die Segel nicht zu setzen und mussten die Luken geschlossen halten, da sich haushohe Wellen

> über uns brachen [...]. Sie warfen das Schiff so gewaltig hin und her, dass die Leute ohne ein Seil oder etwas, das sie hielt, nicht an Deck zu stehen vermochten. Einige Male, während dieses schweren Seegangs und des plötzlichen Schlingerns des Schiffes, wurde der Arzt Mr. Huggan den Niedergang am Heck hinuntergeworfen und ins Steuerhaus geschleudert, wodurch er sich seine Schulter auskugelte. Und einige Tage später ereilte [den Matrosen] Richard Skinner dasselbe Schicksal am selben Ort. [Der Quartiermeister] Peter Linkletter verletzte sich am Rücken, als er ins fore-cockpit geschleudert wurde, worüber er später stets klagte.«[49]

Bligh und seine Männer mühten sich nach Kräften und gaben nicht auf. Das warme Frühstück, das allmorgendlich auf den Tisch kam, wurde um flüssiges Malz ergänzt, um die Abwehrkräfte der Mannschaft gegen Erkältungen zusätzlich zu stärken. Doch all das half nichts - jedes Vorankommen, das die *Bounty* auf ihrem Weg um Kap Hoorn verbuchen konnte, wurde dadurch wieder zunichte gemacht, dass sie ein ums andere Mal zurückgeworfen wurde. Dazu kam, dass der Krankenstand erst auf fünf und schließlich sogar auf acht Männer angewachsen war.[50] Diese Tatsache machte sich, schreibt Bligh, »besonders bei den Wachen bemerkbar, die Seile können aufgrund der Nässe und des Schnees nur noch unter großen Schwierigkeiten bewegt werden«.[51] Die Männer, die oben in der Takelage waren und die Segel bedienten, konnten bisweilen nicht wieder herunterklettern, da der Sturm so stark war. Wenn sie es dann doch geschafft hatten und die Planken wieder unter ihren Füßen spürten, »verloren sie manchmal für eine Weile die Sprache«, stellte Bligh in seinem Logbuch fest.[52] Ende April 1788 gaben der Kapitän und die Mannschaft schließlich doch auf. »Es schmerzte mich tief«, vertraut Bligh seinem Logbuch an, »nunmehr einsehen zu müssen, wie hoffnungslos, ja wie unverantwortlich jeder weitere Versuch sein würde, auf diesem Wege nach Tahiti zu gelangen.« Insgesamt dreißig Tage hatte die Mannschaft der *Bounty* vergeblich versucht, Kap Hoorn zu umsegeln und dabei schweren Stürmen, Hagel, Schnee und Eis getrotzt. Nun entschied Bligh sich für einen Umweg über das Kap der Guten Hoffnung. Am 22. April 1788 gab er den Befehl, den Kurs in Richtung Südafrika zu ändern.[53] »Dies wurde«, berichtet James Morrison, »mit allgemeiner Freude aufgenommen und ihm wurde, ganz wie es Brauch war, mit einem dreifachen ›Hurra‹ geantwortet.«[54]

## *Umweg über Südafrika*

Der Umweg über das Kap der Guten Hoffnung bedeutete eine Fahrt von ungefähr 10 000 zusätzlichen Seemeilen. Noch kurz vor der Abreise hatte es die Admiralität - nach Fürsprache von Joseph Banks - Bligh in sein eigenes Ermessen gestellt, diese Route zu wählen, wenn sich der Weg um Kap Hoorn als nicht machbar erweisen sollte. So würde sich die *Bounty* der Südsee und Tahiti nun aus der entgegengesetzten Richtung nähern.[55] Dass die Admiralität Bligh die Möglichkeit zur Änderung der Route bei Gefahr für Schiff und Mannschaft erst einräumte, nachdem sich Banks dafür stark gemacht hatte, zeigt, wie wenig umsichtig die Admiralität bei der Planung der ersten Brotfrucht-Reise vorgegangen war. Am 23. Mai 1788 ging die *Bounty* am Kap der Guten Hoffnung vor Anker. Das kleine Schiff war so leck und am Kap Hoorn so dermaßen in Mitleidenschaft gezogen worden, dass es einer grundlegenden Reparatur bedurfte. So musste etwa der gesamte Rumpf neu kalfatert und auch die Segel und die Takelage erneuert werden.[56] William Purcell, der Zimmermann der *Bounty*, und seine Leute hatten alle Hände voll zu tun und benötigten sogar die Hilfe lokaler Handwerker.[57] Noch am Tag der Ankunft schrieb Bligh an Sekretär Stephens von der Admiralität, erklärte und rechtfertigte den Umweg über das Kap der Guten Hoffnung:

»Sir, Ihr werdet das Vergnügen haben, den Lord Commissioners der Admiralität mitzuteilen, dass ich, nachdem ich dreißig Tage lang am Kap Hoorn das schlimmste Wetter [...] erleben musste, es als unbedingte Notwendigkeit betrachtet habe, von dort nach diesem Orte hier zu segeln. Ich sah es als absolut nicht praktikabel an, das Kap zu umrunden und die Route nach Tahiti zu nehmen, die mit den ersten Anweisungen Ihrer Lordschaften in Einklang gestanden hatte. Ich hoffe, Ihre Lordschaften geruhen zu erkennen, dass es nicht möglich war, aus der Jahreszeit mehr zu machen, als ich es getan habe. [...] Ich werde das Schiff schnellstmöglich reparieren lassen und die Reise alsdann über Neu-Holland und Neuseeland fortsetzen.«[58]

In diesem Brief klingt Bligh höflich zurückhaltend, fast schon etwas unterwürfig. Mit Diplomatie und Vorsicht, gleichzeitig aber auch mit der Gewissheit, dass er richtig entschieden hatte, wirbt er um Verständnis für seinen Entschluss, den Umweg gewählt zu haben. Insgesamt 38 Tage blieben die *Bounty* und ihre Besatzung am Kap der Guten Hoffnung, Ende Juni 1788 war das Schiff wieder instandgesetzt und mit frischem Proviant versorgt.[59] Am 1. Juli ging es in Richtung Tasmanien unter Segel.[60]

## *Eine Kraftprobe in Tasmanien*

Am 21. August 1788 legte die *Bounty* in der Adventure Bucht auf Tasmanien an. Am darauffolgenden Tag wurden mehrere Arbeitsgruppen gebildet. Eine von ihnen hatte die Aufgabe, an Land Holz zu schlagen, sie stand unter dem Kommando Fletcher Christians. Eine andere sollte die Wasserfässer auffüllen. Eine dritte Gruppe sollte auf dem Schiff bleiben, um dort bestimmte allgemeine Aufgaben zu erledigen. Der Zimmermann William Purcell gehörte zu der Gruppe, die abkommandiert war, um an Land das Holz zu schlagen.[61] Was der Anlass für den Beginn der Auseinandersetzung zwischen Bligh und Purcell war, ist aus den zeitgenössischen Quellen nicht genau nachzuvollziehen, zumal der Kapitän in seinem Logbuch lediglich eine kleine Andeutung darüber macht und es in seinem später veröffentlichten Buch über die Reise gar nicht thematisiert.[62] Der Eintrag im Logbuch legt nahe, dass Bligh Kritik an Purcells Arbeitsweise übte, wogegen der Zimmermann sich verbal zur Wehr setzte. Da Widerworte gegenüber einem Kapitän aber strengstens verboten waren, – sie konnten mitunter schon als aufrührerisches Verhalten gewertet werden – musste Bligh handeln.[63] Deckoffiziere, zu denen Purcell als Zimmermann gehörte, durften nicht ausgepeitscht werden. Normalerweise hätte er Purcell in Gewahrsam nehmen lassen können, um den Zimmermann nach der Rückkehr in England vor ein Kriegsgericht zu bringen. Da Bligh es sich aber aufgrund der ohnehin schon geringen Mannschaftsstärke nicht leisten konnte, auf die Arbeitskraft Purcells zu verzichten (zumal die geplante Rückkehr der *Bounty* nach Großbritannien noch über ein Jahr entfernt war), schickte er ihn stattdessen zur Strafe aufs Schiff zurück, wo er gemeinsam mit der dort verbliebenen Arbeitsgruppe allgemeine Aufgaben verrichten sollte. Da der darauffolgende Tag ein Sonntag war, war arbeitsfrei. Am darauffolgenden Montag gab Bligh John Fryer, dem die an Bord arbeitende Gruppe unterstellt war, die Anweisung, er solle die Matrosen und die Deckoffiziere allgemeine Arbeiten tun lassen. Als der Kommandant vom Land aufs Schiff zurückkehrte, erfuhr er, dass der *Master* William Purcell jedoch nicht zur allgemeinen Arbeit angehalten hatte, sondern ihn stattdessen Tischler-Aufgaben hatte erledigen lassen. Daraufhin legte Bligh schriftlich fest, Purcell solle zur Strafe allgemeine Arbeit leisten und John Fryer sei dafür zuständig, dass Purcell diese auch verrichtete. Purcell legte jedoch die Hände in den Schoß und half nicht dabei, die wieder aufgefüllten Wasserfässer im Laderaum des Schiffes zu verstauen. Damit verweigerte William Purcell die ihm aufgetragene Arbeit. Dies was einer der schwersten Verstöße an Bord eines Schiffes. In heimischen Gewässern hätte sich der Zimmermann damit in Lebensgefahr gebracht. Weit entfernt von zuhause aber, wie die Mannschaft auf der *Bounty* es nun war, tat der Kapitän etwas anderes, um ihn zur Räson zu bringen: Er befahl, dass der Zimmermann weder zu essen noch zu trinken bekommen sollte, bis er dazu bereit sei, seine Arbeiten zu erledigen. Jedes Mannschaftsmitglied, das erwöge, Purcell Unterstützung zukommen zu lassen, würde schwer bestraft. Diese Maßnahme änderte Purcells Verhalten schlagartig.[64] Auch der Bootsmannsmaat James Morrison geht in seinem Bericht auf diesen Vorfall ein, schildert ihn allerdings weniger ausführlich. Er beschreibt, dass der Kommandant der *Bounty* William Purcell zur Strafe in Gewahrsam nahm, einen Grund dafür erfährt man nicht. Der Kommandant war mit der Arbeit der Deckoffiziere unzufrieden. Deshalb gerieten sie unter einander in großen Wettstreit, bei dem jeder den anderen zu übertrumpfen versuchte, um vom Zorn des Kapitäns verschont zu bleiben. Blighs Unzufriedenheit mit der Leistung der Offiziere führte dazu, dass das Verhältnis zwischen ihnen und ihrem Kapitän nachhaltig beschädigt wurde.[65]

### *»Ich ließ mich tätowieren, jedoch nicht zur Befriedigung meiner selbst.«*<br>*Eintauchen in das Leben auf Tahiti*

Am 4. September 1788 ging die *Bounty*, mit aufgefrischtem Holz- und Wasservorrat, in Richtung Tahiti unter Segel. Am 26. Oktober 1788 erreichte das Schiff schließlich Tahiti und ging dort in der Matavai-Bucht vor Anker. Vor ihrer Ankunft hatte Bligh sich einmal mehr ein Beispiel an James Cook genommen und, ähnlich wie dieser auf seinen Reisen, einige Verhaltensregeln aufgestellt. Diese sollten die Mannschaft der *Bounty* unter anderem dazu verpflichten, einen geordneten und möglichst konfliktfreien Kontakt mit den Tahitianerinnen und Tahitianern zu pflegen. Um den bereits bestehenden, von gegenseitiger Achtung und Respekt geprägten Kulturkontakt zwischen Briten und Polynesiern nicht zu gefährden, hielt Bligh seine Mannschaft als erste Regel dazu an, mit den Bewohnerinnen und Bewohnern der Freundschafts- und der Gesellschaftsinseln unter keinen Umständen darüber zu sprechen, dass James Cook gestorben war. Der Seemann konnte nicht wissen, dass erst kurz vor der Ankunft der *Bounty* eine Schiffsbesatzung in Tahiti gewesen war und die Einheimischen von Cooks Tod unterrichtet hatte. Der Weltumsegler wurde in Tahiti so hoch verehrt, dass sich ein Portrait von ihm, das 1777 hier zurückgelassen worden war, immer noch in gutem Zustand befand. Die Verhaltensregeln Blighs untersagten seiner Mannschaft außerdem, den Einheimischen den Zweck ihres Aufenthaltes – die Akquise der Brotfrucht – mitzuteilen, bevor er nicht selbst mit den Häuptlingen darüber in Verhandlung getreten war. Es war, auch das schrieben die Regeln unmissverständlich vor, nur einem einzigen Besatzungsmitglied erlaubt, den Handel zwischen den Männern der *Bounty* und den Tahitianern zu organisieren. Außerdem war es keinem Offizier, Seemann oder sonst jemandem vom Schiff gestattet, Nahrungsmittel oder Kuriositäten zu erwerben. Einem »ungeordneten«, freien Handel nach eigenem Belieben zwischen Besatzung und Tahitianern sollte auf diese Weise von vorne herein ein Riegel vorgeschoben werden. Das Besatzungsmitglied, das von Bligh zum Verantwortlichen für den Handel ernannt wurde, war der Geschützoffizier William Peckover. Dass die Wahl auf ihn fiel, lag auf der Hand: Er sprach Tahitianisch und war bereits in Tahiti gewesen. Zudem wusste er durch die drei Reisen James Cooks, an denen er teilgenommen hatte, worauf es bei dieser Aufgabe ankam. Alle Besatzungsmitglieder wurden durch die Regeln ebenfalls ermahnt, das Wohlwollen und die Achtung der Einheimischen zu gewinnen und sie mit größter Freundlichkeit zu behandeln. Was sie möglicherweise gestohlen hätten, sollte ihnen nicht mit Gewalt genommen werden. Schüsse auf sie seien nur dann gerechtfertigt, wenn es um die Verteidigung des eigenen Lebens ging.[66] Die Einrichtung eines klar regulierten Marktes durch (Tausch-)Handel war, ähnlich wie der staatliche Pflanzentransfer und die genaue Kenntnis der Infrastruktur Teneriffas und deren Nutzen für britische Bedürfnisse, nicht allein für die Männer der *Bounty* von Belang. Auch für die Admiralität war dies von großer Bedeutung, wenn es darum ging, zukünftige britische Schiffsbesatzungen mit dem zu versorgen, was sie in Tahiti brauchen und bekommen konnten.[67] Sowohl die guten Beziehungen zu den Menschen vor Ort als auch – damit Hand in Hand gehend – die Schaffung dieses Marktes zwischen Briten und ihnen müssen als Teil des weltweiten Netzes verstanden werden, das die britische Regierung für ihre Bedürfnisse einrichtete oder schon eingerichtet hatte.

Für viele Europäer des 18. Jahrhunderts – insbesondere für Seefahrer, Entdecker und andere Reisende – war Tahiti ein legendärer Ort voll exotischer Sinnesfreuden. Man kann sich unschwer vorstellen, dass seine üppige tropische Landschaft, die fremdartig aussehenden und in sexueller Hinsicht freigebigen, freundlichen Frauen und Männer, die Louis-Antoine de Bougainville, Philibert Commerson und William Dampier zuvor begeistert beschrieben hatten, ihre Wirkung auch auf die Besatzungsmitglieder der *Bounty* nicht verfehlten – zumal nach den langen Wochen und Monaten auf See, die sie in der räumlichen Enge und immerwährenden Gemeinschaft an Bord verbracht hatten. William Bligh, der Botaniker David Nelson, der Geschützoffizier William Peckover sowie der Büchsenmeister Joseph Coleman waren zuvor schon hier gewesen und kannten das Land und seine Menschen bereits. Für einen Großteil der Mannschaft war beides jedoch vollkommen ungewohnt und neu. Überschwänglich wurde die Mannschaft am Tag ihrer Ankunft von den Tahitianerinnen und Tahitianern begrüßt. Hunderte Kanus kamen der *Bounty* entgegen, als sie die Bucht erreichte und auf ihren Ankerplatz zusteuerte. Noch bevor das Schiff sicher vor Anker gegangen war, und auch danach, kamen die Einheimischen an Bord und brachten den Neuankömmlingen Naturalien wie Kokosnüsse und Schweine als Geschenke mit.[68] Bald schon drängelten sich so viele von ihnen an Deck, dass

Bligh, wie er schreibt, Mühe hatte, seine eigenen Leute in der großen Menschenmenge wiederzufinden. Die ersten Gäste an Bord waren mehrere lokale Häuptlinge, mit denen Bligh ebenfalls Geschenke austauschte. Der Kapitän erwähnt die Mastschweine und die Kokosnüsse, die sie geschenkt bekamen, insbesondere Letztere wurden in großer Menge an Bord gebracht.[69] Der erste Teil des Austauschs zwischen den Mannschaftsmitgliedern der *Bounty* und den Tahitianern war geglückt.

Ein wichtiger Teil der Begegnung zwischen Schiffsbesatzung und Tahitianern war der diplomatische Kontakt zwischen William Bligh, einem Häuptling namens Tynah und dessen Frau, Königin Iddeah. Tynah war der Vater des erst sechsjährigen Königs von Oparre, eines Bezirkes westlich von Matavai, und selbst oberster Häuptling von Matavai sowie der angrenzenden Gebiete. Das Häuptlings-Ehepaar und der Kapitän verbrachten viel Zeit miteinander, sowohl an Bord der *Bounty* als auch an Land. Mit Tynah und einigen anderen Häuptlingen handelte er aus, dass sie König George III. Brotfruchtsetzlinge zum Geschenk machen könnten, da er sich sehr darüber freuen würde. Die königlichen Würdenträger standen diesem Wunsch sofort offen gegenüber.[70] Nachdem Bligh ihr Einverständnis bekommen hatte, wurde am 2. November 1788 ein Lager an Land errichtet, das als Baumschule diente. Hier sollten die Pflanzen gedeihen und sorgsam gepflegt werden, bis sie groß und robust genug für den Transport in die Karibik und gegebenenfalls auch nach Sankt Helena waren. Zu der Gruppe, die mit der Pflege der Setzlinge betraut wurde, gehörten William Peckover als Beauftragter für den Handel, die Gärtner David Nelson und William Brown, der Kadett Peter Heywood sowie vier Matrosen. Das Kommando über diese Gruppe hatte Fletcher Christian. Der Büchsenmeister Joseph Coleman richtete auch an Land eine Schmiede ein und fertigte dort einige Gegenstände zum Gebrauch auf dem Schiff an. Außerdem erledigte Coleman in seiner Schmiedewerkstatt Auftragsarbeiten für die Tahitianer, wenn sie Eisenstücke zu ihm brachten und ihn darum baten. Zufällig hatte Bligh diese Dienstleistung und die Freude der Tahitianer darüber als weiteres Mittel für gute Beziehungen zwischen beiden Gruppen entdeckt und seinen Büchsenmeister dazu verpflichtet, sie weiterhin anzubieten.

Während der Zeit in Tahiti gab es für die Mannschaft insgesamt weniger zu tun. Dabei war es unerheblich, ob ihre Mitglieder nun an Bord der *Bounty* bleiben mussten oder ob sie zu der Gruppe an Land gehörten. Auch den Männern, die auf dem Schiff blieben, war es regelmäßig gestattet, Zeit an Land zu verbringen. Der Austausch zwischen Briten und Einheimischen wurde intensiver, weil alle Männer schnell *Tayos* unter den Tahitianern fanden, also Freunde, die sich um sie kümmerten, Zeit mit ihnen verbrachten und sie auch in ihre Familien einführten. Zwischen vielen Männern der *Bounty* und Tahitianerinnen entwickelten sich sexuelle Kontakte, sogar Liebesbeziehungen. Beides wurde auch ermöglicht, weil Frauen an Bord willkommen waren und sogar über Nacht bleiben durften. Während die alltägliche Routine ihrer Mannschaftskameraden an Bord trotz mancher Lockerung und Vergünstigung insgesamt intakt blieb, waren die Männer, die ihren Dienst an Land taten, in größerem Maße sich selbst überlassen, zumal abends, wenn die Arbeit getan war. Dann trafen sie sich mit den Tahitianern, um gemeinsam Feste zu feiern, miteinander zu tanzen oder um sich mit ihnen in sportlichen Wettkämpfen zu messen.[71] Und in diesem engen Kontakt zwischen den Besatzungsmitgliedern und den Einheimischen liegt einer der entscheidenden Gründe für das Misslingen der ersten Brotfrucht-Reise: Viele Besatzungsmitglieder fanden nachhaltig Gefallen am Leben auf Tahiti. Es kam daher auch nicht von ungefähr, dass sich unter den Besatzungsmitgliedern, für die genau das galt, wie etwa James Morrison, Fletcher Christian und Peter Heywood[72], spätere Meuterer fanden. Auch die Tatsache, dass einige der Meuterer – insbesondere Fletcher Christian und Peter Heywood – zu der Gruppe gehörten, die sich an Land um die Brotfruchtsetzlinge kümmerte, passt hierbei ins Bild. Sie erledigte diese Aufgabe autark und konnte sich der alltäglichen Disziplin und Ordnung an Bord dadurch etwas entziehen. Es ist gut möglich, dass diese große Zuneigung zum Land und seinen Menschen, die einen Teil der Mannschaft erfasste, zusätzlich auch noch dadurch befeuert wurde, dass sich der Kommandant der *Bounty* veränderte. Diese Veränderung bewirkte, dass Bligh niemandem mehr um sich herum vertraute und bei jeder noch so kleinen Provokation ausfallend wurde.[73] Diese Veränderung war eine Folge der Eigendynamik, die sich innerhalb der Mannschaft aufgrund der Lebensverhältnisse in Tahiti entwickelte. Fast alle Besatzungsmitglieder ließen sich, gemäß dem tahitianischen Brauch, tätowieren. James Morrison entschied sich für ein Bild des Hosenbandordens auf seinem Bein, zusammen mit dessen französischem Motto *Honi soit qui mal y pense* (»Ein Schuft, wer Böses dabei denkt«). Manche der Männer mochten einfachere oder heimatverbundene Motive. Dem Matrosen Thomas Ellison wurde sein Name und *October 25th 1788*, also das Datum des Tages, an dem er Tahiti das erste Mal gesehen hatte, auf seinem rechten Arm verewigt. Peter Heywood ließ sich unter anderem das dreibeinige Symbol seines Heimatortes, der Isle of Man, auf die Haut malen. Zu denen, die sich für kunstvolle landestypische Männlichkeitsmotive entschieden, gehörten spätere Meuterer: Der Kadett George Stewart, der Waffenmeister Charles Churchill sowie Fletcher Christian.[74] Ihnen bedeutete diese Körperbemalung jedoch noch weitaus mehr als nur schöner Schmuck: Für sie war sie ein ganz bewusst gewähltes und sichtbares Bekenntnis zu Tahiti und gegen die Enge und hierarchische Disziplin an Bord der *Bounty*. Dass Peter Heywoods Tätowierung Ausdruck seines Wunsches war, zu den Einheimischen zu gehören, macht ein Brief an seine Mutter deutlich:

> »Ich ließ mich tätowieren, jedoch nicht zur Befriedigung meiner selbst, sondern um ihretwillen, da es mein ständiges Bestreben war, mich in jedem noch so geringen ihrer Bräuche zu beweisen. Mich dünkte, das möge ihnen wohl gefallen.

> Obgleich sich das Prozedere als schmerzhaft erwies, erwarb ich mir dadurch ihre Freundschaft und Hochachtung, was, wie Du Dir vorstellen magst, keine geringe Sache ist auf einer Insel, auf der die Eingeborenen so zahlreich sind.«[75]

Ein Faktor, der dazu beitrug, die Beziehung zwischen den Mannschaftsmitgliedern der *Bounty* und den Tahitianern zu intensivieren, war die lange Dauer ihres Aufenthalts. Insgesamt blieben sie fünfeinhalb Monate in Tahiti, viel länger als zunächst geplant.[76] Und je länger die Männer dortblieben, desto mehr gewöhnten sie sich an die Menschen und das angenehme, sorgenfreie Leben. Dass der Aufenthalt länger dauerte, hatte mehrere Gründe: Die Admiralität hatte Bligh seinen Befehl zum Auslaufen erst spät zukommen lassen und aufgrund des weiten Umweges über Südafrika erreichte die *Bounty* Tahiti erst vor Beginn der Regenzeit, die von November bis April dauerte. In dieser Zeit war mit Stürmen und Regen zu rechnen, weshalb Seefahrer Reisen in dieser Zeit möglichst vermieden. Dazu kam, dass das Schiff auf dem Rückweg nach England durch die Endeavour-Straße segeln sollte, weshalb die Mannschaft den nächsten Ost-Monsun abwarten musste, der aber erst Ende April oder Anfang Mai kommen würde.[77] Ein weiterer Grund war die Sicherheit der Brotfruchtpflanzen. Sowohl William Bligh als auch der Gärtner David Nelson wollten sicherstellen, dass die Brotfruchtsetzlinge die Weiterreise in einem guten Zustand antreten würden. Deshalb empfahl der Botaniker, die Setzlinge in Töpfen anzupflanzen und zu warten, bis sie dort fest verwurzelt waren und bereits sprießten. Erst dann sollten sie auf das Schiff verladen werden. Immerhin hatten sie eine Reise von 12 000 Meilen zu überstehen und sollten nach der Ankunft sofort angepflanzt werden. Gab man den Pflanzen diese Zeit und Geduld nicht, bestand die Gefahr, dass sie die Weiterfahrt nicht überlebten. Wenn das geschah, hätte man nach Tahiti zurückkehren und neue Setzlinge besorgen müssen. Dieses Risiko wollte der Kapitän auf keinen Fall eingehen.[78] Die Beziehung zwischen der Mannschaft und den Einheimischen wurde auch durch eine unerlaubte Versorgung mit Lebensmitteln noch intensiver. Eine der Aufgaben des Proviantmeisters war es, die Schiffsbesatzung mit genügend Lebensmitteln zu versorgen. An Bord der *Bounty* hatte William Bligh diesen Posten übernommen. Da der Kommandant während des Aufenthaltes in Tahiti jedoch ausschließlich am offiziellen Handel interessiert war, beschlagnahmte er alle zusätzlichen Nahrungsmittel, die seine Männer für sich selbst gekauft oder eingetauscht hatten.[79] James Morrison berichtet, dass alles, was zusätzlich durch die Mannschaft an Bord kam, dem allgemeinen Lebensmittelvorrat zugefügt wurde. So ließ Bligh auch Schweine, die John Fryer für sich erworben hatte, schlachten und der Allgemeinheit zukommen.[80] Diese Maßnahme belastete das Verhältnis der Mannschaft zu ihrem Kapitän noch einmal zusätzlich, wenngleich es klug und nötig war, den Handel in geregelten Bahnen zu halten und nicht ausufern zu lassen, zumal die *Bounty* nicht allzu viel Platz bot. Nachdem die Strenge des Proviantmeisters zunächst dafür sorgte, dass weniger Schweine an Bord gebracht wurden, ließen sich die Tahitianer jedoch nicht allzu lange davon entmutigen. Sie fanden andere Wege. Hinter Blighs Rücken schmuggelten sie das Schweinefleisch an Bord, indem sie es zuvor in Stücke schnitten, in Blätter einwickelten und in Körben voller Brotfrüchte oder geschälter Kokosnüsse an die Besatzungsmitglieder übergaben.[81] Die eine Gruppe unterstützte die andere durch etwas, das eigentlich verboten war. Dieser geheime Pakt machte sie zu Komplizen. Der Kapitän verlor dadurch mehr und mehr die Kontrolle über seine Mannschaft. Dies machte ihn aggressiv, wodurch sich das Verhältnis zwischen ihm und seinen Männern noch weiter verschlechterte.

### *Drei Besatzungsmitglieder desertieren*

Am frühen Morgen des 5. Januar 1789 desertierten drei Besatzungsmitglieder von der *Bounty* – der Waffenmeister Charles Churchill, der Küchengehilfe William Muspratt, der am 27. Dezember 1788 wegen Vernachlässigung seines Dienstes ausgepeitscht worden war, und der Matrose John Millward, der in dieser Nacht die zweite Wache gehalten hatte. Mit sich nahmen sie das kleinere der beiden Beiboote, acht Gewehre und Munition. Die Flucht gelang, weil die Wache an Deck eingeschlafen war. William Bligh agierte entschlossen: Er ließ Tynah und die anderen Häuptlinge wissen, dass er von ihnen erwartete, die drei Deserteure wieder auf das Schiff zurückzubringen.[82] Das Boot, das sie entwendet hatten, wurde bald danach von John Fryer und drei Häuptlingen gefunden und zurückgebracht. Die drei Besatzungsmitglieder blieben jedoch verschwunden.[83] James Morrisons Bericht über die Desertion deckt sich in wesentlichen Teilen mit Blighs Schilderung. In einem Punkt jedoch unterscheiden sie sich: Der Bootsmannsmaat berichtet, die persönlichen Sachen Churchills seien nach der Flucht durchsucht worden. Dabei fand man eine Liste mit Namen, auf der – in Churchills Handschrift – neben seinem eigenen auch noch die Namen von drei Männern aus der Gruppe an Land standen. Daraufhin ging Bligh zu ihnen und informierte Fletcher Christian über die Geschehnisse. Er beschuldigte ihn und seine Leute, mit Churchill gemeinsame Sache gemacht zu haben und warf ihnen vor, dass auch sie nun desertieren wollten. Fletcher Christian beteuerte ihre Unschuld jedoch so eindringlich, dass der Kapitän ihm schließlich Glauben schenkte und kein Wort mehr darüber verlor.[84] Weder in seinen Logbüchern noch in *A Voyage To The South Sea (Reise in das Südmeer welche mit dem Schiffe Bounty unternommen worden ist, um Brotbäume nach den Westindischen Inseln zu verpflanzen)*, einem seiner später veröffentlichten Bücher über die Reise, thematisiert der Kommandant dieses Gespräch und seine Verdächtigungen. In einem Brief, den er einige Jahre später an Francis Godolphin Bond schrieb, geht er allerdings kurz darauf ein und spielt die Angelegenheit herunter. Er schreibt, dass auf Churchills Liste mit den Namen der Besatzungsmitglieder, die meutern wollten, unter anderem auch Fletcher Christians und Peter Heywoods Namen gestanden hätten. Er habe jedoch nicht glauben wollen, dass Christian sich einer solchen Sache schuldig machen könnte. Als er Christian die Liste zeigte, hätten beide darüber gelacht.[85] Diese Episode macht deutlich, dass Blighs Kontrollverlust über die Mannschaft und das schwindende Vertrauen in sie auch die Freundschaft zwischen ihm und Fletcher Christian belastete. Etwas mehr als zwei Wochen gelang es den drei Deserteuren, sich versteckt zu halten. Am 23. Januar 1789 erhielt Bligh von tahitianischen Boten die Nachricht, dass man sie acht Kilometer entfernt entdeckt hatte. Daraufhin brach Bligh in Begleitung einiger bewaffneter Besatzungsmitglieder und eines Tahitianers sofort auf und begab sich persönlich zu dem Versteck. Charles Churchill, John Millward und William Muspratt ließen sich widerstandslos festnehmen.[86] Auch hier machte sich das Fehlen der Seesoldaten bemerkbar. Sie fungierten an Land als eine Privatarmee, die, so nötig, die Aufgaben eines Infanterieregiments übernahm.[87] Normalerweise hätte der Kapitän sie aussenden können, um die drei Deserteure zu suchen und festzunehmen. Durch ihr Fehlen musste er diese Aufgabe jedoch selbst übernehmen, lediglich unterstützt durch die bewaffneten Besatzungsmitglieder und den Tahitianer. Möglicherweise hätte die Anwesenheit der Seesoldaten an Bord der *Bounty* die Flucht auch von vornherein verhindert, da ihre Präsenz eine zu große Hemmschwelle dargestellt hätte. Die Flucht der drei Männer war eine frühe Meuterei, deren Signalwirkung alle Besatzungsmitglieder verstanden haben mussten. Sie zeigt auch, dass einige der Männer Tahiti ihrer Heimat Großbritannien vorzogen und nicht mehr nach Hause zurückkehren wollten. Churchill erhielt ein Dutzend Hiebe, Millward und Muspratt jeweils zwei Dutzend. Die verhängten Strafen wurden zwei Wochen später und im Februar 1789 ein weiteres Mal vollstreckt.[88] Es ist auffällig, wie vergleichsweise milde sowohl die drei Deserteure als auch Thomas Hayward, der während seiner Wache eingeschlafen war und die drei so hatte entkommen lassen, bestraft wurden. Einhundert bis einhundertfünfzig Peitschenhiebe waren das Strafmaß, mit dem Deserteure in der Royal Navy rechnen mussten.[89] Mehr noch – über die drei Deserteure hätte sogar die Todesstrafe verhängt werden können[90], ebenso wie über Hayward, dessen Nachlässigkeit durch die *Articles of War* genauso schwerwiegend eingestuft wurde wie eine Desertion selbst.[91] Erneut wird hierbei deutlich, dass Bligh durch die geringe Mannschaftsstärke an Bord auf die Arbeitskraft keiner seiner Männer verzichten konnte und dass ihm deshalb auch nur ein bestimmter Rahmen der Bestrafung zur Verfügung stand, ganz gleich, welches Vergehens sie sich auch schuldig gemacht haben mochten. Und es wird klar, wie weit die Entfremdung zwischen dem Kapitän und seinen Mannschaftsmitgliedern zu diesem Zeitpunkt der Reise fortgeschritten war[92], wenn man sich vergegenwärtigt, was er nach Heywards Degradierung mit Blick auf die anderen Offiziere schreibt:

> »Da diese Angelegenheit [die Desertion] einzig und allein durch die Nachlässigkeit der wachhabenden Offiziere verschuldet worden war, war ich angesichts dieses Vorkommnisses gezwungen, ihnen allen eine Lektion zu erteilen. Ich führte ihnen vor Augen, dass, obgleich sie derzeit zwar von dieser Strafe ausgenommen sind, sie jedoch gleichermaßen den Kriegsartikeln unterstehen und ihnen eine ähnliche Strafe droht.«[93]

Im Januar 1789 sollten die Segel an Land gebracht und dort gelüftet werden. Dafür verantwortlich waren der *Master* John Fryer und der Bootsmann William Cole. Es stellte sich heraus, dass die Ersatzsegel Schimmel angesetzt hatten und verfault waren. Ohne Ersatzsegel war die *Bounty* der Witterung jedoch hilflos ausgeliefert.[94]

1 Transportboot der *Bounty.* In einem Boot wie diesem wurden William Bligh und die anderen 18 Besatzungsmitglieder ausgesetzt.

2 *Die Brotfrucht von Otahytey* [Tahiti], von George Tobin, 1792.

3 *Die Providence und die Assistant feuern in der Torres-Straße auf die Kanus,* von George Tobin, 1792.

4 Kapitän Nathaniel Portlock (1747?–1817), von der British School, ca. 1788.

5 John Fryer, von Gurtano Calleja, ca. 1787–1817.

6 Matthew Flinders, Aquarellminiatur auf Elfenbein, ca. 1800.

7 *Die Meuterer setzen Bligh und einen Teil der Offiziere und Mannschaft der Bounty aus*, von Robert Dodd, 1790.

8 *Der Ort, an dem das Holz geschlagen wurde, Adventure Bay, Tasmanien,* von George Tobin, 1792.

9 *Verladung der tahitianischen Brotfruchtbäume,* von Thomas Gosse, 1796.

Dass Bligh John Fryer und William Cole hier in der Verantwortung sah und wie sehr er über diese Angelegenheit in Wut geriet, macht sein Kommentar vom 17. Januar 1789 in seinem privaten Logbuch unmissverständlich deutlich: »Wenn ich nur Offiziere hätte, die den *Master* und den Bootsmann ersetzen könnten oder ich ohne sie auszukommen vermochte, [...] so würden sie ihre jeweiligen Posten nicht länger innehaben«.[95] Der *Master* hatte das Interesse an der Reise verloren, nachdem nicht er zu William Blighs Stellvertreter ernannt worden war. Es ist deshalb sehr gut möglich, dass sich sein Desinteresse dadurch äußerte, dass er bei der Erledigung seiner Aufgaben, wie etwa die Sorge um die Segel, bewusst Arbeitseifer vermissen ließ.[96] Bereits im Dezember 1788, als der Ankerplatz der *Bounty* verlegt wurde, war sie auf der Fahrt dorthin – der *Master* aus Wells-next-the-Sea stand im Ausguck des Schiffes, um nach möglichen Gefahren Ausschau zu halten und Fletcher Christian befehligte ein Beiboot, das es zu dem neuen Ankerplatz lotsen sollte[97] – mit dem Bug auf Grund gelaufen.[98] Es ist nicht ganz klar, ob es sich bei dieser Havarie lediglich um einen Unfall oder um einen Vorfall handelte, der durch mangelnde nautische Kenntnis Christians und die Nachlässigkeit Fryers hervorgerufen worden war.[99] Eine weitere gravierende Nachlässigkeit, die der Kapitän entdeckte, nachdem er die drei Deserteure gefangengenommen und aufs Schiff zurückgebracht hatte, war, dass der Zeitmesser der *Bounty* abgelaufen war. Dieses filigrane, hochpräzise Instrument war für die zuverlässige Navigation eines Schiffes von größter Wichtigkeit, da es sie überhaupt erst möglich machte.[100] Dass diese Nachlässigkeiten und Versäumnisse das Verhältnis Blighs zu seinen Mannschaftsmitgliedern veränderten, macht eine Aussage von ihm deutlich, die er aufschrieb, nachdem er von der Desertion erfahren hatte:

> »Solch nachlässige und nichtsnutzige Unteroffiziere wie an Bord dieses Schiffes hat es, so glaube ich, bisher noch auf keinem anderen gegeben. Nicht einmal ein paar Stunden lang vermögen sie meinen Befehlen zu gehorchen und ihr allgemei-

> nes Betragen ist so schlecht, dass kein Verlass auf sie ist und man ihnen auch keinerlei Vertrauen schenken kann. Kurz – sie haben mich zum Äußersten gebracht, nur nicht dazu, Züchtigungsstrafen zu verhängen. Doch dazu wird es noch kommen, wenn sie sich nicht bessern.«[101]

Durch den Vorfall mit den verschimmelten Ersatzsegeln verschlechterte sich das ohnehin schon schwierige Verhältnis zwischen William Bligh und dem *Master* John Fryer weiter. Dass der Seemann den *Master* und den Bootsmann am liebsten ihrer Posten enthoben hätte, zeigt darüber hinaus einmal mehr die schwierige Personalsituation an Bord der *Bounty*, und wie machtlos der Kapitän ihr gegenüber war.

### *»Wo wir mit größter Freundlichkeit behandelt wurden«: Abschied der* Bounty *von Tahiti*

Im Februar und März des Jahres 1789 wurde die *Bounty* zur Abreise fertig gemacht. Am 31. März befanden sich insgesamt 1015 Brotfruchtsetzlinge und noch einige andere Pflanzen an Bord.[102] Die Männer nahmen von ihren tahitianischen Freundinnen und Freunden Abschied, Bligh von den Häuptlingen und insbesondere von Häuptling Tynah.[103] Bligh berichtet in seinem Logbuch:

> »Wir sagten Tahiti Lebewohl, wo wir 23 Wochen lang mit größter Freundlichkeit behandelt wurden und mit dem besten Fleisch und den schönsten Früchten verköstigt worden sind, die es auf der Welt gibt.«[104]

James Morrison erwähnt den Abschied von Tahiti, seinen Bewohnerinnen und Bewohnern ebenfalls. Mit der Überschrift *Farewell to Paradise*, »Abschied vom Paradies«, den dieser Textabschnitt in seinem Bericht trägt, macht er deutlich, dass auch für ihn der Aufenthalt auf Tahiti etwas Besonderes war und bestätigt Blighs emotionalen Logbuch-Eintrag. Er berichtet vom Abschied zwischen dem Kapitän, den Offizieren, Tynah und dessen Frau Iddeah und bezeichnet ihn als »wahrhaft bewegenden Moment«.[105] Am 4. April 1789 lichtete die *Bounty* die Anker. Die Mannschaft war vollzählig an Deck versammelt und ließ Tynah dreifach hochleben, während das Schiff seinen Ankerplatz verließ und Kurs aufs offene Meer nahm.[106]

## *Auf dem Weg zum Siedepunkt*

Fryer berichtet, dass es nach der Abreise von Tahiti zum Streit zwischen William Bligh und Fletcher Christian kam. Einmal warf Christian Bligh vor, er würde ihn so übel behandeln, dass er an seinem Dienst keine Freude mehr hätte.[107] Auch Lawrence Lebogue, der Segelmacher der *Bounty*, berichtet, er erinnere sich an eine Auseinandersetzung zwischen den beiden - der Kommandant habe den Ersten Offizier eines Nachts gerügt, weil dieser während eines Windstoßes nicht auf die Segel geachtet hätte.[108] Der Kapitän selbst notiert, er habe sich nicht häufig mit Christian gestritten. Zu Konflikten zwischen ihnen sei es erst nach der Abreise aus Tahiti gekommen.[109] Die Berichte über diese Streitigkeiten verdeutlichen, dass sich die Konfliktsituation zwischen einem Teil der Mannschaft und dem Kapitän, die in der Auseinandersetzung mit dem Zimmermann William Purcell in Tasmanien begonnen und sich auf Tahiti vertieft hatte, auf der Weiterreise noch einmal verschärfte. Der Grund hierfür war, dass sich die Männer nach den fünfeinhalb Monaten, die sie in Tahiti verbracht hatten, nur schwerlich wieder an den harten und monotonen Arbeitsalltag sowie die Disziplin auf See gewöhnen konnten. Es ist daher gut möglich, dass der Arbeitsalltag auf der *Bounty* nun zu einem Prokrustesbett wurde, in das sich die Männer nicht mehr legen wollten. Bligh als Kommandant musste seine Mannschaft aber wieder in den Alltag zwingen und zur Arbeit anhalten, da sonst das Schiff nicht funktionierte. Ein Schiff, das nicht vorankam, hätte die Mission des Brotfrucht-Transfers gefährdet.

Ein Vorfall, der das ohnehin schon zerrüttete Verhältnis zwischen dem Kapitän und Teilen seiner Mannschaft noch stärker belastete, ereignete sich kurz vor der Meuterei. John Fryer zufolge wurde William Bligh eines Morgens wegen des Kokosnussvorrates stutzig, der an Deck aufbewahrt wurde. Der Kommandant rief den *Master* herbei. Bligh stellte fest, dass dieser Vorrat im Laufe der vorangegangenen Nacht geschrumpft sei. Fryer entgegnete, das wäre wohl möglich, schließlich seien die Männer über ihn hinweg gestiegen. Bligh war jedoch der festen Überzeugung, dass Nüsse aus dem Vorrat gestohlen worden waren, und dass er herausfinden würde, wer das getan hatte. Der Kapitän befahl dem Waffenmeister Charles Churchill, die Kokosnüsse aller Besatzungsmitgliedes an Deck zu bringen. »Eines jeden« wiederholte er ausdrücklich. Nachdem das geschehen war, fragte der Kapitän zunächst den Kadetten Edward Young, wie viele Nüsse er gekauft und verzehrt hatte. Auf diese Weise überprüfte der Kommandant auch alle anderen Mannschaftsmitglieder. Danach befahl er dem Waffenmeister, die Nüsse der Männer wieder unter Deck zu bringen. Die Besatzung wurde vom Kapitän jetzt darüber informiert, dass er ihre Yamswurzelration kürzen würde. Sollte er aber nicht herausfinden, wer den Diebstahl begangen hatte, würden die Yamswurzeln weiter gekürzt. Bligh beschimpfte die Männer und drohte damit, dass sie auf ihrem Weg durch die Endeavour-Straße zur Hölle fahren würden.[110] James Morrison datiert dieses Ereignis in seinem Bericht auf den Nachmittag des 27. April 1789. Im Wesentlichen bestätigt er Fryers Darstellung, beschreibt jedoch einige Details anders als der *Master*: Der Bootsmannsmaat schildert, dass Bligh vermutete, der Kokosnussvorrat an Deck sei durch Diebstahl seitens der Deckoffiziere verkleinert worden. Daraufhin befahl er dem Mastersmaat William Elphinstone, alle Kokosnüsse, die sich an Bord befanden, auf das Achterdeck zu bringen. Dann fragte der Kapitän alle Besatzungsmitglieder nach einander, wie viele Kokosnüsse sie gekauft hätten. Als Fletcher Christian Rede und Antwort stehen sollte, entgegnete dieser, dass der Kapitän doch nicht davon ausgehen würde, dass er – Christian – Blighs Nüsse gestohlen hätte. Genau das dächte er, antwortete Bligh, woraufhin es zu einer offenen Auseinandersetzung zwischen den beiden kam. Dann beschimpfte der Kommandant alle Mannschaftsmitglieder wüst als Diebe und schwor, dass sie alle über Bord springen würden, noch bevor sie die Endeavour-Straße erreicht hätten. Danach wurden die Kokosnüsse wieder unter Deck gebracht und der Kapitän zog sich ebenfalls dorthin zurück. Die Deckoffiziere sprachen miteinander und beschwerten sich über diese Art der Behandlung, während die Matrosen mutmaßten, dass die Yamswurzeln ihnen wohl als nächstes entzogen würden.[111] In *A Voyage To The South Sea* berichtet Bligh nicht über diesen Vorfall[112] und auch im privaten Logbuch wird er nicht erwähnt. Möglicherweise wurde er von der Meuterei überschattet.[113] Im Jahr 1793 äußerte er sich jedoch gegenüber Joseph Banks dazu. Der Seemann schreibt, er habe die wachhabenden Offiziere angewiesen, dafür zu sorgen, dass niemand an Bord den Nussvorrat an Deck anrührte, bis die *Bounty* sich auf hoher See befand. Die Offiziere hätten jedoch bereits in der ersten Nacht eigenmächtig die Erlaubnis erteilt, dass Kokosnüsse fortgenommen werden dürften. Daraufhin ließ er den Nussvorrat erneuern. Die Offiziere hätten behauptet, dass die Nüsse durch List fortgekommen sind. Bligh beklagt, dass die Offiziere aufbegehrt und Diebstahl begangen hätten. Er empfand dies als gezielte Missachtung seines Befehls.[114] Dieses Ereignis verdeutlicht, dass die hierarchische Ordnung an Bord der *Bounty* nach der Abreise aus Tahiti vollends dysfunktional geworden war. Der Kapitän berichtet, die Offiziere hätten sich bewusst über seine Befehle hinweggesetzt, gehorchten ihm nicht mehr und hätten ihn auch bestohlen. Die Mannschaft wiederum fühlte sich, laut Fryer und Morrison, von ihrem Kapitän schlecht behandelt. Sollte Morrisons Darstellung korrekt sein und sich tatsächlich eine direkte Konfrontation zwischen William Bligh und Fletcher Christian vor der gesamten Mannschaft ereignet haben, wäre dies eine tiefe Zäsur im Verhältnis zwischen Kapitän und Erstem Offizier gewesen: Bligh verdächtigte den Mann öffentlich des Diebstahls, mit dem ihn eine Freundschaft verband, und den er darüber hinaus – über die eigentliche Rangfolge an Bord hinweg – zu seinem Stellvertreter ernannt hatte. Die Echtheit von Blighs Drohung, dass alle Besatzungsmitglieder über Bord springen würden, noch bevor sie die Endeavour-Straße erreicht hätten, ist nicht glaubhaft. Bligh war kein Sadist, der derlei Dinge zuließ, geschweige denn forcierte. Trotzdem geriet er anderen gegenüber immer wieder in Jähzorn. Zu den Vorwürfen der Beschimpfungen wegen der Kokosnüsse nahm Bligh Joseph Banks gegenüber ebenfalls Stellung: Die Bezeichnungen »Dieb« oder »Schurke« könnten von ihm durchaus benutzt worden sein, doch war dies für die Offiziere keinerlei Grund, fügt Bligh hinzu, tags darauf das Schiff an sich zu nehmen.[115] Diese Bemerkung verdeutlicht, dass William Bligh sich nicht in die Lage seiner Mannschaft versetzen konnte oder wollte – sein Argument, dass Beschimpfungen eine Meuterei nicht rechtfertigten, war inhaltlich allerdings kaum zu widerlegen.

# 10

## *»Schweigt, Herr, oder Ihr seid des Todes!«: Die Meuterei*

John Fryer schildert in seinem Bericht, dass er am Abend vor der Meuterei noch kurz mit Bligh gesprochen hat. Diese Unterhaltung war möglich, weil sich ihr stark angespanntes Verhältnis zu diesem Zeitpunkt etwas entspannt hatte. Der Kapitän kam, wie immer, noch einmal an Deck und gab dem *Master* seine Befehle für die Nacht. Gegen Mitternacht ging er hinunter in seine Kajüte. Fryer hatte die erste Wache und wurde dann von William Peckover abgelöst. Die Witterung war sehr gut und an Bord alles ruhig. Um vier Uhr morgens übernahm Fletcher Christian die Wache. Bei Tagesanbruch drangen mehrere Besatzungsmitglieder in Fryers Kabine ein und nahmen ihn gefangen. Als er sich wehrte, drohten die Männer ihm mit dem Tode. Er solle sich ruhig verhalten, schärften sie ihm ein, dann würde ihm auch kein Haar gekrümmt. Der *Master* beobachtete, dass Bligh, nur mit seinem Nachthemd und Hosen bekleidet, die Hände gefesselt wurden und Fletcher Christian ihn anschließend an Deck brachte. Fryer rief die Meuterer erfolglos zur Ordnung. Dann versuchte er, an Deck gelassen zu werden. Dies wurde ihm zunächst verwehrt, schließlich aber doch erlaubt. Hier versuchte er immer wieder, die aufständischen Männer davon abzubringen, den Kapitän im Beiboot auszusetzen. Er machte Bligh Mut. Der Kommandant stand mit gefesselten Händen am Hauptmast und wurde von Christian mit aufgepflanztem Bajonett bewacht. Bligh gab dem *Master* durch Zeichen zu verstehen, der Kadett Isaac Martin befände sich auf der Seite des Kapitäns. Fryer versuchte, sich auf Fletcher Christian zuzubewegen, um mit Martin Kontakt aufzunehmen, was jedoch misslang. Christian bemerkte den Versuch. Er hielt dem Mann aus Norfolk sein Bajonett an die Brust und drohte, ihn zu erstechen, wenn er noch einen Schritt näherkäme. Anschließend brachte man den *Master* zurück in seine Kajüte. Christian sagte zu ihm, Bligh hätte sich die Meuterei selbst zuzuschreiben. Der Erste Offizier erklärte ihm, er wäre schon seit Wochen in der Hölle. Fryer versuchte erneut, ihn zur Vernunft zu bringen. Seine Antwort war jedoch, dazu sei es nun zu spät. Der *Master* hatte sich, bevor er zurück in seine Kabine gebracht wurde, dafür eingesetzt, dass der Kapitän in dem größeren der beiden Beiboote ausgesetzt werden sollte, weil das kleine zu wurmstichig war. Als die Meuterer ihn wieder an Deck holten, wurde er aufgefordert, zu William Bligh in das Boot zu steigen. Er bat darum, an Bord bleiben zu dürfen. Fletcher Christian drohte, er würde ihn erstechen, wenn er nicht einsteigen würde. Doch Bligh wollte den *Master* nicht mitnehmen und befahl Fryer deshalb, auf dem Schiff zu bleiben. Die Männer im Boot baten um Musketen. Der Waffenmeister weigerte sich, sie herauszugeben. Die Gruppe um Christian reichte ihnen aber einige Entermesser ins Boot. Der Kapitän wurde mit dem Tode bedroht und verspottet. Nachdem das Boot zu Wasser gelassen worden war, stieß er es von der *Bounty* ab. Ein Segel wurde gehisst und die Männer ruderten in Richtung Tofua.[1]

James Morrison berichtet, der Bootsmann William Cole habe ihn geweckt und ihm mitgeteilt, dass eine Meuterei ausgebrochen war. Auch er beschreibt, dass Bligh, nur in sein Nachthemd gekleidet, an Deck stand und ein bewaffneter Fletcher Christian ihn bewachte. Morrison und Cole machten das kleinere Beiboot klar. Beide Männer waren von der Situation an Bord verwirrt. Der Bootsmannsmaat geht auf einige Besatzungsmitglieder ein, die ausgesetzt werden sollten. Unter ihnen waren auch die Kadetten

John Hallett und Thomas Hayward. Zuerst wollten die Meuterer nicht, dass das große Beiboot für die Ausgesetzten bereitgemacht wurde. Der Zimmermann William Purcell und Cole setzten sich allerdings vehement dafür ein. Erst nach langem Zögern stimmten die Männer um Fletcher Christian zu. Der *Master* ermutigte den Bootsmannsmaat, ein paar Besatzungsmitglieder für sich zu gewinnen, um die *Bounty* unter Kontrolle zu bringen. Er versuchte es, doch niemand wollte sich ihm anschließen. Die Deckoffiziere waren zu dem Zeitpunkt schon damit beschäftigt, das Boot zu beladen, weshalb er diesen Plan auch nicht weiterverfolgte. Ein besonderes Augenmerk richtet James Morrison darauf, wie William Bligh und Fletcher Christian sich während der Revolte verhielten. Bligh versuchte, den Ersten Offizier davon abzubringen, ihn und die anderen Besatzungsmitglieder auszusetzen. Er bat ihn eindringlich, Christian solle doch an Blighs Frau und Familie denken. Der entgegnet schroff, es sei nie zu der Meuterei gekommen, wenn der Kapitän auch nur einen Funken Ehre im Leib gehabt hätte. An seine Frau und seine Familie hätte er früher denken und sich nicht wie ein Schurke verhalten sollen. Auch William Cole versuchte, den Mann aus Cumberland zur Vernunft zu bringen. Der antwortete, dass es dazu zu spät sei. Seit der vergangenen zwei Wochen sei er in der Hölle. Die ganze Reise über habe man ihn wie einen Hund behandelt. Das könne er nicht länger ertragen. Nachdem Proviant – zwei Fässer Wasser, einige Flaschen Wein sowie drei Säcke Schiffszwieback –, nautische Gegenstände, die Kleider Blighs und Fryers und noch einige andere Dinge in das Boot geladen worden waren, wurde es am Heck der *Bounty* zu Wasser gelassen. Es war so überfüllt, dass es beinahe unterging. Nachdem er ins Boot gestiegen war, bekam Bligh auf seine Bitte hin noch sein Kapitänspatent. Außerdem wurden ihm sein Log-, und Notizbuch sowie Christians Sextant mitgegeben. Zunächst befahl Fletcher Christian dem Waffenmeister Charles Churchill, den Männern keine Waffen auszuhändigen. Der Kapitän bat um eine Muskete, die sein Stellvertreter ihm jedoch nicht gab. Später reichte er allerdings vier

Entermesser ins Boot. Morrison gab den Ausgesetzen noch zusätzliches Schweinefleisch und Wasser mit. Insgesamt befanden sich neunzehn Besatzungsmitglieder an Bord des Bootes. Schließlich wurde es vom Schiff abgestoßen.[2]

In einem Brief an seine Mutter schildert Peter Heywood die Ereignisse aus seiner Sicht. Er hatte in der Nacht vor der Meuterei die Wache unter Deck und erwachte kurz vor Tagesanbruch. Er sah den Matrosen Mathew Thompson beim Aufgang zum Deck auf der Waffenkiste sitzen. Er war mit einem Entermesser bewaffnet, Heywood fragte ihn, was dies bedeutete. Der Matrose informierte ihn darüber, dass Fletcher Christian unter Mithilfe einiger Besatzungsmitglieder Bligh gefangen genommen und das Kommando an Bord übernommen hatte. Christian hätte vor, den Kapitän als Gefangenen zurück nach Großbritannien zu bringen. Dort würde er von ihm für sein ausgeprägtes tyrannisches Verhalten gegenüber der Mannschaft und ihre Unterdrückung vor ein Kriegsgericht gebracht werden. Der Kadett war wie vom Donner gerührt. Er zog sich an und ging an Deck. Dort stellte er fest, dass Thompson die Wahrheit gesagt hatte. Heywood sah Bligh gefesselt dastehen und er beschreibt, dass Fletcher Christian den Kapitän mit einer Pistole und einem Entermesser bewachte. Ihm fiel die allgemeine Verwirrung an Bord auf. Von den Meuterern erfuhr er, dass Bligh nicht als Gefangener nach Großbritannien zurückgebracht werden, sondern stattdessen in der Barkasse ausgesetzt werden sollte, damit er nach Tofua rudern könnte. Wer nicht auf Christians Seite war, musste sich entscheiden - entweder würde er mit ausgesetzt oder als Gefangener nach Tahiti gebracht und dort zurückgelassen. Jung und unerfahren war er, schreibt Heywood über sich selbst. Deshalb blieb er zunächst unentschieden und wusste nicht, was er tun sollte. So ließ er das Treiben an Bord als stiller Beobachter erst einmal vor sich hin gehen. Niemand konnte ihm einen Rat geben, wie er sich entscheiden sollte. Daran, den Kommandanten um einen Rat zu bitten, dachte er nicht. Deshalb und auch, weil der junge Kadett während der Revolte kein

Wort mit ihm sprach, war der Kapitän wahrscheinlich auf die Idee gekommen, er – Heywood – sei an der Meuterei beteiligt gewesen. Ein solches Verhalten entsprach aber gar nicht seinem Charakter. Schließlich nahm er zaghaft den Rat seines Messkameraden George Stewart an, der Heywood riet, mit in das Beiboot zu steigen. Würde er auf der *Bounty* bleiben, wäre das ein Schuldeingeständnis. Er schlug ihm stattdessen vor, mit ihm gemeinsam eilig ein paar Gegenstände für die Barkasse zusammenzusuchen, um dann mit an Bord zu gehen. Peter Heywood betont die Zaghaftigkeit, mit der er den Rat seines Freundes annahm, weil er sah, wie tief das Boot im Wasser lag. Außerdem hatte er Angst davor, von den Polynesiern als Menschenopfer getötet zu werden. Dennoch vertraute er lieber Stewarts Rat, statt seinem eigenen Gefühl, das ihm sagte, er sollte auf dem Schiff bleiben. Die beiden Männer gingen unter Deck, wo der Waffenmeister Charles Churchill sie einsperren ließ. Dem Mann, der sie bewachte, befahl er, sie erst wieder freizulassen, wenn er Anweisung dazu bekam. Als das geschehen war und sie wieder an Deck kamen, war das Boot schon weit vom Schiff entfernt.[3]

William Bligh berichtet, er sei kurz vor Sonnenaufgang von vier bewaffneten Besatzungsmitgliedern aus dem Schlaf gerissen und aus seinem Bett gezerrt worden. Unter ihnen waren Fletcher Christian und der Waffenmeister Charles Churchill. Die Hände wurden ihm auf den Rücken gebunden und ihm wurde mit dem Tod gedroht, sollte er auch nur den geringsten Laut von sich geben. Der Kapitän beachtete diese Warnung nicht, sondern rief stattdessen laut um Hilfe. Vor seiner Kajüte hatte man drei Männer als Wachen postiert. Die Türen zu den Quartieren der Deckoffiziere, die nicht zu den Meuterern gehörten, wurden ebenfalls bewacht, weshalb ihm niemand zur Hilfe kommen konnte. Seine Hände waren so fest zusammengebunden, dass er große Schmerzen hatte. Nur mit seinem Nachthemd bekleidet, führte man ihn an Deck. Der *Master*, der Arzt und der Geschützoffizier blieben unter Deck gefangen. Nur der Bootsmann, der Zimmermann sowie Blighs

Schreiber John Samuel waren ebenfalls an Deck. William Cole musste, begleitet von Drohungen, das Beiboot klar machen. Dann forderten die Meuterer die Kadetten John Hallett, Thomas Hayward sowie Blighs Schreiber auf, einzusteigen. Der Kapitän fragte, was dies zu bedeuten hätte. Er befahl den Männern um ihn herum, sich nicht an den Handlungen von Christian und seinen Leuten zu beteiligen. Daraufhin drohte man dem Kommandanten, er würde umgehend getötet, wenn er nicht still sei. Über den *Master* schreibt Bligh in seinen offiziellen Aufzeichnungen nur wenig. Er wurde auf eigenen Wunsch an Deck gelassen, bald danach jedoch wieder unter Deck gebracht.[4] In seinem unveröffentlichten privaten Logbuch kritisiert er John Fryers Verhalten allerdings deutlich: Der Mann aus Wells-next-the-Sea hatte zwei geladene Schiffspistolen. Diese wurden, so war es vereinbart, in seinem Quartier aufbewahrt. Dadurch, dass die Kajüten der beiden einander direkt gegenüber lagen, sah der *Master* die vier Meuterer in der Kapitänskajüte stehen. Wäre Fryer mutig gewesen, dann hätten die Pistolen einen guten Zweck erfüllt.[5] Mehrere Male versuchte Bligh, die Situation unter Kontrolle zu bringen.[6]

> »Ich fragte wieder, weshalb man so handle, und ich versuchte auch, einige zu ihrer Pflicht zurückzuführen, aber alles war vergeblich, und man drohte mir: ›Schweigt, Herr, oder Ihr seid des Todes!‹«[7]

Einmal wird er sehr deutlich, was die Gewaltandrohung betrifft: »Ich unternahm [...] einen weiteren Versuch, der Situation Herr zu werden. Dies hatte jedoch nur zur Folge, dass man mir damit drohte, man würde mir das Gehirn wegblasen.«[8] Auch mit Spott und Hohn sparten die aufständischen Besatzungsmitglieder nicht:

»Als uns die Werkzeugkiste [samt ihrem Inhalt] mit ins Boot gegeben wurde, fluchten einige von ihnen und sagten: ›Soll uns doch der Teufel holen, wenn der [Bligh] es nicht schafft, sich damit innerhalb eines Monats ein neues Schiff zu bauen!‹«[9]

Der Bootsmann, die Matrosen und Blighs Schreiber brachten nautische Gegenstände sowie Proviant an Bord des Bootes. Isaac Martin, der den Kapitän gemeinsam mit anderen bewachte, signalisierte ihm durch Augenkontakt, dass er bereit war, zu helfen. Er wurde jedoch von seiner Seite entfernt, als die Meuterer diese wortlose Kommunikation bemerkten. Martin stieg mit ins Boot, musste aber gegen seinen Willen und unter Drohungen der Aufständischen aufs Schiff zurückkehren.[10] Der Büchsenmeister Joseph Coleman und zwei der Zimmermannsmaate, Charles Norman und Thomas McIntosh, mussten ebenfalls ausdrücklich gegen ihren Willen auf der *Bounty* bleiben. Die drei Männer baten den Kapitän »unter Tränen«, er möge nicht vergessen, dass sie nichts mit der Meuterei zu tun hatten.[11] Seinem Schreiber John Samuel war es zu verdanken, dass einige für Bligh wichtige Dokumente mitgenommen werden konnten, unter anderem sein Kapitänspatent und die Logbücher. »Er vollbrachte dies mit großer Durchsetzungsfähigkeit, obwohl er unter strenger Bewachung stand und die Meuterer ihn keine Sekunde aus den Augen ließen«, kommentiert er Samuels beherzte Rettung der Unterlagen.[12] Als der Kommandant um Waffen bat, wurde er zunächst ausgelacht, dann gaben die Männer um Christian aber doch einige Entermesser mit in die Barkasse. Nachdem die anderen Besatzungsmitglieder bereits im Boot waren, forderte Christian den Kapitän auf, zu ihnen zu steigen. Er tat es und man band ihm die Hände los. Danach wurde das Boot zu Wasser gelassen und von der *Bounty* abgestoßen. Blighs Bericht endet mit zwei Listen: Auf der einen stehen die Namen und Positionen der achtzehn Besatzungsmitglieder, die mit ihm ausgesetzt wurden. Auf der anderen stehen jeweils die Namen und Positionen der insgesamt fünfundzwanzig

Männer, die auf der *Bounty* blieben. Diese Liste beginnt mit den Namen Fletcher Christians und Peter Heywoods. Über diese fünfundzwanzig Männer schreibt Bligh, dass sie die fähigsten Männer der gesamten Besatzung waren.[13]

Während Bligh Heywood eine führende Rolle bei der Meuterei unterstellt, beschreibt der sich selbst als unerfahrenen Mitläufer. Heywood versucht sich von dem Vorwurf des Kapitäns, dass er aktiv am Aufstand beteiligt war, zu befreien. Auch dass der Brief an seine Mutter gerichtet ist, spielt hier eine entscheidende Rolle - er rechtfertigt sich vor ihr und versucht sich dadurch vor seiner Familie zu entlasten. Für den jungen Kadetten stand viel auf dem Spiel: Er kam aus einer an Geld und Einfluss reichen Familie aus Nordengland und nach der ersten Brotfrucht-Reise lag die Absolvierung einer Offizierslaufbahn in der Royal Navy vor ihm.[14] Dazu, dass Heywood sich selbst zu entlasten versucht, passt auch, dass er Fletcher Christian deutlich belastet, indem er ihn als Anführer der Aufständischen darstellt. Dass Heywood seinen Messkameraden, den Kadetten George Stewart, ausdrücklich entlastet, hatte den Grund, dass auch er aus einer adeligen Familie (von den Orkney Inseln) stammte[15] und Stewart ebenfalls eine Karriere bei der Marine in Aussicht hatte.[16] Bligh betrachtete wahrscheinlich auch ihn als einen der Hauptmeuterer. Sein Name steht auf der Liste mit den auf der *Bounty* gebliebenen Besatzungsmitgliedern an vierter Stelle - hinter Christian, Heywood und Edward Young.[17]

Anders als Peter Heywood, der sich fast ausschließlich auf seine persönliche Situation und die Erklärung seines Verhaltens konzentriert, ist James Morrison in seinem Bericht bemüht, objektiv darzustellen, welche Bedeutung die Meuterei für alle Besatzungsmitglieder hatte. Seine Schilderung legt es nahe, dass es sich bei der Meuterei um eine spontane Revolte handelte. Die Verunsicherung der meisten Besatzungsmitglieder spricht ebenso dafür wie die lange Debatte, welches Boot für die auszusetzenden Männer klar gemacht werden sollte. Dass Blighs und Fryers Kleider in das Boot gelegt wurden, kann ein Hinweis darauf sein, dass es dem

Kapitän vor dem Besteigen des Bootes nicht gestattet worden war, das Nachthemd aus- und seine Kleidung anzuziehen. Dies war eine bewusste Herabsetzung seiner Funktion als Kapitän der *Bounty*. Fletcher Christian wird von James Morrison als seelisch belastet dargestellt, der durch die Situation der Meuterei völlig überfordert war. Dies legt ebenfalls nahe, dass die Revolte ein spontaner Akt war, und keine von langer Hand geplante, kaltblütige Übernahme der *Bounty*. Die von Fryer und Morrison beschriebenen Versuche, die Meuterei noch während sie in Gang war zu vereiteln, um Schlimmeres zu verhindern, zeigen, dass der Entschluss zu meutern, binnen sehr kurzer Zeit und ohne das Mitwissen der meisten Besatzungsmitglieder gefasst wurde. Dass beide, sowohl der *Master* als auch der Bootsmannsmaat, sich bei dem Versuch, die Meuterei zu vereiteln, eine betont aktive Rolle zuschreiben, verdeutlicht, dass sie ihre Loyalität gegenüber William Bligh und damit ihre Unschuld beweisen wollten.

Die Rolle des beherzt und mutig handelnden *Masters*, der alles tut, um seinen Kapitän zu unterstützen und die Ordnung an Bord wiederherzustellen, die John Fryer in seinem Bericht von sich zeichnet, ist nicht glaubhaft. Sein und William Blighs von Streitigkeit und Kompetenzgerangel geprägtes Verhältnis widerspricht dieser Darstellung. Wahrscheinlich ist, dass er mit seiner Schilderung Stellung zu der harschen Kritik Blighs an seiner Person und seinem Dienst nehmen wollte. Deshalb porträtiert er sich als Besatzungsmitglied, das Bligh gegenüber loyal ist, ihm Mut zuspricht und sich für ihn einsetzt. Er inszeniert sich als jemand, der der Gefahr dieser Revolte unerschrocken ins Auge blickt und in dem heillosen Durcheinander den Überblick behält. *Master* Fryer, der Superheld. Möglicherweise wollte er mit seiner Schilderung auch noch etwas anderes erreichen: Er war ein charakterlich schwieriger und streitsüchtiger Mann. Seine Mannschaftskameraden mochten ihn nicht. Daher ist es möglich, dass er mit seinem Bericht dieser Unbeliebtheit etwas entgegensetzen wollte.

Der Kapitän zeichnet ein ausgewogenes Bild der Meuterei, da er in seiner Verantwortung die Situation der Mannschaft in den Blick nahm, nehmen musste. Die Reaktionen der Besatzungsmitglieder, die von den Meuterern gezwungen wurden, auf dem Schiff zu bleiben, zeigen, wie tief geschockt die meisten von ihnen waren. Dies ist ein weiteres Indiz dafür, dass die Meuterei spontan ausbrach und nur eine verhältnismäßig kleine Gruppe innerhalb der Mannschaft von ihr wusste. Dass der Kommandant im bloßen Nachthemd an Deck geführt und gezwungen wurde, die Revolte in dieser Kleidung, am Hauptmast stehend, zu erleben, war ein gezielter Akt der Entwürdigung. Hier stand Bligh, für alle sichtbar, wie an einem Pranger: In einem einfachen, ja, intimen Kleidungsstück, wehrlos, seiner Privilegien – und seiner Macht beraubt. Dies macht deutlich, dass es sich bei dieser Revolte um einen Staatsstreich handelte, denn der Kommandant eines britischen Schiffes verkörperte die britische Krone und ihre Souveränität. William Blighs Betonung, dass er immer wieder versuchte, der Situation Herr zu werden, zeigt, dass er der Admiralität beweisen wollte, er war nicht feige. Er tat alles nur Mögliche, um das Kommando über die *Bounty* zu behalten, respektive es wiederzubekommen. Feigheit oder Zögern vor dem Feind konnte für die Mitglieder der Royal Navy im 18. Jahrhundert eine Verurteilung zum Tode bedeuten. Die Erwähnung der beiden Pistolen und dass sie in John Fryers Kajüte aufbewahrt wurden, ist ein klares Indiz dafür, dass Bligh von der Meuterei völlig überrascht wurde. Anders ist es nicht zu erklären, dass sich die Waffen in der Obhut des *Masters* befanden, obwohl er ihn nicht mochte und mit seiner Arbeit unzufrieden war.[18] In dieser Angelegenheit vertraute er seinem *Master*, trotz ihres zerrütteten Verhältnisses. Wäre es anders gewesen, hätte er die Schiffspistolen als Vorsichtsmaßnahme an sich genommen und sie am Morgen der Revolte zu seiner Verteidigung eingesetzt. Möglich ist aber auch, dass der Kapitän die Episode beschreibt, um John Fryer als Feigling darzustellen, der im entscheidenden Moment nicht zu den Pistolen griff und den Kapitän im Stich ließ. Ein weiteres Zeichen dafür, dass Bligh nichts von der Meuterei wusste, war, dass er seine Kajütentür des Nachts stets offenließ, um für die wachhabenden Offiziere sofort erreichbar zu sein.[19] Die beiden vom Kapitän aufgestellten Listen dienten dazu, der Admiralität in London genau mitzuteilen, wer zu welcher Gruppe gehörte und wer sich der einen oder der anderen unter Zwang hatte anschließen müssen.[20] Dass Bligh ausdrücklich davon berichtet, welche Deckoffiziere unter Deck bewacht und festgehalten wurden, und welche Besatzungsmitglieder gegen ihren Willen an Bord der *Bounty* bleiben mussten, hatte denselben Zweck. Die Reihenfolge der Namen auf der Liste mit den Meuterern und den anderen auf dem Schiff Gebliebenen war beabsichtigt. Dass die beiden Namen Fletcher Christian und Peter Heywood an erster Stelle genannt werden, ist kein Zufall: Der Kapitän betrachtete die zwei Männer als Anführer des Aufstandes.[21]

Neben diesen vier Berichten gibt es noch weitere Schilderungen der Meuterei. Es sind Zeugenaussagen von dem Bootsmann William Cole, dem Geschützoffizier William Peckover, dem Zimmermann William Purcell, den beiden Kadetten John Hallett und Thomas Heyward sowie dem Kapitänsdiener John Smith, die im September 1792 während des Kriegsgerichtsprozesses gegen die Meuterer zu Protokoll gegeben wurden.[22] Im Wesentlichen bestätigen sie, was William Bligh, John Fryer, Peter Heywood und James Morrison schildern.[23] In mehreren der Aussagen wird berichtet, die ausgesetzten Besatzungsmitglieder hätten befürchten müssen, dass die Meuterer auf sie schießen würden, als sie bereits im Boot waren. Aus diesem Grunde riet der Bootsmann William Cole Bligh, schnell von der *Bounty* abzulegen.[24] Thomas Hayward sagte aus, der Matrose Richard Skinner wollte auf die Männer feuern, was andere Meuterer gerade noch verhindern konnten.[25] Zum einen verdeutlicht das die Brutalität der Männer um Christian gegenüber ihren Mannschaftskameraden. Zum anderen macht es klar, dass die Situation für alle Beteiligten emotional belastend war. Der Bootsmann William Cole bestätigt Blighs Bericht, dass Besatzungsmitglieder weinten, weil sie an Bord zurückgehalten wurden.[26] Diese Übereinstimmung untermauert, dass der Aufstand für einen Großteil der Besatzungsmitglieder ein Schock war und dass die meisten von ihnen völlig ahnungslos gewesen waren.

Die Meuterei an Bord der *Bounty* und das Misslingen der ersten Brotfrucht-Reise lagen hauptsächlich in einer einzigen, grundsätzlichen Tatsache begründet: Die mangelnde Sorgfalt, die die Admiralität der Reise angedeihen ließ, war dafür der entscheidende Faktor. Die unzureichende Vorbereitung der Reise sorgte zum einen für das Fehlen grundsätzlicher Standards wie etwa eine hierarchische Kommandostruktur an Bord der *Bounty*. Für eine tragfähige Kommandostruktur wäre es erforderlich gewesen, dass William Bligh, seinem Wunsch entsprechend, vor Beginn der Reise zum Kapitän befördert worden wäre und er damit Leutnants an seiner Seite gehabt hätte, die ihn bei seiner Arbeit unterstützt und seine Autorität als Kapitän untermauert hätten. Hätte es diese hierarchische Kommandostruktur, wie sie im 18. Jahrhundert innerhalb der Royal Navy üblich war, auf der *Bounty* gegeben, wäre dadurch ein entscheidender Sicherheitsaspekt für die erste Brotfrucht-Reise geschaffen worden. Sie hätte darüber hinaus auch die immer wieder zutage tretenden Personalprobleme innerhalb der Mannschaft gar nicht erst entstehen lassen, hier sei etwa an die wiederkehrenden Konflikte zwischen William Bligh und dem Zimmermann William Purcell oder aber zwischen William Bligh und dem *Master* John Fryer erinnert. Eine solche Absicherung der Befehlsstruktur an Bord der *Bounty* hielt die Admiralität jedoch nicht für nötig. Eine zweite unverzichtbare Sicherheitsvorkehrung für das Gelingen der Reise wären die sonst üblichen Seesoldaten an Bord gewesen. Eine mitgereiste Kompanie von ihnen – und wäre sie noch so klein gewesen – hätte den Verlauf der Reise nachhaltig beeinflussen, wenn nicht gar verändern können. Ihre Präsenz hätte viele der Konfliktsituationen, die sich während der Reise ereigneten, wie etwa die Desertion auf Tahiti, mit großer

Wahrscheinlichkeit von vorneherein unterbunden, zumindest aber in ihrem Umfang begrenzt. Auch zur Meuterei selbst wäre es mit Seesoldaten an Bord höchst wahrscheinlich gar nicht gekommen. Zu mächtig und zu gefährlich wäre der Widerstand gewesen, den die Meuterer hätten überwinden müssen, um William Blighs habhaft werden zu können und ihr Tun ins Werk zu setzen. Dadurch aber, dass es keine Soldaten auf der *Bounty* gab, die Tür der Kapitänskajüte einen Spalt breit offenstand und noch dazu unbewacht blieb, waren den Meuterern im wahrsten Sinne des Wortes Tür und Tor geöffnet, um ungehindert zu ihm zu gelangen. Er selbst schreibt dazu:

> »Hätte ich jedoch auch nur einen einzigen umsichtigen Offizier an Bord gehabt, was höchst wahrscheinlich der Fall gewesen wäre, hätte mir die Admiralität einen Leutnant zugestanden, so wäre es vielleicht nie dazu gekommen. Selbst wenn ich einen Wachposten vor meiner Kabinentür hätte aufstellen lassen, hätte dieser das Geschehene vielleicht verhindert, da ich stets bei offener Tür schlief, um für den wachhabenden Offizier allzeit erreichbar zu sein.«[27]

Außerdem war das Schiff, das die Admiralität gekauft und ausgerüstet hatte, für die Mission zu klein. Dies wurde dadurch verschärft, dass die Admiralität die Mannschaft von neunundzwanzig auf sechsundvierzig Männer aufstockte und die Kapitänskajüte zu einem Gewächshaus umbauen ließ. Das wiederum hatte zur Folge, dass die Admiralität Bligh und die Mannschaft zwang, die Zeit der Reise in großer räumlicher Enge miteinander zu verbringen. Auch das späte Auslaufen des Schiffes und dass dadurch der Zeitplan der Reise unwiderruflich durcheinandergeriet, ist dem Desinteresse der Admiralität anzulasten. In der Folge führte dies zu einem weiteren Faktor, der am Misslingen der Reise eine deutliche Mitverantwortung trug: der lange Aufenthalt in Tahiti. Hätte die Admiralität Bligh gemäß der zeitlichen Planung auslaufen lassen, wäre der Umweg über das Kap der Guten Hoffnung wahrscheinlich unnötig gewesen und hätte die *Bounty* Tahiti früher erreicht. Ihre späte Ankunft bedeutete einen längeren Aufenthalt, bis die Brotfruchtsetzlinge transportfähig waren. Die fünfeinhalb Monate, die darüber verstrichen, gaben der Mannschaft unerwartet viel Gelegenheit, in das Leben in Tahiti einzutauchen und sich ihm hinzugeben. Deshalb stellte es für den Kapitän einen ungeheuren Kraftakt dar, die Mannschaft nach der ungewöhnlich langen Zeit in Tahiti wieder an das Leben und Arbeiten auf See zu gewöhnen, um die Reise und damit die Mission fortsetzen zu können. Diese Anstrengung konnte jedoch kaum gelingen.[28] Zu diesem Zeitpunkt lagen die Nerven sowohl des Kapitäns als auch seiner Mannschaft bereits blank. Das Kommandokonstrukt an Bord der *Bounty*, das schon auf dem Weg nach Tahiti die ersten deutlichen Risse erhalten hatte und während des Aufenthaltes dort einer weiteren schweren Belastungsprobe ausgesetzt worden war, brach in den drei Wochen nach der Abreise mehr und mehr auseinander, bis die Meuterei es schließlich vollends zerstörte. Fletcher Christian, Charles Churchill, Edward Young und die anderen Meuterer, die sich ihnen anschlossen, setzten diese Tat ins Werk. Hier rächte sich auch Blighs Entscheidung, Fletcher Christian den letzten Teil der Nachtwache übertragen zu haben, da es ihm dadurch höchst wahrscheinlich leichter ermöglicht wurde, die anderen Meuterer früh morgens um sich zu scharen. Dennoch ist davon auszugehen, dass die Revolte ein spontaner Entschluss war, der innerhalb weniger Stunden gefasst wurde.[29] Ihr Auslöser mochten die Auseinandersetzungen zwischen William Bligh und der Mannschaft in den drei Wochen nach der Abreise von Tahiti gewesen sein, bei denen Fletcher Christian zwischen die Fronten geriet. Möglicherweise wurde dieses Moment dadurch verstärkt, dass es dem Mann aus Cumberland nicht gelang, sich wieder an den harten Arbeitsalltag an Bord zu gewöhnen und er sich zwischen zwei Welten zerrissen fühlte – der tahitianischen auf der einen und der britischen, die durch die Weiterreise der

*Bounty* repräsentiert wurde, auf der anderen Seite. Vielleicht war es dieser kulturelle Spagat, der ihm seelisch so zusetzte, dass er »Höllenqualen« litt, wie Fletcher Christian laut James Morrisons Bericht gesagt hatte. Möglicherweise belastete ihn aber auch seine Doppelrolle – als Blighs Freund einerseits und als Erster Offizier der *Bounty* andererseits – so sehr, dass er sie nicht mehr erfüllen konnte. Die Weichen allerdings, die dafür sorgten, dass die Reise der *Bounty* misslang – die fehlende Sicherheit durch eine hierarchische Kommandostruktur, die fehlenden Seesoldaten sowie eine zu große Mannschaft auf einem zu kleinen Schiff – wurden durch die Admiralität in London gestellt und zwar noch bevor die Reise überhaupt begonnen hatte. Sie machten die Mission der *Bounty* im Grunde schon von vorneherein zu einer Art nautischem Himmelsfahrtkommando, dessen Erfüllung kaum möglich war. Diese denkbar ungünstig gestellten Weichen, tiefgreifenden, nicht lösbaren Konflikte an Bord und der zu lange Genuss des sorglosen Lebens in Tahiti vermengten sich schließlich zu einer Mischung, die das Himmelfahrtskommando in die Meuterei führte. Sie beendete die erste Brotfrucht-Reise jäh, bevor diese zu einem erfolgreichen Ende gebracht werden konnte.

# 11

## *Warum gelingt, was zuvor schiefging?*
## *Die Reise der* Providence *und der* Assistant

### *Die Mannschaften*

| | |
|---|---|
| Kapitän (*captain*): | William Bligh |
| Erster Leutnant (*first lieutenant*): | Francis Godolphin Bond |
| Zweiter Leutnant (*second lieutenant*): | James Guthrie |
| Dritter Leutnant (*third lieutenant*): | George Tobin |
| Kapitänsmaat (*commander's mate*): | John Impey |
| *Master:* | William Nichols |
| Mastersmaate (*masters mates*): | Thomas Walker<br>Thomas Gillespie<br>Edward Hume |
| Leutnant der Seesoldaten (*lieutenant of marines*): | R. Pearce[1] |
| Seekadetten (*midshipmen*): | Robert Ogilvie (Bob Ogilvie)<br>Matthew Flinders<br>William Askew<br>John Bushby<br>George Killsha (George Milsha)<br>George Holwell |

| | |
|---|---|
| | John Head |
| | Richard Franklin |
| Schiffsarzt (*surgeon*): | Edward Harwood |
| Gehilfen des Schiffsarztes (*surgeons mates*): | Robt. Ridgway (Rob Bridgeway) |
| | Douglas White (Douglas Whyte) |
| Bootsmann: | Edward James |
| Schreiber (*clerk*): | Edward Hatfull |
| Geschützoffizier (*gunner*): | John England[2] |
| Zimmermann (*carpenter*): | John Flow[3] |

Die beiden Botaniker Christopher Smith und James Wiles gehörten ebenfalls zur Mannschaft der *Providence.*[4]

Die Besatzungsliste der *Assistant* gilt als nicht mehr auffindbar und ist möglicherweise verschollen. Erhalten geblieben ist allerdings eine Liste Nathaniel Portlocks, auf der er die Beförderung verschiedener Besatzungsmitglieder der *Assistant* empfiehlt.[5] Diese Liste gibt zumindest teilweise Aufschluss darüber, wer zu ihrer Mannschaft gehörte und zum Teil auch, wer welche Position auf dem Schiff innehatte.

| | |
|---|---|
| Leutnant & Kommandant (*lieutenant & commander*): | Nathaniel Portlock |
| *Master:* | George Watson |

David Gilmour, John Gore: weder über Gilmour noch über Gore vermerkt Portlock, welche Position sie an Bord der *Assistant* innehatten

| | |
|---|---|
| Seekadetten (*midshipmen*): | John Richard Lapenotiere (J. R. Lapenstiere) |

| | |
|---|---|
| | Thomas England |
| | Francis Matthews (Francis Mathews) |
| | Andrew Dyce |
| | James Campbell |
| Schiffsarzt (*surgeon*): | Richard Frankland |
| Gehilfe des Schiffsarztes (*surgeon's mate*): | James Norris |
| Schreiber (*clerk*): | Joseph Sherrard |
| Gehilfe des Geschützoffiziers (*gunner's mate*): | Andrew Goldie |
| Zimmermann (*carpenter*): | Robert Scott |
| Zimmermannsgehilfe (*carpenter's mate*): | Daniel Myers (David Myers) |
| Segelmacher (*sailmaker*): | Richard Wallace |
| Bootsmannsmaat (*boatswain's mate*): | Francis Wilson |
| Quartiermeister (*quartermaster*): | William Terry (verstorben)[6] |

## *Geläutert auf dem Weg nach Teneriffa*

Am Mittwoch, den 3. August 1791 legten die *Providence* und die *Assistant* in Spithead ab. Wie schon die *Bounty*, nahmen auch die beiden Schiffe zunächst Kurs auf Teneriffa.[7] Anders als die *Bounty*, die durch ihr zu spätes Auslaufen bereits auf ihrem Weg nach Spanien in einen heftigen Sturm geraten war, schreibt William Bligh, dass die beiden Schiffe auf gleicher Strecke insgesamt gutes und sommerliches Wetter hatten.[8] Zwar unterscheiden sich die Verläufe der beiden Reisen immer wieder fundamental voneinander, aber bei der Schaffung einer alltäglichen Routine an Bord griff Bligh auf die Maßnahmen zurück, die es schon auf der *Bounty* gegeben hatte. So wurde auch auf der *Providence* ein Drei-Wachen-System eingerichtet, um die Mannschaft gesund zu halten.[9] Bezüglich des Drei-

Wachen-Systems auf der *Providence* berichtet George Tobin, dass während der allnächtlichen Wache nicht nur stets ein Feuer gebrannt habe, an dem sich die wachhabenden Personen des Nachts wärmen konnten, sondern auch, dass zudem immer einer der Seesoldaten zugegen gewesen sei, um etwaige Zwischenfälle zu verhindern.[10] Dass während der Nachtwache zusätzlich ein Seesoldat postiert wurde, war eine weitere Sicherheitsmaßnahme, die als Reaktion darauf eingerichtet wurde, dass die Meuterer an Bord der *Bounty* sich im Schutze der dritten Wache um Fletcher Christian gruppieren konnten, um ihr Vorhaben ins Werk zu setzen. Möglich ist auch, dass der Seesoldat gleichzeitig dafür Sorge zu tragen hatte, dass das Feuer nicht erlosch.

### *Blighs Krankheit und Kommandowechsel*

Den ersten Zwischenstopp der Reise legten die beiden Schiffe, wie zuvor die *Bounty*, auf Teneriffa ein. Dieser Zwischenstopp brachte eine einschneidende Veränderung in der Kommandostruktur mit sich, sowohl was die *Providence* als auch die *Assistant* betraf: William Bligh wurde ernsthaft krank. Auf der kräftezehrenden Reise im Beiboot der *Bounty* nach Timor und während des Aufenthaltes in Niederländisch-Ostindien war der Kapitän gesundheitlich schwer angeschlagen. Er hatte damals immer wieder von starkem Schwindel, schweren Kopfschmerzen und Fieber berichtet.[11] Eine genaue Diagnose, an welcher Krankheit der Seemann litt, ist heute nicht mehr möglich. Es wird allerdings vermutet, dass es sich dabei um Malaria handelte.[12] Bligh hat sich von dieser Krankheit nicht wieder erholt. Auch als er das Kommando auf der *Providence* übernahm, hatte er noch mit Beschwerden zu kämpfen. Dies zeigt, wie wichtig dem Kapitän die zweite Brotfrucht-Reise war. Wäre es ihm nicht möglich gewesen, die Brotfrucht-Mission zum Erfolg zu führen, hätte dies womöglich das Ende seiner Karriere bedeutet oder zumindest, dass er auf keine Beförderungen mehr hätte hoffen dürfen. Dazu kam, dass er die Leitung der zweiten Reise auch übernahm, weil er das Vertrauen, das Joseph Banks in ihn setzte, nicht enttäuschen wollte.[13] Ein weiterer Ansporn für Bligh, das Kommando über die zweite Brotfrucht-Reise trotz seiner schweren Krankheit zu übernehmen, war, dass es im Oktober 1790 einen routinemäßigen Prozess vor dem Kriegsgericht gegen ihn und einige Besatzungsmitglieder gegeben hatte, um die Meuterei und die möglichen Gründe dafür aufzuklären. Das Gericht sprach ihn und die Besatzungsmitglieder ehrenhaft frei.[14] Es ist auch denkbar, dass er mit der Übernahme der Leitung der zweiten Brotfrucht-Mission nach dem Prozess seinen Ruf als vertrauenswürdiger Kommandant wenn nicht wieder herstellen, dann aber immerhin ganz bewusst erneut unter Beweis stellen wollte. Wie ernst sein Gesundheitszustand war, zeigte sich während des Aufenthalts auf Teneriffa: Bligh wurde dort erneut so krank, dass er Nathaniel Portlock das Kommando der *Providence* übertrug. Francis Godolphin Bond ernannte er zum Kapitän der *Assistant*.[15] William Bligh war ein Kommandant, der nur schwer Aufgaben aus der Hand geben konnte. Dass er dies nun tat, beweist nicht nur, dass es ihm gesundheitlich außerordentlich schlecht gegangen sein muss, sondern auch, dass er Nathaniel Portlock und Francis Godolphin Bond vertraute. Der Kapitän wusste nicht, ob er seine Erkrankung überleben würde. Deshalb zog er Portlock ins Vertrauen und gab ihm alle nötigen Informationen, damit er die Mission, falls nötig, erfolgreich zu Ende führen konnte. Diese Entscheidung verhinderte das Scheitern der Reise.[16]

### *»Meine liebe Betsy, sei nur nicht beunruhigt«: Auf dem Weg zum Kap der Guten Hoffnung*

Nachdem sie Teneriffa am 1. September 1791 verlassen hatten[17], verlief die Route der beiden Schiffe - anders als noch die Route der *Bounty* - von vorneherein um das Kap der Guten Hoffnung.

Obwohl die Witterungsbedingungen für eine Umrundung von Kap Hoorn zu dieser Jahreszeit günstig waren, wollte Bligh keinerlei Risiko mehr eingehen.[18] Der Versuch der *Bounty*, das Kap zu umrunden, hatte sowohl das Schiff als auch seine Mannschaft an die äußersten Grenzen ihrer Belastbarkeit gebracht. Auf dem Reiseabschnitt nach Südafrika blieb Bligh lange Zeit sehr krank. Wochenlang notierte er in seinem Logbuch, wie schlecht es ihm ging. Nur zwischendurch besserte sich sein Befinden etwas.[19] Ein weiteres Indiz sowohl für den schlechten Gesundheitszustand des Kapitäns als auch dafür, wie entscheidend die Personalsituation auf der zweiten Brotfrucht-Reise verbessert worden war, zeigt sich beim Arzt der *Providence*. Bligh war durch seine Krankheit zwischenzeitlich so geschwächt, dass er seine Korrespondenz nicht mehr eigenständig zu Papier bringen konnte. Dann übernahm der Schiffsarzt Edward Harwood die Rolle eines Sekretärs und schrieb die Briefe, die Bligh ihm diktierte. So war es auch bei einem Brief an Blighs Frau Elizabeth vom September 1791: »Meine liebe Betsy, Ich bitte Dich, sei nur nicht beunruhigt darüber, dass ich diesen Brief nicht eigenhändig verfasst habe.« Zwar gehe es ihm schon erheblich besser, als noch auf Teneriffa, Edward Harwood halte es aber für ratsam, dass Bligh noch nicht wieder selbst zur Feder greife.[20] Kurz bevor sie das Kap der Guten Hoffnung erreichten, ereignete sich auf der *Providence* die erste Bestrafung. Am 30. Oktober 1791 gab es eine Auseinandersetzung, bei der der Quartiermeister John Letby sich den Anweisungen des Kapitänsmaates John Impey widersetzte und den Bootsmannsmaat F. Barber zu Boden stieß, der Letby an die Arbeit geschickt hatte. Daraufhin wurden die *Articles of War* verlesen und der Quartiermeister mit dreißig Peitschenhieben bestraft.[21] Auch Francis Godolphin Bond schreibt in seinem Logbuch über dieses Ereignis und die Bestrafung, die es nach sich zog. Der Inhalt von Bonds Schilderung gleicht in den wesentlichen Punkten der des Kapitäns, wenngleich der Leutnant von einem geringeren Strafmaß berichtet.[22] Dass zweieinhalb Monate vergangen waren, bevor es eine erste Bestrafung auf einem der beiden Schiffe gab, ist ein weiteres Zeichen dafür, wie gut die Kommandostruktur und damit auch die alltägliche Arbeit während der zweiten Brotfrucht-Mission funktionierten. Am 7. November 1791, eine Woche nach dieser ersten Bestrafung, gingen sie am Kap vor Anker.[23]

## *Erholung am Kap*

Am Kap der Guten Hoffnung genas William Bligh zwar nicht vollständig, erholte sich jedoch von seinen gesundheitlichen Beschwerden so gut, dass er am 20. Dezember 1791 Nathaniel Portlock vom Kommando der *Providence* entbinden konnte, um es nun wieder selbst zu übernehmen.[24]

George Tobin berichtet in seinen Aufzeichnungen etwas kryptisch darüber, dass es während des Aufenthaltes am Kap der Guten Hoffnung sowohl an Bord der *Providence* als auch außerhalb einige Windstöße gegeben hat. Damit könnte Tobin in etwas verschlüsselter Ausdrucksweise darauf hingewiesen haben, dass es Auseinandersetzungen zwischen Bligh und ihm selbst oder anderen Besatzungsmitgliedern gegeben hatte. Tobin berichtet jedoch auch, dieser Wind sich wieder gelegt hat und so nichts Schlimmeres geschehen war.[25] Diese Windböen, die sich an Bord erhoben aber auch schnell wieder legten, wie Tobin sich ausdrückt, geben auch noch den Blick auf etwas anderes frei: Bedingt durch seine Krankheit zeigt sich in seinem Logbuch ein vorsichtiger Kapitän, der sich anderen gegenüber deutlich zurücknimmt und weniger aufbrausend erscheint.[26] Dazu kommt, dass er sich Zeit für sich selbst nahm, um zu gesunden und dem Geschehen an Bord seinen Lauf ließ - nicht zuletzt durch die Ernennung Portlocks zum Kommandanten der *Providence*.[27] Ähnlich wie schon die Mannschaft der *Bounty*, konnten sich auch die Mannschaften der *Providence* und der *Assistant* während des Aufenthaltes am Kap der Guten Hoffnung von den Strapazen der Reise erholen.[28] Am

23. Dezember 1791 verließen die beiden Schiffe das Kap der Guten Hoffnung und nahmen Kurs auf Tasmanien.[29]

### *Gemeinschaftliche Suche nach einem* Gentleman: *Der Aufenthalt in der Adventure Bay*

Nach ihrer Ankunft in der Adventure Bay Anfang Februar 1792 wurden – wie schon während der ersten Brotfrucht-Reise – Gruppen mit Arbeitsaufträgen ausgesandt: Einige Mannschaftsmitglieder sollten Holz schlagen, während andere sich um das Auffrischen des Wasservorrates kümmerten.[30] Der Aufenthalt der *Bounty* in der Adventure Bay war nicht konfliktfrei verlaufen: Hier hatte sich, wahrscheinlich während oder aufgrund des Holzschlagens, die erste offene Auseinandersetzung zwischen William Bligh und einem Besatzungsmitglied, dem Zimmermann William Purcell, zugetragen. Von dem Aufenthalt der *Providence* und der *Assistant* in der Adventure Bay sind einige Aquarellbilder George Tobins erhalten geblieben. Auf einem dieser Bilder mit dem Titel *Wooding place, Adventure Bay, Tasmania* (»Der Ort, an dem das Holz geschlagen wurde, Adventure Bay, Tasmanien«) sieht man ein Besatzungsmitglied am Strand stehen, um das mehrere zurecht gesägte Holzplanken herum liegen. Dieser Mann trägt gesägte Holzplanken auf der Schulter sowie unter seinem linken Arm. Diese Planken reicht er einem weiteren Besatzungsmitglied an, das mit zwei anderen Mannschaftskameraden in einem Boot steht. Linker Hand neben dem Besatzungsmitglied, das die Holzplanken anreicht, ist vor einem großen Baum ein mit einem Gewehr bewaffneter Seesoldat postiert, der augenscheinlich das Schlagen und Verladen des Holzes bewacht. Es ist unklar, ob es sich bei den beiden Booten im Hintergrund ebenfalls um Boote der *Providence* und der *Assistant* oder um Boote von Ureinwohnern handelt. Es ist davon auszugehen, dass William Bligh nach der Auseinandersetzung mit William Purcell aufgrund oder während des Holzschlagens in der Adventure Bay nun mit der Aufstellung des bewaffneten Wachpostens einen erneuten Zwischenfall dieser Art verhindern wollte. George Tobin berichtet, dass Bennet, ein *Gentleman*, der auf der *Assistant* als Matrose (*able seaman*) Dienst tat, am 20. Februar 1792 eines ihrer Boote entwendete und verschwunden blieb. Auch abends kehrte er nicht auf das Schiff zurück. An Deck wurden ein Licht entzündet und in regelmäßigen Abständen Kanonensalven abgefeuert, damit Bennet auf die *Assistant* zurückfinden konnte, falls er sich verirrt hätte. Am Morgen des 21. Februar schwärmten verschiedene Suchtrupps aus, um den Matrosen zu finden. Hauptmann Pearce, dem Kommandant der Seesoldaten, gelang dies schließlich. Bennet sagte, man habe ihn fälschlicherweise des Diebstahls bezichtigt. Deshalb hatte er sich zu diesem verzweifelten Schritt entschlossen. Lieber wollte er verschmachten oder den Ureinwohnern in die Hände fallen, sagte bei seiner Ergreifung, als mit dieser Verdächtigung zu leben. Aus Barmherzigkeit glaubte man an Bennets Unschuld.[31] Auch William Bligh und Nathaniel Portlock berichten in ihren Logbüchern davon und bestätigen im Wesentlichen Tobins Darstellung.[32] Bligh datiert das Verschwinden Bennets auf den 19. Februar 1792 und berichtet, dass beide Schiffe an dem Tag eigentlich die Adventure Bay hätten verlassen und weiterreisen sollen, die Abreise aufgrund dieses Ereignisses jedoch verschoben wurde. Auch der Kapitän schildert, dass Kanonensalven abgefeuert und Lichter an den Masten beider Schiffe entzündet wurden, um Bennet Orientierung zu geben. Außerdem wurden zusätzlich über Nacht Feuer am Strand entzündet. Anders als Tobin schildert Bligh, dass Hauptmann Pearce sowie die beiden Botaniker James Wiles und Christopher Smith Bennet am 20. Februar 1792 gemeinsam gefunden hätten.[33] Nathaniel Portlock schreibt in seiner Schilderung dieses Vorfalls, dass sich ein Suchtrupp von der *Assistant* sowie zwei Besatzungsmitglieder der *Providence* gemeinsam auf die Suche nach Bennet gemacht hätten.[34] Francis Godolphin Bond bleibt in seinem Bericht über diese Episode äußerst vage, bestätigt aber ebenfalls im Wesentlichen, was seine drei Kollegen schildern.[35] Von einer Bestrafung des Matrosen berichten weder die zwei Leutnants noch die beiden Kapitäne.[36] Die nach Bennets Flucht ergriffenen Maßnahmen zeigen, wie schnell und effektiv in dieser Situation aufgrund der guten Personalsituation auf beiden Schiffen gehandelt werden konnte. Hatten sich die drei Deserteure, die zur Mannschaft der *Bounty* gehörten, etwas über zwei Wochen lang verstecken können, bevor man ihrer habhaft werden konnte, gelang Bennet dieses lediglich für einen Tag und eine Nacht. Nachdem das Verschwinden des Matrosen bemerkt worden war, wurde umgehend eine Reihe von Maßnahmen in Gang gesetzt, um ihm eine Rückkehr zur *Assistant* zu ermöglichen, sollte er sich verirrt haben (die Signalfeuer, die über Nacht am Strand entzündet wurden, die Kanonenschüsse, die regelmäßig abgefeuert wurden, sowie die Lichter, die an die Hauptmasten der beiden Schiffe gehängt wurden und die ebenfalls die Nacht hindurch brannten). Während sich Bligh, bedingt durch die geringe Mannschaftsstärke und das Fehlen von Seesoldaten, im Frühjahr 1789 noch selbst auf den Weg hatte machen müssen, um Churchill, Millward und Muspratt zu finden und festzunehmen, konnte er nun gleich mehre Suchtrupps, bestehend aus Besatzungsmitgliedern beider Schiffe, sowie dem Hauptmann der Seesoldaten und den beiden Botanikern zusammenstellen und sie mit der Suche betrauen. Churchill, Millward und Muspratt waren fieberhaft als Verbrecher im Sinne der *Articles of War* gesucht worden, während man nach Bennet – nicht zuletzt dadurch, dass man personell ungleich viel besser aufgestellt war – mit größerer Umsicht suchte, wie nach einem verirrten Schaf, das sich von der Herde entfernt hatte, und das es auf beherzte, kameradschaftliche Art wieder einzufangen galt. Am 24. Februar 1792, drei Tage nachdem der abtrünnige Matrose wiedergefunden worden war, verließen die *Providence* und die *Assistant* die Adventure Bay und nahmen Kurs auf Tahiti.[37]

## *Wieder auf Tahiti*

Am 9. April 1792 erreichten die beiden Schiffe Tahiti und gingen in der Matavai-Bucht vor Anker.[38] Wie schon während der ersten Brotfrucht-Reise erließ Bligh nun erneut ein Regelwerk bzw. einen Verhaltenskodex für die Mannschaften beider Schiffe, bevor sie in Tahiti anlegten.[39] Wie zuvor die Mannschaft der *Bounty*[40], wurden auch die Besatzungsmitglieder der *Providence* und der *Assistant* zudem vor ihrer Ankunft als Vorsichtsmaßnahme und vor allem, um in Tahiti niemanden anzustecken auf Syphilis untersucht.[41] Ähnlich wie schon der Verhaltenskodex, der für die Mannschaft der *Bounty* gegolten hatte, hatte auch der hiesige das Ziel, einen möglichst konfliktfreien, freundschaftlichen und respektvollen Kulturkontakt zu gewährleisten. Es war den Besatzungsmitgliedern strengstens untersagt, gegenüber den Bewohnerinnen und Bewohnern der Gesellschafts- und Freundschaftsinseln den Verlust der *Bounty* und den Tod James Cooks durch die Ureinwohner zu thematisieren. Ebenso geheim sollte der Grund des Besuches, die Erlangung der Brotfrucht, bleiben. Jedes Besatzungsmitglied war aufgefordert, den Tahitianerinnen und Tahitianern mit Freundlichkeit zu begegnen und von ihnen gestohlene Gegenstände nicht gewaltsam wieder an sich zu bringen, sondern William Bligh darüber in Kenntnis zu setzen. Erneut wurde offiziell ein Besatzungsmitglied ernannt, das für den Handel und die Tauschgeschäfte zwischen den beiden Schiffsbesatzungen und den Tahitianern verantwortlich zeichnete. Ohne Blighs ausdrückliche Erlaubnis waren allen anderen Besatzungsmitgliedern Handel und Tauschgeschäfte mit den Ureinwohnerinnen und Ureinwohnern verboten. Bligh verfügte außerdem, dass der Maat der Wache für jedwedes Versäumnis seitens der Wachposten verantwortlich war. Nach acht Uhr abends war es den Tahitianern verboten, an Bord zu kommen. Dem wachhabenden Offizier war es überdies strengstens verboten, mit den Tahitianern zu kommunizieren. Weiter befahl Bligh in seinem Regelwerk, dass alle Boote fest an der Seite der Schiffe zu vertäuen sind. Zusätzlich war es untersagt, Handfeuerwaffen ohne Blighs ausdrückliche Erlaubnis mit an Land zu nehmen. Alle Verstöße gegen diese Regeln, heißt es zum Schluss, würden mit den härtesten Bestrafungen geahndet.[42] An diesem Katalog von Regeln und Verhaltensmaßnahmen lässt sich einerseits sehr gut erkennen, was sich während des Tahiti-Aufenthaltes von 1788/1789 bewährt hatte und nun erneut zur Anwendung kam, wie etwa die offizielle Ernennung einer Person oder Personen, die für den Handel und die Tauschgeschäfte mit den Einheimischen zuständig waren, damit die Besatzungsmitglieder dies nicht nach eigenem Belieben taten. Sowohl der Tod von James Cook als auch der Verlust der *Bounty* unterlagen strengster Geheimhaltung, um den freundschaftlichen Kulturkontakt tunlichst nicht zu gefährden. Dazu gehört auch die erneute Betonung, dass die Besatzungsmitglieder angehalten waren, gegenüber den Tahitianern und Bewohnern der Gesellschafts- und Freundschaftsinseln stets freundlich und überdies nachsichtig zu sein, wenn Gegenstände durch sie gestohlen würden. Andererseits lassen einige der Vorschriften aber auch erkennen, dass die Erfahrung des Tahiti-Aufenthaltes mit der *Bounty* in sie einfloss. Mit am deutlichsten wird dies durch die Anordnung Nr. 7, nach der der Maat der Wache für die Versäumnisse der Wachposten verantwortlich war. Diese Anordnung war ein Mittel, mit dem der Kommandant eine erneute Desertion der Art, wie sie 1789 geschehen war, unbedingt verhindern wollte (der Wachposten Thomas Hayward war eingeschlafen und hatte deshalb die drei Deserteure entkommen lassen). Der Befehl, dass die Beiboote stets an der Seite der Schiffe vertäut werden sollten, ist ebenfalls in diesem Zusammenhang zu betrachten, da die drei Deserteure und zuletzt der Matrose Bennet bei ihrer Flucht jeweils eines der Boote entwendet hatten. Dass keinerlei Feuerwaffen an Land gebracht werden durften, zumindest nicht ohne Blighs ausdrückliche Genehmigung, mochte ebenfalls auf das Ereignis der Desertion zurückgehen, da es den drei Deserteuren ja gelungen war, sich bewaffnet an Land zu verstecken. Die Anweisung, dass nach acht Uhr abends keine Einheimischen mehr an Bord kommen durften, diente dazu, den privaten Kontakt zwischen ihnen und den Besatzungen der beiden Schiffe nicht überhand nehmen zu lassen.[43] Damit sollte von vorneherein verhindert werden, dass die beiden Besatzungen sich auf Tahiti heimisch fühlten. Gänzlich unterbinden ließen sich private Begegnungen zwischen Besatzungsmitgliedern und den Einheimischen natürlich auch während der zweiten Brotfrucht-Reise nicht. So infizierte sich der Kadett Matthew Flinders mit der Geschlechtskrankheit Gonorrhöe[44], umgangssprachlich auch Tripper genannt[45]. William Bligh war es offenbar sehr wichtig, nun ein größeres Maß an Sicherheit für die beiden Schiffe und die Besatzungen zu schaffen.[46]

## *»Zerlumpte und abgerissene Gestalten.«: Begegnungen zwischen Blighs Männern und den Tahitianern*

Ähnlich wie schon während der Reise der *Bounty* spielt auch auf der zweiten Reise der Kontakt zwischen den Besatzungen der *Providence* und der *Assistant* und den Tahitianern eine entscheidende Rolle, jedoch auf andere Art, als man vermuten würde. Während die Begegnungen auf der ersten Reise noch von großem gegenseitigem, freundschaftlichem Interesse und – insbesondere seitens der Besatzungsmitglieder der *Bounty* – vom Zauber des Exotischen und Noch-nie-Erlebten geprägt gewesen waren, scheinen diese Attribute nun einer Gewöhnung und sogar Entzauberung gewichen zu sein. Während Bligh auf der ersten Brotfrucht-Reise viel und gerne Zeit mit Häuptling Tynah und dessen Frau Iddeah verbracht hatte, war Tynah nach der Ankunft der beiden Mannschaften gar nicht vor Ort.[47] Deshalb wurde der Seemann auch nicht von ihm, sondern von einem anderen Häuptling namens Otoo begrüßt. Bligh überreichte dem Häuptling Tuch und Werkzeuge aus Eisen als Geschenk. Otoos Verhalten ihm gegenüber war zwar von großer Vertrautheit geprägt, die beiden kannten sich schließlich schon von der vorherigen Reise, und er hielt während des gesamten Beisammenseins die Hand des Kapitäns. Eine Willkommenszeremonie aber, wie es sie nach der Ankunft der *Bounty* gegeben hatte, fand dieses Mal nicht statt. Der Kommandant musste sich schon nach kurzer Zeit verabschieden, weil er starke Kopfschmerzen bekam.[48] Eines der Indizien dafür, dass sich eine Entzauberung des Mythos Tahiti eingeschlichen hatte, benennt er in seinem Logbuch-Eintrag noch am Tag des Treffens mit Häuptling Otoo:

> »Unsere Freunde hier profitierten nur wenig von dem Verkehr, den sie mit Europäern hatten, seitdem ich sie letztes Mal verließ. Unsere Landsmänner müssen große Anstrengungen unternommen haben, um sie die schändlichen Ausdrucksweisen zu lehren, die ein jeder Tahitianer nun im Munde führt. Ich erkläre hiermit, dass ich alles hergeben wollte, wenn meine Schiffe nicht zu denjenigen gehörten, die seit April 1789 hier vor Anker gegangen sind«.[49]

Dieser Kommentar macht deutlich, mit welcher Weitsicht er die negativen Folgen des europäisch-tahitianischen Kulturkontaktes für die lokale Lebensweise – hier explizit ihre Sprache – erkennt und auch beim Namen nennt. Ungewöhnlich ist außerdem, dass der ansonsten so von sich selbst und seinem Handeln überzeugte Kapitän sich dabei keineswegs ausnimmt, sondern seinen eigenen Anteil an dieser Erosion in selbstkritischer Manier nicht nur klar bekennt, sondern am liebsten ungeschehen machen möchte. An anderer Stelle in seinem Logbuch äußert sich Bligh darüber, wie sehr die Tahitianer dem hochprozentigen Alkohol zugeneigt waren. Mit Vergnügen würden sie über Brandy und andere hochgeistige Getränke sprechen. Sie wären verrückt danach, so viel davon zu bekommen, dass es sie dumm machte. Er tat alles in seiner Macht Stehende, um sie vom Trinken abzuhalten.[50] Ein drittes Zeichen für die schädliche Auswirkung der Begegnungen auf die ursprüngliche Lebensweise der Einheimischen war eine Veränderung ihrer Kleidung. Der Kapitän beschreibt, dass viele Europäer in Tahiti ihre Kleider zurückließen. Diese würden von den Bewohnerinnen und Bewohnern getragen, weil sie sie für besonders wertvoll hielten. Diese europäischen Kleidungsstücke wären jedoch so verdreckt und zerlumpt, dass es abstoßend sei. Außerdem entstellten sich die Menschen von Tahiti durch das Tragen dieser Kleider. Nur noch selten würde man sie in hübscher Kleidung sehen, die sie vormals in großer Menge besessen und mit viel Eleganz getragen hätten. Nun waren sie nicht länger die herausgeputzten Bewohnerinnen und Bewohner Tahitis, sondern zerlumpte und abgerissene Gestalten, vor denen man sich tunlichst in Acht müsse, wenn man mit ihnen verkehrte.[51] Die Veränderung ihrer Sprache und Erscheinung, der Konsum von hochprozentigem Alkohol zeigen, dass der Einfluss Europas auf Tahiti zwar schleichend begonnen hatte, aber unumkehrbar war. Der Seemann schreibt ja in Bezug auf den Alkoholgenuss, dass er, obwohl er sich bemühte, nichts dagegen tun konnte. Man merkt, wie schwer es ihm fiel, diesen Verfall der tahitianischen Gesellschaft mitanzusehen[52]. Es wird deutlich, dass sich das Verhältnis zwischen Europäern und Tahitianern verändert hatte. Obwohl er und Nathaniel Portlock berichten, dass die alte Herzlichkeit und freundliche Handelsbeziehungen die gleichen geblieben waren[53], brachte die Entzauberung Tahitis ein bestimmtes Maß der Gewöhnung und auch der misstrauischen Voreingenommenheit zwischen beiden Gruppen mit sich. Dies führte dazu, dass zwar immer noch eine durchaus große Freundschaft zwischen ihnen bestand, gleichzeitig die umsichtige und feinfühlige Diplomatie, die während der Reise der *Bounty* vonnöten gewesen war, nun aber nicht mehr in vollem Umfang praktiziert wurde. Dass beide Völker sich bereits kannten und dass die erste Seereise gescheitert war, verlieh William Bligh eine tatkräftige Entschlossenheit. Sehr schnell leitete er alles Nötige in die Wege, um die Brotfruchtsetzlinge zu bekommen.[54] Allerdings zeigten ihm die Berichte der Seeleute der *Matilda*, die sich gleichzeitig in Tahiti aufhielten, dass er dabei Schwierigkeiten bekommen konnte. Denn, wie er in einem Logbuch-Eintrag vom 9. April 1792 schreibt, waren die Tahitianer diesen Seeleuten gegenüber weniger freigebig, weil die Bewohner der Bezirke Oparre und Matavia zu dieser Zeit gegen einander Krieg führten. Bligh hat diese Nachricht mit Sorge zur Kenntnis genommen, da dies seine ursprüngliche Absicht, die Erlangung der Brotfruchtsetzlinge unverzüglich in die Wege zu leiten, deutlich erschwerte.[55] Ein weiteres Anzeichen für Blighs Entschlossenheit, die Brotfruchtsetzlinge zu bekommen, zeigt sich an folgendem Ereignis: Am 16. April 1792 machte eine 27-köpfige, bewaffnete Gruppe, unter anderem bestehend aus James Guthrie (dem Zweiten Leutnant der *Providence*), Hauptmann Pearce und den Seesoldaten, einigen Besatzungsmitgliedern der *Assistant*, dem Arzt der *Matilda* sowie den beiden Botanikern, James Wiles und Christopher Smith, ihren »Brotfrucht-Spaziergang«.[56] George Tobins Bericht über dieses Ereignis ist zwar nicht ganz so ausführlich wie der des Kapitäns, dafür aber weniger kryptisch und somit aufschlussreicher: Dabei handelte es sich offenbar um die Inbesitznahme oder Inbetriebnahme eines Postens oder Stützpunktes in der Nähe von Point Venus, an dem die Pflanzen herangezogen wurden. Tobin schildert, dass die Seesoldaten dieser Inbesitz- oder Inbetriebnahme einen betont militärischen Charakter verliehen. Der Dritte Leutnant schreibt außerdem, dass es Christopher Smith und James Wiles zu diesem Zeitpunkt bereits gelungen war, eine ansehnliche Anzahl Brotfruchtsetzlinge und anderer Pflanzen zu bekommen, die in einer zuvor extra zu diesem Zweck erbauten Hütte aufbewahrt wurde.[57] Ein weiteres Indiz für die Veränderung des Kontaktes und für die Bedeutung der Seesoldaten beim Schutz der Pflanzen war die Bewachung der Baumschule in Point Venus. So berichtet Bligh am 11. Juni 1792, dass der Zweite Leutnant James Guthrie vermeldete, ein Tahitianer hätte des Nachts an oder in der Baumschule einen Diebstahl begangen. Daraufhin feuerte einer der wachhabenden Soldaten auf ihn.[58] George Tobin lobt die Seesoldaten und ihren Hauptmann Pearce in seinem Bericht über den Besuch der Baumschule ausdrücklich, wenn er schreibt:

»Mit ihrer unablässigen Aufmerksamkeit und ihrem guten Betragen« hätte sich »diese wahrhaft kostbare Kompanie in wichtigen Belangen ihres Dienstes nahezu fehlerlos verhalten«.[59] Tobin erwähnt hier zwar nicht explizit, worin die Aufgaben der Seesoldaten bestanden oder wodurch genau sie so kostbar waren, wie der Leutnant es behauptete. Man kann jedoch davon ausgehen, dass sie den Mannschaften der *Providence* und der *Assistant* sowie den Setzlingen ein großes Maß an Sicherheit gaben.

### *»Mit Hochachtung und Respekt.«: Die Zusammenarbeit zwischen William Bligh und Nathaniel Portlock auf Tahiti*

Für das Gelingen der zweiten Brotfrucht-Reise war die Personalsituation auf den beiden Schiffen wichtig. Nicht nur auf See, sondern auch auf Tahiti erwies sich das als Segen. Dass William Bligh James Guthrie, seinen Zweiten Leutnant, mit der Besichtigung der Baumschule am Point Venus beauftragte, zeigt, dass der Kapitän der *Providence* seinen Leutnants vertraute und zwischen ihnen ein gutes Verhältnis herrschte.[60] Was für eine große Stütze Nathaniel Portlock für seinen Kapitänskollegen war, sieht man daran, dass er dessen Arbeit zu Ende führte, nachdem Bligh sich während einer gemeinsamen Observation krankheitsbedingt zurückgezogen hatte.[61] »Den Rest [der Beobachtungen] ließ ich Leut. Portlock erledigen. Die Auffassungsgabe und Aufmerksamkeit, mit der er seinen Dienst und all die Dinge verrichtet, die ich ihm auftrage, lässt mich seiner allzeit mit Hochachtung und Respekt gedenken.«[62] Der Londoner fand nur sehr selten lobende Worte für andere Menschen. Wenn er es aber doch tat, wie hier, so war dies ein klares Zeichen für seine ausdrückliche Anerkennung.[63]

Nach etwas mehr als drei Monaten Aufenthalt in Tahiti – zweieinhalb Monate weniger als die *Bounty* dort verbracht hatte – war die *Providence* Mitte Juli 1792 bereit zur Weiterfahrt.[64] Dieser vergleichsweise kurze Aufenthalt leistete auch einen nicht zu unterschätzenden Beitrag zum Gelingen der zweiten Brotfrucht-Reise, da sich die Mannschaften der beiden Schiffe nicht so an das Leben auf Tahiti und seine Menschen gewöhnen und sich ihm hingeben konnten, wie viele Mannschaftsmitglieder der *Bounty* es während ihres unerwartet langen Aufenthaltes vermocht hatten. Darüber hinaus waren die *Providence* und die *Assistant*, gemäß ihrem Zeitplan, in einer Jahreszeit nach Tahiti gekommen, die für ein gutes und schnelles Wachstum der Brotfruchtsetzlinge überaus günstig war. Ein Beleg für dieses schnelle Wachstum ist etwa William Blighs Logbucheintrag vom 21. April 1792, in dem er berichtet, dass bereits 196 Pflanzen eingetopft worden seien und dass viele Töpfe sogar mit jeweils zwei Pflanzen bestückt worden seien.[65] Die günstigen Witterungsbedingungen während der Monate in Tahiti spielten bei dem schnellen Wachstum der Brotfruchtsetzlinge eine alles entscheidende Rolle. Immer wieder berichtet William Bligh in seinem Logbuch von »schönem Wetter«[66]. Zwar habe es bisweilen durchaus Regenschauer, auffrischenden Wind, wolkiges Wetter und Sprühregen gegeben, insgesamt betrachtet jedoch erwiesen sich die meteorologischen Bedingungen für das Wachstum der Pflanzen als überaus vorteilhaft.[67] So betont der Kapitän der *Providence* etwa am 29. Juni 1792 in seinem Logbuch: »Die Pflanzen entwickeln sich in bemerkenswertem Maße«.[68] Auch dieser Faktor trug in entscheidendem Maße zum Erfolg der zweiten Brotfrucht-Reise bei, da dadurch nun keine wertvolle Zeit mit dem Warten auf das Ende der Regenzeit verbracht werden musste, wie es noch auf der ersten Reise der Fall gewesen war.

### *»Sowohl Bedauern als auch Gleichgültigkeit«: Die* Providence *und die* Assistant *nehmen Abschied*

Am 14. Juli 1792 begann die Mannschaft damit, die Pflanzen an Bord zu bringen. Als die beiden Schiffe eine knappe Woche später – am 20. Juli 1792[69] – in Tahiti ablegten, befanden sich insgesamt

2634 Pflanzen an Bord der *Providence*, der Großteil davon - 2126 Pflanzen[70] - waren Brotfruchtsetzlinge.[71] Auch George Tobin berichtet über das Verladen der Pflanzen und bietet eine ausführliche Aufstellung von ihnen. Tobin beschreibt außerdem einige davon ausführlich und gibt sogar Tipps für die kulinarische Verwendung mancher der gesammelten Pflanzen sowie einen Hinweis, welche sich davon als Färbemittel eigneten.[72] In seinem Eintrag vom 18. Juli 1792 berichtet William Bligh von dem Abschied zwischen ihm und den Tahitianerinnen und Tahitianern. Otoo, der Häuptling, der ihn nach der Ankunft in Empfang genommen und dem der Kapitän seine Aufwartung gemacht hatte, kam zum Abschied zwar mit einem großen Kanu zur *Providence*, jedoch nicht an Bord. Daraufhin machte er dem Häuptling sein Abschiedsgeschenk - unter anderem Hemden, Äxte, Messer und Perlen - von einem Boot aus. Er berichtet auch von einem »höchst ehrenwerten« Ehepaar, Verwandten Häuptling Tynahs, das in dem Bezirk Oparre lebte. Die Frau dieses Paares namens Toeedooah [?] war den Mannschaften gegenüber sehr aufmerksam. Insbesondere um die schiffbrüchigen Seeleute der *Matilda* hatte sie sich nach deren Ankunft überaus gastfreundlich gekümmert. Ihr fiel der Abschied sehr schwer. Diese beiden sehr gegensätzlichen Eindrücke zeigen, wie deutlich sich das Verhältnis zwischen Briten und Tahitianern verändert hatte: Einerseits hatte eine beiderseitige Gewöhnung Einzug gehalten, hier und da sogar schon brüskes Desinteresse. Andererseits gab es aber Bindungen und Begegnungen, die von großer Herzlichkeit und echter Anteilnahme geprägt waren. Bligh kommentiert dies am 18. Juli 1792: »Als wir diese gastfreundlichen Orte verließen, empfanden wir darüber sowohl Bedauern als auch Gleichgültigkeit.«[73]

### *»Sie leckten die Tropfen des kostbaren Nass von den Eimern«: Die Durchfahrt durch die Torres-Straße*

Nachdem die beiden Schiffe Tahiti verlassen hatten, segelten sie die Route von Tahiti nach Timor, die die ausgesetzten Besatzungsmitglieder in dem Beiboot der *Bounty* genommen hatten. Während der zweiten Brotfrucht-Reise ging es dem Kapitän nun darum, diese Strecke genauestens zu kartographieren, denn während der kräftezehrenden und akut lebensgefährlichen Reise in der Barkasse hatte er dies nur ungenau vermocht.[74] Praktisch bedeutete dies, dass die kleinere *Assistant* voraus segelte und der großen *Providence* damit einen sicheren Weg durch diese mit Riffen durchsetzte See wies.[75] Anfang September 1792 erreichten die beiden Schiffe den Eingang der Torres-Straße[76], die sie auf Anweisung der Admiralität in London durchqueren, und genau untersuchen und kartographieren sollten. Für die Durchfahrt dieser Straße, die zwischen Australien und Neuguinea liegt, benötigten die beiden Schiffe insgesamt neunzehn Tage.[77] Ein Grund dafür, dass der *Providence* und der *Assistant* dieser Reiseabschnitt durch die Torres-Straße verhältnismäßig reibungslos gelang, liegt in der Tatsache, dass auch hier die Zusammenarbeit zwischen William Bligh und Nathaniel Portlock gut funktionierte, indem ihre jeweiligen nautischen Fähigkeiten eng Hand in Hand gingen.[78] Diese Einschätzung wird von dem Kadetten Matthew Flinders untermauert, der die Zusammenarbeit beider Kapitäne während der Durchquerung der Torres-Straße explizit lobte: »Wohl möglich ist es, dass keine Wasserstraße dieser Breite […] so viele Gefahren birgt, wie die Torres-Straße. Die beiden Kapitäne Bligh und Portlock haben allerdings bewiesen, dass eben diese Gefahren mit Umsicht und Ausdauer zu meistern sind«.[79] Obgleich die Passage durch die Straße und ihre nautische Untersuchung sehr gut gelangen, waren diese Wochen für die Mannschaft der *Providence* eine harte Zeit: Das Trinkwasser an Bord wurde knapp. Um die Versorgung der Pflanzen im Sinne einer erfolgreichen Mission weiterhin gewährleisten zu können, aber auch, um den Wasservorrat nicht vollends aufzubrauchen, wurde das Trinkwasser für die Mannschaft streng rationiert. Matthew Flinders berichtet, dass diese Situation an Bord der *Providence* zu Unmut geführt habe. Der Durst der Besatzungsmitglieder sei zwischenzeitlich so groß gewesen, dass, wie ein Besatzungsmitglied berichtet, Flinders »und einige andere auf den Stufen lagen, um die Tropfen des kostbaren Nass von den Eimern zu lecken, während die Gärtner damit beschäftigt waren, die Pflanzen zu wässern«.[80] Zu einer Meuterei kam es aufgrund dieser schwierigen Situation jedoch nicht. Flinders schreibt, dass William Bligh nichts gegen die Wasserknappheit habe ausrichten können.[81] Trotz der getroffenen Maßnahmen zur ausreichenden Wässerung der Pflanzen überlebten insgesamt 224 von ihnen die Überfahrt nicht.[82]

## *»Seine Unfähigkeit, bescheiden zu sein, verachte ich«: William Blighs Verhalten an Bord der* Providence

Am 2. Oktober 1792 erreichten die beiden Schiffe Timor. Dort blieben sie insgesamt acht Tage und nahmen Proviant, unter anderem Reis, frisches Rindfleisch und Wasser, an Bord.[83] Am 10. Oktober 1792 wurden die *Providence* und die *Assistant* von einem Lotsen aufs offene Meer hinausgeleitet. Anschließend nahmen die beiden Schiffe Kurs auf das Kap der Guten Hoffnung.[84]

Nachdem sie das Kap der Guten Hoffnung umsegelt hatten, gingen sie am 17. Dezember 1792 in Sankt Helena vor Anker.[85] Hier wurden die ersten zehn Brotfruchtsetzlinge angelandet, von denen Bligh betont, dass sie »schön« und »gesund« seien, einer von ihnen sei sogar »sechs Fuß groß«, und noch einige Pflanzen mehr, darunter auch zwei Exemplare einer Pflanze, die Bligh »tahitianischer Apfel« nannte. Es wurden wiederum andere Pflanzen, die auf Sankt Helena wuchsen, an Bord genommen, unter anderem eine Pflanze grüner Tee, siebzehn Kaffeepflanzen sowie ein Orangenbaum (den der Seemann *China Orange* nannte). Dieser botanische Austausch geschah ganz im Sinne des britischen Pflanzentransfers. Erneut wurde der Proviant aufgefrischt, unter anderem mit Rum und frischem Rindfleisch.[86] Dass der Kapitän explizit die Schönheit, Größe und Gesundheit der Brotfruchtsetzlinge hervorhebt, zeigt, wie wichtig es ihm war, der Admiralität in London mitzuteilen, dass die Mission der Brotfrucht-Reise bis zur Ankunft auf Sankt Helena bereits erfolgreich verlaufen war. Obwohl die enge Zusammenarbeit zwischen William Bligh und Nathaniel Portlock für das Gelingen dieser Reise entscheidend war, gab es Spannungen zwischen dem Kapitän und einem anderen hochrangigen Besatzungsmitglied. Bitter enttäuscht schreibt Francis Godolphin Bond über Blighs Verhalten an seinen Bruder Thomas:

»Es ist nicht meine Absicht, ihm seine große Kenntnis als Seemann und nautischer Astronom abzusprechen. Seine Unfähigkeit, bescheiden zu sein und sich selbst richtig einschätzen zu können, verachte ich jedoch. [...] Ich lasse Dich wissen, dass er mich (nein, alle an Bord) bislang [...] unverschämt und [...] mit Arroganz [...] behandelt hat. Und obgleich seine aufbrausende Art zum Teil einem nervösen Fieber zugeschrieben werden muss, das ihm die meiste Zeit der Reise schwer zu schaffen macht, so muss der Großteil seines Verhaltens doch von der Wut eines nicht zu zügelnden Temperamentes herrühren. [...] Den Leutnants ist jegliche Befehlsgewalt, die ihnen für gewöhnlich zusteht, genommen, damit er – wie er glaubt – seine Stellung festigen kann. [...] Einer der letzten und sinnvollsten Befehle lautete, dass die Gehilfen des Zimmermanns keinen Nagel für mich einschlagen sollten, wenn ich nicht zuvor um seine Erlaubnis dafür gebeten hätte [...]. [...] Meine Messkameraden haben gesagt, dass er [Bligh] nicht einmal eine meiner positiven Charaktereigenschaften erwähnt habe – wobei er sich nie getraut hat zu sagen, ich hätte keine. Jeder Offizier, der über nautisches und naturwissenschaftliches Wissen verfügt,

> gut zeichnen kann oder der irgendein anderes Talent hat, das ihn dazu befähigt, die Welt zu umsegeln, ist [unserem Onkel] in hohem Maße zuwider.«[87]

Dieser emotionale Ausbruch Francis Godolphin Bonds hatte jedoch keinerlei Auswirkungen auf die Personalsituation auf der *Providence*. Bond gelang es, seinen Zorn auf seinen Onkel und dessen Verhalten an Bord mit diesem Brief zu verarbeiten, da sich in den Jahren nach der Fahrt eine freundschaftlich-vertraute Korrespondenz zwischen beiden Männern entfaltete.[88] Doch nicht jeder hatte ein solches Ventil. Matthew Flinders hatte mit Blighs Persönlichkeit ebenfalls Schwierigkeiten, obwohl er bei ihm in eine gute nautische Schule ging: Der Kadett erhielt an Bord der *Providence* seine seemännische Ausbildung. Dabei lernte er sehr viel. Dass Bligh das Ansehen, welches Flinders in seiner späteren Karriere als Seemann genoss, für sich beanspruchte, da er Flinders' Lehrer gewesen war, nahm ihm der jedoch sehr übel.[89]

## *Auftrag erfüllt: Die Verpflanzung der Brotfrucht gelingt*

An Heiligabend des Jahres 1792, kurz vor der Abreise der beiden Schiffe von Sankt Helena, erhielt William Bligh einen offiziellen Dankesbrief des Gouverneurs und des Rates der Insel:

> »Der Gouverneur und Rat empfanden große Freude und höchste Dankbarkeit ob des herrlichen Anblicks [der Pflanzen] an Bord Eures Schiffes. Dieser erfüllt beide mit dem wärmsten und hellsten Strahlen großer Dankbarkeit gegenüber Seiner Majestät, seiner königlichen Güte sowie seiner wohlmeinenden Aufmerksamkeit, die er dem Wohlergehen seiner Untertanen hierzulande und auf den Westindischen Inseln zu schenken geruht [...].«[90]

Am 27. Dezember verließen die beiden Schiffe Sankt Helena in Richtung St. Vincent, zum Abschied wurde ein Gruß von dreizehn Kanonenschüssen abgefeuert, den die *Providence* mit der gleichen Anzahl Schüsse erwiderte.[91] Am 23. Januar 1793 erreichten die beiden Schiffe St. Vincent, ein Lotse kam an Bord der *Providence* und geleitete sie in die Bucht, in der sie vor Anker ging.[92] Auf St. Vincent wurden insgesamt 544 verschiedene Pflanzen angelandet, wovon allein 330 Brotfruchtsetzlinge waren. Im Gegenzug wurden 465 Töpfe mit Pflanzen sowie zwei Gefäße mit *Botanick Plants*, also »Botanischen Pflanzen« für die königlichen Botanischen Gärten in Kew mit an Bord genommen.[93] Der Botanische Garten von St. Vincent war 1785 von König George III. neu belebt worden und hätte 1787 als Umschlagplatz für die Pflanzen dienen sollen, die Bligh an Bord der *Bounty* aus dem asiatischen und pazifischen Raum in die Karibik transportiert hätte. Von St. Vincent aus sollten dann wiederum Pflanzen aus der Neuen Welt nach England in die Botanischen Gärten von Kew gebracht werden.[94] Nachdem der Seemann auf Sankt Helena vom dortigen Gouverneur und Rat den Dankesbrief bekommen hatte, wurde er nun, auf St. Vincent, regelrecht gefeiert: Als Dank für die Pflanzen, nachträgliche Entschädigung für die Meuterei und die während der Reise nach Timor erlittenen Entbehrungen erhielt der Kapitän einen besonderen Teller oder ein rundes Schild[95] zum Gedenken im Wert von einhundert Guineen.[96] Eine Woche nach ihrer Ankunft in St. Vincent lichteten die *Providence* und die *Assistant* ihre Anker[97] und nahmen Kurs auf Jamaika. Sie erreichten die Insel am 5. Februar 1793 und gingen, nachdem zuvor ein Lotse auf die *Providence* gekommen war, vor der Stadt Port Royal vor Anker.[98] In Jamaika wurden nun die restlichen 623 Pflanzen – darunter 105 Brotfruchtsetzlinge, fünf Mangobaumsetzlinge sowie zwei Kaffeepflanzen – von Bord geladen.[99] Die Pflanzen wurden den Botanischen Gärten in den Gemeinden Bath und St. Thomas-in-the-East übergeben und anschließend auf der ganzen Insel verteilt.[100] Dies geht aus einem Brief William Blighs vom 13. April 1793 an die Admiralität in London hervor. In dem Brief heißt es weiter: »Ich habe die Freude, Eure Lordschaften darüber in Kenntnis zu setzen, dass die Pflanzen überall auf der Insel gut gedeihen, und dass Ihr die Brotfrucht als bereits auf Jamaika etabliert betrachten könnt«.[101] Der Transfer der Brotfruchtsetzlinge und der anderen Pflanzen in die Karibik und nach Sankt Helena war mehr als zufriedenstellend erledigt. Dennoch war die Mission nicht ganz beendet – die Pflanzen, die für die Botanischen Gärten in Kew bestimmt waren, mussten erst noch sicher dorthin gebracht werden. Die Heimreise der *Providence* und der *Assistant* nach England verzögerte sich allerdings: Während des Aufenthaltes in Jamaika trat Großbritannien im März 1793 neben den Niederlanden und Spanien in den so genannten Ersten Koalitionskrieg ein, um an der Seite Preußens und Österreichs gegen das revolutionäre Frankreich zu kämpfen.[102] Deshalb erhielt William Bligh den Befehl, sich vorerst nicht auf die Rückreise zu machen, sondern stattdessen in Jamaika zu bleiben, um die Insel gemeinsam mit anderen sich vor Ort befindlichen Schiffen zu verteidigen, bis militärische Verstärkung eintraf.[103] Erst am 15. Juni 1793 legten die beiden Schiffe ab und machten sich im Verbund mit einem Postschiff und zwei *Guineamen* auf den Heimweg.[104] Möglicherweise erging auch deshalb der Befehl zur Heimkehr, weil ein noch längerer Aufenthalt die Gesundheit der Pflanzen an Bord gefährdet hätte.[105] Die *Providence* sollte dem Postschiff *Antelope* und den beiden *Guineamen Thomas* und *Clemmentson* wahrscheinlich wegen des Krieges bewaffneten Geleitschutz geben. Am 7. August 1793 – gut zwei Jahre nach dem Beginn der zweiten Brotfrucht-Reise – kehrten die *Providence* und die *Assistant* wohlbehalten nach England zurück und gingen in Deptford, nahe der Themse, vor Anker.[106] Bligh schreibt am 9. September 1793 abschließend in sein Logbuch: »Diese Reise ist erfolgreich zu Ende gegangen, ohne Zwischenfall oder auch nur einen einzigen Moment, in dem die beiden Schiffe voneinander getrennt gewesen wären«.[107]

# EPILOG

*»Ein Verbrechen, das in den Annalen der Seefahrtgeschichte seines Gleichen sucht«*

Unmittelbar nach der Rückkehr der *Providence* und der *Assistant* besuchte der geistige Vater der Brotfrucht-Missionen, der Botaniker Joseph Banks, die beiden Schiffe im Hafen von Deptford, besichtigte die mitgebrachten Pflanzen und war hellauf begeistert.[1] Banks' große Freude verdeutlicht auch sein Brief an Premierminister William Pitt den Jüngeren, in dem er über den Zustand der Pflanzen berichtet: »Niemals zuvor [...] sah ich Pflanzen, die auf dem Seewege nach England gebracht wurden, die so schön und prächtig gediehen waren, wie diese.«[2] In dem Brief schreibt er außerdem, dass seine Erwartungen weit übertroffen worden seien und die Anzahl der gesunden Pflanzen viermal so hoch gewesen sei, wie er es zu hoffen gewagt habe. Diesen Erfolg schrieb Banks allein William Bligh zu.[3] Der mit der Familie Bligh befreundete Dichter und Schriftsteller George Keate (1729–1797) verfasste aus diesem Anlass sein Gedicht *To Captain Bligh, on his Return to England in 1793*. Dieses Gedicht ist eine wahre Lobeshymne auf den Kapitän und seine geglückte Mission: Keate vergleicht darin den gelungenen Transfer der Brotfrucht mit Jasons Erlangung des Goldenen Vlieses aus der griechischen Mythologie, schätzt ersteren Erfolg jedoch höher und als etwas Bleibendes ein. Keate prophezeit in seinem Gedicht zudem, dass die Dankbarkeit der Sklavinnen und Sklaven für die Frucht bis in den Himmel hinaufreichen und Bligh deswegen generationsübergreifend verehrt werden würde.[4] Die Begeisterung, die Joseph Banks und John Keate über den Erfolg der Reise verspürten, teilten jedoch nicht alle. Die Admiralität war wenig beeindruckt. Obwohl der Seemann seine Aufträge erfüllt hatte, die Verpflanzung der Brotfrucht und die Fahrt durch die Torres-Straße, gingen diese Erfolge fast völlig im Kanonendonner des gerade begonnenen Krieges gegen Frankreich unter.[5] Die Kernaufgabe der britischen Admiralität war das Führen von Kriegen und nicht der Pflanzentransfer. Ganz anders reagierten die Plantagenbesitzer auf die Verpflanzung der Brotfrucht. Nach ihrer Rückkehr zahlten die jamaikanischen Plantagenbesitzer dem Londoner Bligh aus Dankbarkeit für die Frucht die stattliche Summe von tausend und an Nathaniel Portlock 500 Guineen.[6] Auch die *Royal Society of Arts* hörte von diesem Erfolg. Zehn Jahre lang hatte sie demjenigen, der die größte Anzahl von Brotfruchtpflanzen nach Großbritannien bringen würde, entweder £ 50 oder ihre Goldmedaille versprochen. Nachdem das *Colonial Committee* der *Royal Society of Arts* bereits im November 1793 darüber entschieden hatte, den Kommandanten der *Providence* mit dieser Medaille auszuzeichnen, wurde sie ihm im Mai des darauffolgenden Jahres feierlich verliehen.[7] Die Sklavinnen und Sklaven lehnten die Brotfrucht jedoch ab. Sie war geschmacklich ganz anders, als alle anderen Frucht- und Gemüsesorten, die sie aus ihren afrikanischen Heimatländern und dem karibischen Raum kannten. Deshalb weigerten sie sich, sie auf ihren Speiseplan zu setzen.[8] Völlig vergebens war die Verpflanzung der Frucht allerdings nicht: Fünfzig Jahre lang diente sie immerhin als Schweinefutter. Ihren ursprünglichen Zweck, die Ernährung der Sklavinnen und Sklaven zu verbessern, verfehlte sie jedoch. Erst nach Abschaffung der Sklaverei auf Jamaika fand ein Umdenken statt – die Brotfrucht etablierte sich bei den freien Bäuerinnen und Bauern als beliebtes Nahrungsmittel.[9] Heute ist sie, insbesondere in den ländlichen Gebieten der Karibikinsel, ein fester Bestandteil ihrer Küche.[10] Im Wörterbuch *Dictionary of Jamaican English* finden sich neben dem Wort *breadfruit* selbst allein vier weitere Begriffe, die das Wort enthalten und mit der Frucht zu tun haben. Eines davon ist *breadfruit remedy*, eine schmackhafte Sauce, mit der die Brotfrucht verfeinert wird.[11] Auch in der Popkultur des Landes ist das zunächst verschmähte Lebensmittel längst angekommen: Das US-amerikanische Weihnachtslied *Chestnuts roasting on an open fire (The Christmas Song)*, das auch unter dem Titel *The Christmas Song (Merry Christmas to You)* bekannt ist und ursprünglich 1946 von Nat King Cole populär gemacht wurde[12], wurde 1998 von dem jamaikanischen Reggaemusiker Yellowman neu aufgenommen. Yellowman ändert den Liedtext dabei entscheidend: Die gerösteten *chestnuts* des Originals, die für winterliche Behaglichkeit sorgen, werden bei ihm durch zahlreiche jamaikanische Gemüsesorten und Spezialitäten ersetzt, darunter auch die Brotfrucht. Die Frucht bekommt durch die Umbenennung des Liedes noch eine besondere Bedeutung: Aus *Chestnuts roasting on an open fire (The Christmas Song)* macht Yellowman nämlich *Breadfruit roasting on an open fire (The Christmas Song)*.[13]

Dass die Brotfrucht nach ihrer Verpflanzung in den karibischen Raum und nach Sankt Helena zunächst keinerlei Anklang fand, zeigt, dass es bei den Pflanzentransfers einzig um wirtschaftliche Interessen ging und nicht darum, den Sklavinnen und Sklaven durch ein Lebensmittel das Leben zu erleichtern. Der Brotfruchttransfer und die Entlastung, die sich die britische Regierung ursprünglich davon versprochen hatte, wurden vom Lauf der Geschichte überholt: In der Karibik sollte die Brotfrucht zunächst den Verlust auffangen, den die Gründung der USA für die Nahrungsmittelversorgung bedeutete, da während des britisch-amerikanischen Unabhängigkeitskrieges keine Schiffe mehr von dort die britischen Kolonien in der Karibik anlaufen und mit Lebensmitteln versorgen durften. Die Brotfrucht kam jedoch zu einem Zeitpunkt auf die Inseln der Karibik, als sich diese Situation – und damit auch der Engpass bei der Nahrungsmittelversorgung – bereits entspannt hatte.[14] Sie war für die Nahrungsmittelversorgung der Karibik nicht mehr unbedingt erforderlich.

Nach der Meuterei an Bord der *Bounty*, der geglückten Überfahrt in dem Beiboot nach Timor sowie der anschließenden Rückkehr von dort im März 1790 war William Bligh in Großbritannien als Held gefeiert worden. Seine Aufzeichnungen von der ersten Brotfrucht-Reise erschienen bereits im Juni 1790 unter dem Titel *A Narrative of the Mutiny on Board His Majesty's Ship Bounty* als Buch, fanden reißenden Absatz und kamen auch in den Niederlanden, Irland und den USA auf den Markt. Bald nach der Veröffentlichung von Blighs Bericht war auf den Straßen der britischen Hauptstadt zum Preis von sechs Pence noch ein weiteres Buch über die Meuterei erhältlich. Es versprach der staunenden Öffentlichkeit *Secret Anecdotes of the Otaheitian Females*[15], geheime Geschichten über die Frauen Tahitis also. Die Geschehnisse auf der Reise fanden als ein Theaterstück mit dem Titel *The Pirates: or, The Calamities of Capt. Bligh* (»Die Piraten oder: Die Schwierigkeiten des Kapitän Bligh«) sogar ihren Weg auf die Bühne des Royal Theatre in London.[16] Nach der Rückkehr von der zweiten Brotfrucht-Reise, hatte sich die zuvor so positive – größtenteils auf seiner eigenen Darstellung der Ereignisse beruhende[17] – öffentliche Meinung über den Seemann jedoch ins Gegenteil verkehrt.[18] In dem Kriegsgerichtsprozess gegen die zehn überlebenden Meuterer wurde in der Zeugenaussage des *Masters* John Fryer Kritik an dem Kapitän laut: Er gab unter anderem zu Protokoll, die beiden Meuterer John Sumner und Matthew Quintal hätten während der Meuterei gesagt, er – Fryer – möge bedenken, dass William Bligh dieses Ereignis selbst durch sein Verhalten heraufbeschworen habe.[19] Es ist zwar möglich, dass Sumner und Quintal dies gesagt hatten, allerdings gilt es, dabei Folgendes nicht außer Acht zu lassen: Bedenkt man nämlich das von tiefer gegenseitiger Abneigung geprägte Verhältnis zwischen John Fryer und William Bligh, ist es viel wahrscheinlicher, dass Fryer Sumner und Quintal seine eigene harsche Kritik an Bligh in den Mund legte, um sie so vor Gericht kundtun zu können. Der Kadett Peter Heywood, der von Bligh als einer der Hauptverantwortlichen an der Meuterei betrachtet wurde, bezeichnete in seiner Anhörung vor Gericht eine Aussage in dessen Buch *A Narrative of the Mutiny on Board His Majesty's Ship Bounty* als Lüge und gab an, er sei tief getroffen von Blighs Unterstellung, er habe sich maßgeblich an der Meuterei beteiligt.[20] Bei dieser Aussage Heywoods handelt es sich jedoch um eine wohl kalkulierte, gleich durch mehrere - zuvor instruierte - Zeugen untermauerte Inszenierung eines Angehörigen aus an Geld und Einfluss reichem Hause.[21] Die Vorwürfe Fryers und Heywoods sorgten dafür, dass William Blighs Ruf beschädigt wurde[22], zumal er sich selbst in dem Prozess weder verteidigen noch als Zeuge gehört werden konnte, da er sich zum Zeitpunkt des Prozesses bereits auf der zweiten Brotfrucht-Reise befand.[23] Ein Ereignis, das den Ruf des Seemanns nicht nur schädigte, sondern ihn sogar fast völlig zerstörte, begann kurze Zeit nach dem Kriegsgerichtsprozess gegen die Meuterer. Edward Christian, Fletcher Christians Bruder, ein gewiefter Anwalt und zudem Juraprofessor in Cambridge[24], begann eine Kampagne, deren Ziel es war, seinen Bruder zu rehabilitieren und William Bligh zu diffamieren. Mitte November 1792 erschien in den beiden Zeitungen *Cumberland Packet* und *Whitehaven Advertiser* ein von Edward Christian lancierter Bericht. Darin wurde behauptet, dass ein Jurist, Edward Christian, der an dem Kriegsgerichtsprozess teilgenommen habe, der Welt in naher Zukunft Informationen zukommen lassen werde, die Blighs *A Narrative of the Mutiny on Board His Majesty's Ship Bounty* als eine falsche Darstellung entlarven würden. Fletcher Christian, so hieß es in dem Artikel weiter, sei nicht das Ungeheuer, als das er bislang dargestellt worden sei, sondern vielmehr eine Persönlichkeit, die von jedem mitfühlenden Herzen bedauert werden müsse.[25] Zusätzlich in den zwei Zeitungen abgedruckt wurde ein Brief Peter Heywoods an Edward Christian, datiert auf den 5. November 1792. Darin heißt es, er - Heywood - wolle sich die Freiheit nehmen, dabei zu helfen, zu beweisen, dass Fletcher Christian nicht das bösartige Monster bar jeder Dankbarkeit gewesen sei, als das die Welt ihn bislang betrachtet habe, sondern, im Gegenteil vielmehr ein Mann höchst edlen Charakters.[26] In diesem Brief offenbart sich ein gänzlich anderer Peter Heywood: Sowohl in dem vom Autor paraphrasierten Brief an seine Mutter, in dem er die Meuterei aus seiner Sicht beschreibt, als auch vor Gericht hatte er von sich das Bild eines unerfahrenen Jungspunds gezeichnet, der während der Meuterei nicht gewusst habe, was er tun sollte und wo er hinein geraten war.[27] In dem Brief an seine Mutter hatte er zudem nahe gelegt, dass Fletcher Christian während der Meuterei als dominante, die anderen Besatzungsmitglieder einschüchternde Persönlichkeit aufgetreten war, vor der er sich selbst in Acht genommen hatte. Hier, bei der Zusammenarbeit mit Edward Christian gegen William Bligh[28], erschien Peter Heywood jedoch als kluger Taktiker, der, seines jungen Alters ungeachtet, genau wusste, was er tat und welche Konsequenzen sein Handeln haben würde. Ob diese Diffamierung Blighs in der Presse durch Christian und Heywood sich darauf auswirkte, wie der Kapitän von der breiten Öffentlichkeit wahrgenommen wurde, ist heute nicht mehr zweifelsfrei nachzuvollziehen. Dass die beiden Zeitungsmeldungen aber die Art und Weise veränderten, wie die Admiralität William Bligh behandelte, zeigt folgendes Beispiel: Nach der Rückkehr von der zweiten Brotfrucht-Reise wurde Nathaniel Portlock von Lord Chatham, dem *First Lord* der Admiralität, empfangen, William Bligh hingegen nicht.[29] Ein grober Affront.[30] Ein weiterer Aspekt der Kampagne Edward Christians gegen William Bligh, der sich als noch nachhaltiger erwies, begann nach dessen Rückkehr von der zweiten Brotfrucht-Reise. Anfang Mai 1794 wurden die Protokolle der Kriegsgerichtsverhandlung gegen die Meuterer unter dem Titel *Minutes of the Proceedings of the Court-Martial held at Pourtsmouth, August, 12 1792. On Ten Persons charged with Mutiny on Board His Majesty's Ship the Bounty* (»Protokoll der Kriegsgerichtsverhandlung in Portsmouth am 12. August 1792. Über zehn Personen, die der Meuterei an Bord Seiner Majestät Schiff, der *Bounty*, angeklagt sind«) herausgebracht.[31] Für die Veröffentlichung war der Jurist Stephen Barney verantwortlich, der nicht nur William Muspratt, den Küchengehilfen der *Bounty*, in dem Prozess vertreten, sondern diesen auch gemeinsam mit seinen Assistenten protokolliert hatte.[32] Edward Christian hatte die Zeit, die bis zur späten Veröffentlichung der Gerichtsprotokolle verstrich, für seine Kampagne genutzt. Er hatte eine eigene – inoffizielle – Untersuchungskommission gegründet, deren einziges ständiges Mitglied er selbst war. Darüber hinaus bestand die Kommission aus Geistlichen, Anwälten und einem Kapitän, alles Personen, deren Namen nach außen hin gewichtig erschienen, die jedoch zum Bekannten- und Freundeskreis der Familie Christian gehörten. Edward Christian und einzelne Mitglieder seiner Untersuchungskommission trafen sich 1793 mit ehemaligen Mannschaftsmitgliedern der *Bounty* und befragten diese nach ihrer Sicht auf die Meuterei und William Blighs Verhalten als Kapitän. Manche der ehemaligen Besatzungsmitglieder wurden bei persönlichen Treffen befragt, andere, wie etwa der Bootsmannsmaat James Morrison, äußerten sich schriftlich. Zu den Befragten gehörten unter anderem John Fryer sowie William Purcell, der Zimmermann der *Bounty*, der auf der Reise mehrfach heftig in Streit mit dem Kapitän geraten war.[33] Nach der Befragung der Besatzungsmitglieder veröffentlichte Edward Christian 1794 die Gerichtsprotokolle von Stephen Barney erneut, zusammen mit einem Anhang, den er selbst verfasst hatte. Der Jurist vermochte weder die Geschehnisse der Meuterei noch das, was sein Bruder getan hatte, abzustreiten und versuchte dies auch gar nicht. Er ging in seinem Anhang vielmehr einen Schritt weiter, indem er behauptete, die Meuterei an Bord der *Bounty* sei durch William Blighs tyrannisches und unmenschliches Verhalten gegenüber seiner Mannschaft überhaupt erst ausgelöst und nötig geworden.[34] Edward Christian zeichnet darin ein übertriebenes Bild von dem Seemann, der seine Deckoffiziere regelmäßig unflätig als »Hunde«, »verdammte Strolche« oder »Höllenhunde« beschimpft hätte. William Bligh war im alltäglichen Leben an Bord ein durchaus jähzorniger Mann, der andere beschimpfte. Dass er dies jedoch regelmäßig und noch dazu auf so üble und persönliche

Art tat, ist unwahrscheinlich. Da er auf die Mannschaft angewiesen war, konnte er es sich nicht leisten, sie dauerhaft auf diese Weise zu verunglimpfen. An anderer Stelle wird in dem Anhang behauptet, einer der Gründe, weshalb die Barkasse so gefährlich überladen gewesen sei, habe darin gelegen, dass William Bligh fast alle seine persönlichen Gegenstände habe an Bord bringen lassen.[35] Diese Behauptung ist jedoch nachweislich falsch, da sie durch keinen der vorliegenden Berichte über den Verlauf der Meuterei bestätigt wird. Anfang Dezember 1794 setzte Bligh sich gegen Edward Christians Anschuldigungen durch ein Gegenpamphlet zur Wehr mit dem Titel *An Answer to Certain Assertions contained in the Appendix to a Pamphlet, entitled Minutes of the Proceedings of the Court-Martial held at Pourtsmouth, August, 12, 1792, On Ten Persons charged with Mutiny on Board His Majesty's Ship the Bounty* (»Eine Antwort auf bestimmte Annahmen, die in dem Anhang zu dem Pamphlete mit dem Titel Protokoll der Kriegsgerichtsverhandlung die am 12. August 1792 stattfand [...] geäußert werden«)[36]. In seinem Antwortpamphlet wirft der Seemann Edward Christian unter anderem - zurecht - vor, dass er in seiner Veröffentlichung nicht klar gemacht habe, von welchem der befragten Besatzungsmitglieder welche Aussage stammte und dass die Leser die Anschuldigungen, die geäußert worden seien, nicht zweifelsfrei den Personen zuordnen könnten, die sie tatsächlich getätigt hätten. Darüber hinaus legte Bligh in seiner Antwort mehrere Dokumente sowie auch einige Zeugenaussagen vor, wie etwa diejenigen von Joseph Coleman, dem Büchsenmeister der *Bounty*, und Lawrence Lebogue, dem Segelmacher der *Bounty*, die ihn entlasteten.[37] Dennoch war Edward Christians Anhang eine gleichermaßen infame wie klug gemachte Veröffentlichung, die ihr Ziel nicht verfehlte. William Blighs persönlicher Ruf sowie seine berufliche Expertise wurden dadurch so nachhaltig beschädigt, dass er sich zu seinen Lebzeiten nie wieder vollständig davon befreien konnte.[38] Neben Edward Christian mit seiner Kampagne verfasste auch James Morrison, der Bligh gegenüber oftmals sehr kritisch eingestellte Bootsmannsmaat der *Bounty*, ein Memorandum mit dem Titel *Memorandum and Particulars Respecting the Bounty and Her Crew* (»Memorandum und Informationen bezüglich der Bounty sowie ihrer Besatzung«). Morrison hatte es im Juni 1792 geschrieben, als er und die anderen gefangenen Meuterer an Bord der *Hector* auf den Beginn ihres Prozesses warteten. Morrison schrieb dieses *Memorandum*, um sich selbst zu entlasten. Morrison drohte die Todesstrafe, da er zwar nicht zu den aktiven Meuterern gehört, Bligh aber während der Meuterei auch nicht explizit unterstützt hatte. Der Tenor dieses Schriftstückes lautet, dass William Bligh durch sein tyrannisches Verhalten gegenüber seiner Mannschaft ihre Loyalität ihm gegenüber dauerhaft zerstört habe. Darüber hinaus bezichtigt Morrison ihn des Betrugs gegenüber der Marine, da er auf der ersten Brotfrucht-Reise – in der Funktion des Proviantmeisters – Rechnungsbücher gefälscht habe. Das Schriftstück des Bootsmannsmaats gelangte durch William Howell, einen Pfarrer, dem Morrison sein Memorandum geschickt hatte, zu Joseph Banks. Der bat den Seemann um eine private Stellungnahme dazu.[39] Er entsprach dieser Bitte und ging in seiner darauf folgenden Antwort sehr detailliert auf jeden von James Morrison gemachten Vorwurf ein und erklärte sein Verhalten.[40] Das Schriftstück wurde, entgegen Morrisons Absicht, dies zu tun, nie veröffentlicht, möglicherweise durch Banks' Intervention, wobei auch dies als nicht ganz gesichert gelten kann.[41] Dennoch stellte es einen weiteren Angriff auf William Blighs Ruf sowie sein berufliches Ansehen dar. So wurde der schlechte Leumund des Kapitäns noch weiter verfestigt. Die Schmähschrift des Bootsmannsmaats dürfte, obwohl nicht veröffentlicht, ihre Leser gefunden haben. Man kann davon ausgehen, dass William Howell Teile davon verbreitete.[42] Das Memorandum war ein Versuch, den Kapitän zu diskreditieren und sich selbst zu entlasten.[43] Die Kampagnen Edward Christians, Peter Heywoods und James Morrisons samt William Blighs Antworten darauf zeigen, mit welchen Mitteln im 18. Jahrhundert ein solcher »Krieg der Worte«[44], wie ein Bligh-Experte diese Auseinandersetzung zurecht bezeichnet hat, geführt wurde. An der Meuterei auf der *Bounty* und der Auseinandersetzung zwischen William Bligh, Edward Christian und Peter Heywood entzündete sich außerdem eine gesellschaftliche Diskussion darüber, ob die strenge Disziplin an Bord der britischen Schiffe nötig sei, oder ob nicht vielmehr dem Drang nach Freiheit, den die Meuterer verspürt hätten, Verständnis entgegen zu bringen sei. Innerhalb dieser Debatte entstanden zwei Lager: Das eine Lager hielt zu Bligh und befürwortete sein disziplinarisches Verhalten während der ersten Brotfrucht-Reise.[45] Dazu zählte auch Edward Harwood, der Schiffsarzt, der auf der *Providence* mitgesegelt war. Harwood nahm explizit Stellung zu Edward Christians *Anhang* und verurteilte diesen im Juli 1794 in einem Artikel in der Zeitung *The Times* scharf:

> »Als ob irgendetwas vorgebracht werden könnte, das ein solches Verbrechen [die Meuterei an Bord der *Bounty*] rechtfertigt, dessen bloße Beschreibung die Menschheit erschaudern lässt. Ein Verbrechen, das [...] in den Annalen der Seefahrtgeschichte seines Gleichen sucht.«[46]

Das andere Lager innerhalb dieser Debatte, dem insbesondere einfache Matrosen angehörten, sympathisierte hingegen mit den Meuterern. Deutlich wird dies in einem Spott-Lied, das zwischen 1790 und 1809 entstand. Das Lied, das von Matrosen beim Pumpen gesungen wurde[47], geht mit William Bligh hart ins Gericht. In zwei Strophen etwa heißt es:

> »Er knurrte bei Tag, er knurrte bei Nacht, ganz gleich, ob er im Recht war oder nicht«. »Seine Antwort auf Beschwerden lautete Handfesseln und Ketten«.[48]

Aus diesem Lied spricht die Genugtuung der einfachen Matrosen darüber, dass ihresgleichen es gewagt hatte, gegen ihr Ausgeliefertsein an die Willkür ihrer Vorgesetzten erfolgreich zu rebellieren. Diese Debatte zeigt, dass die Meuterei, die sich an Bord der *Bounty* ereignet hatte, nicht nur auf die daran unmittelbar Beteiligten begrenzt blieb, sondern sich auf die nautische Zunft und somit auch auf einen Teil der britischen Gesellschaft des 18. Jahrhunderts ausdehnte. Die Angriffe Edward Christians sowie James Morrisons gegen William Bligh blieben naturgemäß auch der Admiralität nicht verborgen und hinterließen Spuren in ihrem Verhalten: Von September 1793 bis April 1795 wurde der Seemann auf halben Sold gesetzt und bekam kein weiteres Kommando.[49] Dass er in dieser Zeit halben Sold, also *half pay* bekam, war jedoch bei Kapitänen, die gerade kein Kommando auf einem Schiff hatten, gängige Praxis. Es bedeutete einfach, dass die Royal Navy ihnen die Hälfte ihres Gehaltes an Land weiterbezahlte.[50] Erst nachdem dieser Zeitraum von einem Jahr und sieben Monaten verstrichen war, wurde er, insbesondere durch die Fürsprache seines Förderers Joseph Banks, am 13. April 1795 erneut zum Kapitän ernannt - auf der *Calcutta* - und am 29. April 1795 übernahm er dieses Kommando.[51] Die berufliche Missachtung Blighs war ein klarer Vertrauensentzug seitens der Admiralität[52] und mehr noch - es war, neben den Kampagnen Christians, Heywoods sowie Morrisons, zusätzliche Schelte für ihn. Denkbar ist allerdings auch, dass die Admiralität ihm in dieser Zeit kein Kommando gab, weil sich schlicht kein passendes für ihn fand.[53] Eine weitere Möglichkeit ist, dass William Bligh das Wort hielt, welches er seiner Frau Elizabeth gegeben hatte, wonach die zweite Brotfrucht-Reise seine letzte sein würde, und er aus diesem Grund in dem genannten Zeitraum nicht wieder zur See ging.[54] Es hätte, angesichts der ablehnenden Haltung der Admiralität gegenüber Bligh, jedoch durchaus ins Bild gepasst, dass sie ihm von September 1793 bis April 1795 kein Kommando übertrug. Vielleicht wäre es klug gewesen, wenn in dieser Zeit der Auseinandersetzungen oder kurz danach seine Logbücher von der zweiten Brotfrucht-Reise veröffentlicht worden wären. Sie hätten gezeigt, dass der Londoner kein tyrannischer Kommandant war, sondern dass er die Mission des Brotfruchttransfers ebenso tüchtig wie erfolgreich beendet hatte. Zu seinen Lebzeiten kam es jedoch nicht zu dieser Veröffentlichung.[55] Obschon der Seemann sie geplant hatte, erhielt er dafür keinerlei Unterstützung von der Admiralität.[56] Dass William Bligh weder ein Tyrann noch ein unfähiger Kommandant war und dass er auch nicht von allen Menschen, die mit ihm zu tun hatten, als ein solcher betrachtet wurde, zeigt die Reaktion der Mannschaft der *Providence* an dem Tag, an dem sie und die *Assistant* im September 1793 im Londoner Stadtteil Woolwich abgemustert wurden. Die Zeitung *Kentish Register* berichtete am 6. September 1793 von diesem Ereignis und schildert, dass die Offiziere der *Providence* ihm zugejubelt hätten, als ihr Kapitän zum letzten Mal von Bord des Schiffes gekommen sei. Als er durch das Tor des Docks gegangen sei, um die Anlage zu verlassen, seien die Besatzungsmitglieder erneut zusammengekommen und hätten ihm sogar noch ein weiteres Mal zugejubelt.[57] Dass die Admiralität William Bligh später wieder in den Dienst nahm und ihn damit beruflich rehabilitierte, zeigt nicht nur das Kommando auf der *Calcutta*, sondern auch seine Teilnahme an der Schlacht von Kopenhagen im Jahre 1801, bei der er die *Glatton* befehligte und gemeinsam mit Hyde Parker und Horatio Nelson kämpfte.[58] Besonders deutlich wird seine berufliche Rehabilitierung seitens der Admiralität durch das letzte Amt, das ihm in seiner Karriere übertragen wurde: Von 1806 bis 1808 war er Gouverneur von New South Wales im heutigen Australien.[59]

Ab der Mitte des 19. Jahrhunderts begann sich die wichtige Stellung der Admiralität, die die britischen Entdeckungsreisen organisierte und ausrüstete, allmählich zu verändern. Auf solchen Reisen gewonnenes Wissen wurde als Mittel der britischen Machtausübung in fernen Gebieten nicht mehr benötigt. So genannte »weiße Flecken« auf der Landkarte, die von Interesse gewesen wären, konnte man kaum noch finden. Die Entdeckungsfahrten kamen aus der Mode, sieht man einmal von dem anders gelagerten

»Wettlauf zu den Polen« ab. Die Admiralität gab ihre Rolle als Vermittlerin zwischen Wissenschaft und Staat auf und widmete sich fortan nur noch militärischen Aufgaben. Private Wissenschaftsgesellschaften – wie die *Royal Society* – begannen außerdem, sich thematisch zu spezialisieren und ihre Forschung wanderte an die Universitäten ab. Dadurch endete die Zusammenarbeit zwischen ihnen und der Admiralität, die die Entdeckungsreisen überhaupt erst möglich gemacht hatte.[60]

Der britische Pflanzentransfer des 18. Jahrhunderts hat Auswirkungen bis in unsere Zeit: Dass wir heute jeden Tag, das ganze Jahr hindurch, im Super- oder auf dem Wochenmarkt nach Herzenslust verschiedenste Gemüse- und Obstsorten kaufen können, die nicht hier beheimatet sind, hat viel mit ihm zu tun. Vergessen darf man dabei jedoch nicht, dass die Verpflanzung der Brotfrucht kein Akt der Wohltätigkeit war, um den Sklavinnen und Sklaven auf den britischen Karibikinseln ihr Leben zu verschönern. Es war eine wirtschaftliche Entscheidung, durch die sie härter arbeiten und mehr Baumwolle ernten sollten, die sich später in Asien vermarkten ließ. Außerdem sollte die Brotfrucht Nahrungsmittelknappheit und Engpässe im Handel auffangen. Dies waren kolonialistische Ideen, welche die konkreten Bedürfnisse der Menschen vor Ort jedoch nicht im Blick hatten. Die Frauen, Männer und Kinder auf den Plantagen durchkreuzten diese Pläne unwillentlich, indem sie die Frucht nicht akzeptierten. Sie mochten sie schlicht nicht und nahmen sie deshalb nicht in ihren Speiseplan auf. Fünfzig Jahre lang wurde die Brotfrucht stattdessen an Schweine verfüttert. Dies machte ihre Verpflanzung für die Regierung in London und die westindischen Plantagenbesitzer – zumindest aus wirtschaftlicher Sicht – zu einer herben Niederlage.

William Bligh kehrte nach seiner Zeit als Gouverneur von New South Wales im Oktober 1810 nach England zurück. Die Navy ernannte ihn zum Konteradmiral, ein Kommando auf einem Schiff erhielt der Seemann allerdings nicht mehr. Nach dem Tod seiner Frau Elizabeth im April 1812 zog er auf sein Anwesen Farningham Manor in der Grafschaft Kent.[61] Hier lebte er gemeinsam mit seinen vier Töchtern unter einem Dach. Eine von ihnen war seine Tochter Anne, die Epilepsie und eine geistige Behinderung hatte. Sie lernte nie sprechen. Ihr Vater kümmerte sich liebevoll um Anne, die die besondere Pflege ihrer Familie brauchte. William Bligh starb am 7. Dezember 1817 mit 63 Jahren, nachdem er in London einen Zusammenbruch erlitten hatte. Fletcher Christian starb 1793 auf Pitcairn – und doch gibt es die romantische Legende, er sei irgendwann nach Cumberland im Norden Englands zurückgekehrt, die Region, aus der er stammte. Peter Heywood wollte Christian 1808 oder 1809 sogar in Plymouth gesehen haben. Eindeutig bewiesen wurde seine Heimkehr jedoch nie.[62] Die Beschädigung von Blighs Ruf, die die Kampagne Edward Christians und Peter Heywoods sowie James Morrisons *Memorandum* verursacht hatten, war so massiv, dass Bligh sich nie wieder ganz davon befreien konnte. Gegen die Wirkmächtigkeit einer medial hervorragend inszenierten Geschichte, in der ein angeblich tyrannischer und sadistischer Kapitän seine Mannschaft so sehr schikanierte, dass sie sich von ihm befreien musste, war der Seemann machtlos.[63] Morrison blieb nach seiner Begnadigung im Prozess gegen die Meuterer in der Royal Navy und stieg später zum Geschützoffizier (*gunner*) auf. In dieser Funktion diente er auch auf dem Kriegsschiff *Blenheim*. Der Schotte war an Bord, als das Schiff im Frühjahr 1807 in einen schweren Sturm geriet und sank. Es gab keine Überlebenden.[64] Nathaniel Portlock wurde nach seiner Rückkehr von der zweiten Brotfrucht-Expedition zum *Commander* befördert. 1799 befehligte Blighs ehemaliger Kollege die Schaluppe *Arrow*, mit der er Anfang September desselben Jahres das niederländische Schiff *Draack* kaperte. In seinen letzten Lebensjahren verschlechterte sich sein Gesundheitszustand. 1816 wurde er ins Greenwich Hospital in London eingeliefert. Dort starb der Seemann aus Virginia am 12. September 1817 nach kurzer schwerer Krankheit.[65] Ebenfalls 1817, am 26. Mai des Jahres, starb John Fryer. Nach der Rückkehr aus Batavia blieb er bei der Marine als *Master* tätig. Ein beruflicher Aufstieg gelang ihm nie, jedoch wurde er zum *Master of the 1st Rate* ernannt. Dies bescheinigte höchste Qualifikation und umfassende nautische Kenntnisse. 1812 schied er aus gesundheitlichen Gründen aus der Royal Navy aus. Seine letzten Lebensjahre verbrachte der Witwer in seinem Heimatort, Wells-next-the-Sea. Dort wohnte er, ähnlich wie William Bligh in Kent, mit seinen vier unverheirateten Töchtern im selben Haus. Seine Gesundheit verschlechterte sich – in den letzten zweieinhalb Jahren vor seinem Tod konnte er sein Bett nicht mehr verlassen, nicht mehr selbstständig essen und war »hilflos wie ein Säugling«, berichtete seine Tochter Mary Ann.[66] George Tobin wurde nach seinem Posten als Leutnant auf der *Providence* im Jahr 1798 zum *Commander* und 1802 zum Kapitän ernannt. 1814 fuhr er das letzte Mal zur See. Ein Jahr vor seinem Tod wurde er in den Admiralsstand erhoben. Er starb 1838.[67] Für Francis Godolphin Bond zahlte sich sein Dienst auf der zweiten Brotfrucht-Reise zunächst nicht aus, bei Beförderungen wurde er übergangen. Er fuhr als Erster Leutnant auf der *La Prompte* und diente an Bord der *Active*, bevor er 1798 das Kommando auf dem Kriegsschiff *Netley* übernahm. In dieser Funktion wurde er bei Kämpfen nahe der französischen Hafenstadt Le Havre schwer verwundet. Im Dezember 1800 wurde Bond zum *Commander* und im April 1802 zum Kapitän ernannt. Zum Konteradmiral machte man ihn im Januar 1837. Zwei Jahre später, am 26. Oktober 1839, starb William Blighs Neffe im Alter von 74 Jahren in Exeter.[68] Matthew Flinders, der junge Kadett, der an Bord der *Providence* seine seemännische Ausbildung erhalten hatte, machte sich nach der zweiten Brotfrucht-Expedition im Auftrag der Royal Navy an die Erkundung des heutigen Australien. Dabei setzte er sich für die Etablierung des Namens ein, den der Kontinent heute trägt, und wies nach, dass Tasmanien eine Insel ist. Bei einem Zwischenaufenthalt auf der französischen Kolonie Mauritius während einer seiner Australienreisen wurde Flinders fälschlicherweise der Spionage verdächtigt, man nahm ihm seine Papiere ab und verhaftete ihn. Dies geschah im Dezember 1803.

Erst sechseinhalb Jahre später, im Juni 1810, konnte er die Insel als freier Mann verlassen und nach England zurückkehren. Nachdem er an einem schweren Nierenleiden erkrankt war, das er sich in der Gefangenschaft zugezogen hatte, starb Matthew Flinders am 19. Juli 1814. Am Tag zuvor war sein Reisebericht *A Voyage to Terra Australis* erschienen. Er hatte ihn trotz seiner Krankheit noch fertigstellen können. Ein Exemplar hatte man ihm am Tag vor seinem Tod nach Hause geliefert.[69] Peter Heywood stieg nach seiner Begnadigung im Gerichtsverfahren gegen die Meuterer bis zum Kapitän auf, zu dem er 1803 ernannt wurde. Die beglückende Erfahrung, während der ersten Brotfrucht-Reise in das Leben und die Sprache Tahitis einzutauchen, vergaß er nie: 1816 befehligte er die *Montagu*, in deren Geleit sich die *Calypso* befand. An Bord hielten sich mehrere Tahitianer auf. Heywood ließ sie zu sich kommen und begrüßte sie in ihrer Landessprache. Sie litten an Heimweh und wünschten sich, nach Hause zurückkehren zu können. Der Kapitän leitete alles dafür Nötige in die Wege und bezahlte zudem ihre Rückreise nach Polynesien. Er starb, an Atemnot leidend und bettlägerig geworden, am 10. Februar 1831 mit 58 Jahren. Als letzter Offizier der *Bounty* starb der Zimmermann William Purcell, nachdem er Anzeichen von »Geistesgestörtheit gezeigt hatte«, 1834 in einem Krankenhaus in der Nähe von Portsmouth.[70]

Im 20. Jahrhundert entdeckten Buchautoren und das Kino Bligh und die Reise der *Bounty* als Stoff. In den 1930er Jahren veröffentlichte das US-amerikanische Autorenduo Charles Nordhoff und James Norman Hall die mehrteilige historische Romanreihe *Mutiny*[71], *Men Against The Sea* und *Pitcairn's Island*.[72] Darin porträtieren sie den Kapitän als sadistischen und unbarmherzigen Despoten[73], der durch seinen ausgeprägten Hang zur Bestrafung und seine Unberechenbarkeit eine akute Bedrohung für die Mannschaft ist.[74] Geschildert wird die Reise aus der Sicht des – fiktiven – Kadetten Roger Byam.[75] Im ersten Teil der Buchreihe liest sich die Kokosnuss-Episode am Tag vor der Meuterei wie ein Ereignis voller Schrecken und verbaler Brutalität.

»Er ließ sogleich alle Offiziere zusammenrufen und fragte jeden von ihnen, wie viele Kokosnüsse er auf eigene Rechnung gekauft und ob er gesehen habe, dass seitens der Leute Nüsse vom Quarterdeck gestohlen worden seien. Alle verneinten dies, was Bligh [...] in noch größere Wut versetzte. Schließlich kam er zu Christian. ›Und nun, Herr Christian, möchte ich genau wissen, wie viele Kokosnüsse Sie für eigenen Gebrauch gekauft haben.‹ ›Das weiß ich wirklich nicht, Sir‹, entgegnete Christian, ›doch hoffentlich halten Sie mich nicht für geizig genug, die Ihren zu stehlen.‹ ›Doch, Sie Halunke! Dafür halte ich Sie! Sie müssen welche von meinen gestohlen haben, sonst könnten Sie mir einen klaren Bericht über Ihre eigenen geben. Ihr seid allesamt Gauner und Betrüger! Aber ich werde euch lehren zu stehlen, ihr Hunde! Ich werde euch kujonieren, dass ihr wünschen werdet, ihr hättet mich nie in eurem Leben gesehen!‹ [...] Kein anderer Kapitän im Dienste Seiner Majestät hätte eine solche Anklage gegen seine Offiziere erhoben. Blighs Züge waren wutverzerrt; er brüllte, als ob wir uns am anderen Ende des Schiffes befänden. [...] Niemals habe ich das Schiff stiller gesehen als an jenem Abend. [...] Es mochte noch ein ganzes Jahr dauern, bis die *Bounty* England wieder erreichen würde. Inzwischen standen wir unter der Fuchtel eines Kapitäns, der mit uns tun konnte, was er wollte, und gegen dessen Tyrannei es keine Berufung gab.«[76]

Die erste Verfilmung des Stoffes stammt aus dem Jahr 1916. Die australische Stummfilmproduktion *The Mutiny of the Bounty*, Regie, Produktion und Drehbuch: Raymond Longford, mit George Cross als William Bligh und Wilton Powe als Fletcher Christian feierte in Sydney Premiere. Das Filmmaterial hat im Laufe der Zeit jedoch so stark gelitten, dass man ihn sich heute nicht mehr ansehen kann und auch eine Restaurierung unmöglich ist. Nur eine Handvoll Fotos ist erhalten geblieben.[77] Ein zweiter, ebenfalls australischer Film wurde im März 1933 veröffentlicht. *In the Wake of the Bounty*, Regie, Produktion und Drehbuch: Charles Chauvel, ist eine Mischung aus Spielfilm und einer auf Pitcairn gedrehten Dokumentation über das Leben der Nachfahren der Meuterer. Neben Mayne Lynton als William Bligh ist hier der junge Errol Flynn in seiner allerersten Filmrolle als Fletcher Christian zu sehen. Da sich jedoch kein US-amerikanischer Verleih fand, kam der Film nur in Australien in die Kinos.[78] Die erste große Hollywood-Verfilmung kam 1935 auf die Leinwand. *Mutiny on the Bounty* (»Meuterei auf der *Bounty*«), Regie: Frank Lloyd, Drehbuch: Talbot Jennings, Jules Furthman und Carey Wilson, mit Charles Laughton als William Bligh und Clark Gable in der Rolle Fletcher Christians wurde zum Kassenschlager. Das Drehbuch fußte auf den Romanen von Nordhoff und Hall. Bligh wird als grausamer und launischer Leuteschinder dargestellt und Fletcher Christian als edelmütiger, gerechter Held. In diesem Film wird die Episode der Wasserknappheit und der Durst leidenden Mannschaft in der Torres-Straße, die sich in Wahrheit während der zweiten Brotfrucht-Reise an Bord der *Providence* ereignete, aus dramaturgischen Gründen auf die *Bounty* verlegt. Obwohl die Besatzung nur wenig Wasser bekommt, werden die Brotfruchtsetzlinge und die anderen Pflanzen regelmäßig gegossen. In einer Szene bittet ein Matrose den Kapitän um Wasser, da sein Durst so quälend ist. Bligh lässt ihn zur Strafe kurzerhand kielholen, woraufhin der Mann stirbt. Diese Bestrafung war zur Zeit der Reise der *Bounty* in der Royal Navy jedoch schon lange verboten und hat sich auf dem Schiff auch nie ereignet.[79] Die packende schauspielerische Leistung Laughtons und Gables verankerte sich dennoch im kollektiven Gedächtnis von Millionen von Zuschauern und festigte so das Bild eines unbarmherzigen Kapitän Bligh und eines heroischen Fletcher Christian. 1962 gab es eine weitere große Verfilmung: In *Mutiny on the Bounty* (»Meuterei auf der Bounty«), Regie: Lewis Milestone, Drehbuch: Charles Lederer u.a., sind Trevor Howard in der Rolle von William Bligh, Marlon Brando als Fletcher Christian und Richard Harris als Geschützoffiziersmaat John Mills zu sehen. Auch das

Drehbuch dieser Produktion basierte auf den Büchern von Charles Nordhoff und James Norman Hall. Erneut wird Bligh als despotischer, brutaler Kommandant porträtiert. Fletcher Christian tritt als dandyhafter Lebemann, zugleich gutherziger und mutiger Held ins Bild, der seinem Kapitän unerschrocken die Stirn bietet. Obwohl dieser Film, auch durch die lange Drehzeit und Brandos Allüren, die beide die Kosten in die Höhe trieben, ein großer Flop an den Kinokassen war[80], hatte auch er – durch seine spätere Ausstrahlung im Fernsehen – einen Anteil daran, dass viele Menschen Bligh als grausamen Schurken und Fletcher Christian als Kämpfer für Gerechtigkeit kennenlernten. Der bislang letzte Spielfilm war *The Bounty* (»Die Bounty«) aus dem Jahr 1984. Die Produktion entstand unter der Regie von Roger Donaldson, das Drehbuch schrieb Robert Bolt. Er benutzte dafür Richard Houghs Sachbuch *Captain Bligh and Mister Christian* als Vorlage. Hier sind Anthony Hopkins als William Bligh, Mel Gibson in der Rolle Fletcher Christians, Daniel Day-Lewis als John Fryer zu sehen, Liam Neeson spielt den Waffenmeister Charles Churchill. Laurence Olivier tritt in einer seiner letzten Rollen als Vizeadmiral Samuel Hood auf. Dieser Film bemüht sich, anders als seine Vorgänger, nicht nur um eine historisch möglichst genaue Schilderung der Ereignisse, sondern auch um eine objektive Darstellung der einzelnen Besatzungsmitglieder. Die Freundschaft zwischen dem Kapitän und seinem Ersten Offizier und ihr Wandel werden ebenso eindrucksvoll dargestellt, wie auch das von gegenseitigem Hass und Kompetenzgerangel geprägte Verhältnis zwischen Bligh und seinem *Master* John Fryer. Eine Szene, in der der Kommandant ihn kochend vor Wut zurechtweist, der *Master* aber seinerseits so erbost ist, dass er sich mit seinen Widerworten gegen ihn fast um Kopf und Kragen redet, gehört zu den stärksten Momenten des Films. Der Kapitän wird als jähzornig und aufbrausend, aber auch als fähiger Seemann charakterisiert, der Menschen verantwortungsvoll und mit Willensstärke durch Notsituationen führt. Fletcher Christian wird als ausgleichendes Bindeglied zwischen dem Kommandanten und der Mannschaft gezeigt. In einer Mischung aus Neugier und Begeisterung stürzt sich der Mann aus Cumberland in das Leben auf Tahiti und lässt dabei keine Vergnügung oder Landessitte aus. Ein strahlender Held ist er hier aber nicht, sondern eher einer wider Willen. Aus dem Rahmen der insgesamt gut recherchierten Handlung fällt allerdings, dass nahegelegt wird, der Kapitän und sein Stellvertreter hätten eine homosexuelle Beziehung gehabt. *The Bounty* war im Kino kein großer Erfolg.[81] Er ist aber ein historisch genaueres und dadurch erfrischendes Gegengewicht zu den vorher gedrehten Filmen, die William Bligh als Tyrann verteufeln und Fletcher Christian zum mutigen Helden verklären – und damit weder dem einen noch dem anderen gerecht werden.

Immer wieder beflügelten die Geschichte der *Bounty* und William Bligh als Persönlichkeit die Fantasie der Menschen. So fand beides in Form von Büchern und Hörspielen den Weg in viele Kinder- und Jugendzimmer. Eine zweiteilige Hörspieladaption mit den Titeln *Meuterei auf der Bounty* und *Meuterei auf der Bounty. Das Schicksal der Meuterer* entstand unter der Regie von Kurt Vethake. Das Jugendbuch *Das Schiff der Meuterer* von Günter Sachse aus dem Jahr 1959 diente dabei als Vorlage. In dem Hörspiel treten Peter Schiff als Erzähler, Rolf Marnitz als William Bligh und Klaus Jepsen als Fletcher Christian in Erscheinung. Santiago (Jago) Ziesmer, der heute u. a. als die Stimme von *SpongeBob Schwammkopf* bekannt ist, ist hier als Peter Heywood zu hören.[82] In seinem Buch stellt Günter Sachse die Geschichte und die einzelnen Besatzungsmitglieder differenziert dar.[83] So lässt er Fletcher Christian während einer Unterhaltung mit dem Kadetten Robert Tinkler über den Kapitän sagen: »Ich wüsste keinen Kommandanten, unter dem ein angehender Offizier mehr lernen könnte. Leutnant Bligh ist ein hervorragender Seemann und ein glänzender Navigator.«[84] Auch das Hörspiel folgt in Teilen dieser facettenreichen Darstellung, der Kapitän wird jedoch, wie üblich, als launischer Despot dargestellt und Fletcher Christian als mutiger Held, der Humor und außerdem das Herz auf dem richtigen Fleck hat. Eine besondere

Rolle nimmt der Arzt Thomas Huggan ein, der von Hans Mahlau gesprochen wird: Der Mediziner wird nicht als alkoholkrank, sondern als Genusstrinker gezeigt. Hier ist er außerdem ein weiser und erfahrener Mann, der Bligh und dem Rest der Mannschaft beherzt mit Rat und Tat zur Seite steht.[85]

Auch in der internationalen Museumslandschaft haben die beiden Brotfrucht-Expeditionen ihren Platz. So gibt es im schweizerischen Weinfelden das HMAV Bounty Museum.[86] Im *National Maritime Museum* in London gibt es eine kleine Ausstellung mit Exponaten von der Reise der *Bounty*. Dazu gehören auch eine von William Bligh ausgehöhlte Kokosnussschale, in die er seinen Namen und »April 1789« geschnitzt hat sowie ein Becher aus Horn, der dem Seemann gehörte.[87] Darüber hinaus befindet sich in dem Museum ein Porträt Nathaniel Portlocks.[88] Die Erinnerungskultur der zwei Missionen schließt auch mehrere Denkmäler ein. Vor der *State Library of New South Wales* in Sydney steht eine Bronzestatue von Matthew Flinders.[89] Auf seinen Reisen begleitet wurde der Seemann von seinem anhänglichen und unerschrockenen Kater Trim. Das Tier starb 1804 auf Mauritius.[90] Dieser Freundschaft wird auch gedacht – direkt hinter dem Flinders-Denkmal, vor einem Fenster der Staatsbibliothek, steht ein kleiner Kater.[91] Am Hafen von Sydney befindet sich seit 1987 ein William-Bligh-Denkmal.[92] Es wurde, so steht es auf der Tafel, die daran angebracht ist, errichtet, »um das richtige Bild eines vielgeschmähten und tapferen Mannes wiederherzustellen.«[93] An seinem 200. Todestag, dem 7. Dezember 2017, war die Figur zum Gedenken mit einem Blumenstrauß und einer Postkarte geschmückt.[94]

# DANK

Zunächst möchte ich mich von ganzem Herzen bei Thomas Welskopp und Julia Angster bedanken. Ohne ihr Interesse, ihr herzliches Wohlwollen und ihre verlässliche Unterstützung wäre dieses Buch nicht entstanden. Ein weiterer großer Dank gilt Uwe Walter sowie Christoph Selzer vom Klett-Cotta Verlag. Ein ganz herzlicher Dank gilt zudem der Friedrich-Ebert-Stiftung in Bonn, hier insbesondere Ursula Bitzegeio und Simone Stöhr. Ein wichtiger Eckstein für das Gelingen dieses Buches waren meine beiden Archivaufenthalte in London und Sydney 2016 und 2017. Deshalb sei den freundlichen und versierten Mitarbeiterinnen und Mitarbeitern der *Caird Library* am *National Maritime Museum* in London, der *British Library*, am *Natural History Museum* in London sowie in den *National Archives* in Kew (London) ganz, ganz herzlich für ihre große Unterstützung gedankt. Hier die Briefe William Blighs und den Bericht von John Fryer, dem *Master* der *Bounty*, zu finden und nutzen zu können, hat dieses Buch inhaltlich bereichert. Ein weiterer großer Dank geht an die ebenfalls sehr freundlichen und stets hilfsbereiten Mitarbeiterinnen und Mitarbeiter der *State Library of New South Wales* in Sydney. Hier bekam ich Zugang zu dem bisher unveröffentlichten privaten Logbuch, das Bligh während der ersten Brotfrucht-Reise verfasste. Ein besonderes Dankeschön ist für Paul Brunton, den ehemaligen Chefkurator der Abteilung für historische Handschriften an der *State Library of New South Wales*. Seine herzliche Großzügigkeit hat mich gerührt und seine unerschöpfliche Fachkenntnis über Bligh und die beiden Brotfrucht-Missionen in großes Staunen versetzt. An unser erstes Fachgespräch in Sydney 2017 und an den gemeinsamen Besuch des Grabes von William Bligh und seiner Familie in London im November 2018 denke ich noch immer gerne zurück. Patricia Skorge hat mit wunderbarem Sprachgefühl meine Übersetzungen der Briefe gegengelesen, die William Bligh und Francis Godolphin Bond sich schrieben. Deshalb danke ich auch ihr ganz herzlich. Bedanken möchte ich mich ganz besonders lieb bei meiner Brieffreundin Barbara Schneider. Sie war während meiner Arbeit an dem Buch immer da, wenn ich sie brauchte. Der regelmäßige Austausch mit Charlotte Şahin, Lucienne Eweleit, Sandra Schwark sowie Till van Lil hat mich stets in besonderer Weise ermutigt, wofür ich diesen vieren ebenfalls von ganzem Herzen danken möchte. Außerdem danke ich Daniel Emmelius, Julian Gieseke, Jana Kristin Hoffmann, Teresa Malice, Kerstin Schulte und Daniele Toro. Die Gespräche mit ihnen erwiesen sich für das vorliegende Buch immer wieder als äußerst fruchtbar. Eines von ihnen fand im Sommer 2021 bei den besten Spaghetti Carbonara statt, die ich bisher genießen durfte. Ein weiterer ganz besonderer Dank gilt Helga Jung-Paarmann für das geduldige Korrekturlesen und für ihren ermutigenden Zuspruch, wenn ich zweifelte. Meine verstorbene Großmutter, Agnes Füchtenschnieder, hat mir die beiden Aufenthalte in London und Sydney ermöglicht. Dafür möchte ich mich von ganzem Herzen bei ihr bedanken. Das Wichtigste jedoch zum Schluss: Meine Liebe und mein größter Dank gilt meinen Eltern, Otto und Maria Füchtenschnieder, meinem Bruder David, meinem Neffen Matthis und meiner Nichte Lena.

# ANMERKUNGEN

### *Prolog: »So wisse nun also, meine liebe Betsy, dass ich die Bounty verloren habe«*

1 Bligh, William, *A Voyage To The South Sea* (Faksimile-Ausgabe), Melbourne, Sydney, London, Auckland und Johannesburg 1979, S. 156 und S. 158, Morrison, James und Maxton, Donald A. (Hrsg.), *After the Bounty. A Sailor's Account of the Mutiny and Life in the South Seas*, Dulles, Virginia 2010, S. 36 ff. sowie *Fryer's Narrative of the Bounty*. In: *Naval M. S. S. A 4*, Signatur: RUSI 46 (unveröffentlichtes Manuskript), Caird Library am National Maritime Museum, London, Eintrag vom 28. April 1789, o. S. Der Bericht John Fryers liegt auch in einer bibliophilen Ausgabe vor, die von dem britischen Verlag Genesis Publications herausgegeben wurde. Für dieses Buch verwende ich jedoch das Manuskript, das in der *Caird Library* des *National Maritime Museums* London aufbewahrt wird. Da das von mir benutzte Manuskript von John Fryers Bericht über keine Seitenzahlen verfügt, gebe ich im Folgenden, wo möglich, die Daten der Tage an, über die er schreibt. Da oft aber auch keine Daten angegeben, sondern einfach bestimmte Ereignisse geschildert werden, verweise ich auf den Titel des Berichtes.

2 Vgl. Frykman, Niklas, *The Bloody Flag. Mutiny in the Age of Atlantic Revolution*, Oakland 2020, S. 10.

3 Vgl. Davey, James und Johns, Richard, *Broadsides. Caricature and the Navy 1756–1815*, London 2012, S. 60 f. sowie Kemp, Peter (Hrsg.), *The Oxford Companion to Ships and the Sea*, Oxford, New York und Melbourne 1988, S. 601 f.

4 Vgl. Thadeusz, Frank, *Teufel an Bord*. In: *Der Spiegel*, Nr. 23/30, 30. 5. 2020, S. 108.

5 Vgl. *Historiker: Meutereien auf Schiffen waren Arbeitskämpfe*. In: *Focus*, Mittwoch, 09. 09. 2015.

6 Vgl. Thadeusz, *Teufel an Bord*.

7 Bligh, *A Voyage To The South Sea* (Faksimile-Ausgabe), S. 156 und S. 165, Morrison und Maxton (Hrsg.), *After the Bounty*, S. 37. Vgl. Alexander, Caroline, *The Bounty. The True Story of the Mutiny on the Bounty*, London und New York 2003, S. 140.

8 Der Grund für den Stimmungsumschwung wird weder von William Bligh noch von John Fryer genannt.

9 Bligh, *A Voyage To The South Sea* (Faksimile-Ausgabe), S. 168 f. und S. 172–175, *Fryer's Narrative of the Bounty*, Einträge vom 1. bis zum 3. Mai 1789, o. S., Captain Bligh, William und Dr. Hamilton, George, *Meuterei auf der Bounty/berichtet von Captain William Bligh. Die Piratenjagd der Pandora 1787–1792/Aufzeichnungen des Dr. George Hamilton.* Neu herausgegeben und bearbeitet von Hermann Homann, Stuttgart 1983, S. 151–159. Vgl. Kennedy, Gavin, *Bligh*, London 1978, S. 113–116.

10 Zitiert nach: Bligh, *A Voyage To The South Sea* (Faksimile-Ausgabe), S. 175.

11 Vgl. Wenzlhuemer, Roland, *Globalgeschichte schreiben. Eine Einführung in 6 Episoden*, Konstanz und München 2017, S. 151.

12 Bligh, *A Voyage To The South Sea* (Faksimile-Ausgabe), S. 176 sowie Captain Bligh und Dr. Hamilton, *Meuterei auf der Bounty/berichtet von Captain William Bligh. Die Piratenjagd der Pandora 1787–1792/Aufzeichnungen des Dr. George Hamilton*, S. 161. Vgl. Alexander, *The Bounty*, S. 142 und S. 148 sowie Alexander, Caroline, *Die Bounty. Die wahre Geschichte der Meuterei auf der Bounty*, Berlin 2004, S. 198.

13 Vgl. Alexander, *The Bounty*, S. 141 f.

14 Bligh, *A Voyage To The South Sea* (Faksimile-Ausgabe), S. 176–179 sowie Captain Bligh und Dr. Hamilton, *Meuterei auf der Bounty/berichtet von Captain William Bligh. Die Piratenjagd der Pandora 1787–1792/Aufzeichnungen des Dr. George Hamilton*, S. 162. Vgl. Kennedy, *Bligh*, S. 116 f.

15 Captain Bligh und Dr. Hamilton, *Meuterei auf der Bounty/berichtet von Captain William Bligh. Die Piratenjagd der Pandora 1787–1792/Aufzeichnungen des Dr. George Hamilton*, S. 164.

16 Bligh, *A Voyage To The South Sea* (Faksimile-Ausgabe), S. 177 ff., S. 182 f. und S. 184 f. Vgl. Alexander, *The Bounty*, S. 148 f., Alexander, *Die Bounty*, S. 200. Vgl. Humble, Richard, *Captain Bligh*, London 1976, S. 99 f. sowie Kennedy, *Bligh*, S. 118.

17 Bligh, *A Voyage To The South Sea* (Faksimile-Ausgabe), S. 178, S. 182 und S. 195. Vgl. dazu: Alexander, *The Bounty*, S. 148 f sowie Humble, *Captain Bligh*, S. 99.

18 Vgl. Alexander, *Die Bounty*, S. 200 f. sowie Kennedy, *Bligh*, S. 118.

19 Bligh, *A Voyage To The South Sea* (Faksimile-Ausgabe), S. 182.

20 Vgl. Kennedy, *Bligh*, S. 118 f.

21 Bligh, *A Voyage To The South Sea* (Faksimile-Ausgabe), S. 186 und 191 f. Vgl. dazu: Kennedy, *Bligh*, S. 119.

22 Zitiert nach: Kennedy, *Bligh*, S. 119 f. »O Lord our heavenly Father almighty and everlasting God. […] We most devoughtly thank thee for our preservation & are truly conscious that only through thy Divine Mercy we have been saved – […] Thou has given us strength & fed us hast shown

how both Winds & Seas obey thy command, that we may learn even from them to hereafter obey thy holy word [...]. [...] Continue O Lord we beseech thee through the meditation of our blessed Saviour Jesus Christ, this thy goodness towards us, Strengthen my Mind & guide our Steps – Grant unto us health & strength to continue our Voyage, & so bless our miserable morsel of Bread, that it may be sufficient for our undertaking. O Almighty God relieve us from our extreme distress, such as Men never felt, – conduct us through thy Mercy to a Safe Haven, and [...] restore us to our disconsolate Families and Friends. [...]«. Vgl. Bach, John (Hrsg.), *The Bligh Notebook*, North Sydney, Wellington und Herts 1987, S.95 und S.261ff.

23 Bligh, *A Voyage To The South Sea* (Faksimile-Ausgabe), S.193f. Vgl. Kennedy, *Bligh*, S.120.

24 Bligh, *A Voyage To The South Sea* (Faksimile-Ausgabe), S.196ff. Vgl. Kennedy, *Bligh*, S.120 sowie Mackaness, George, *The Life of Vice-Admiral William Bligh. New and Revised Edition*, Sydney 1951, S.149.

25 Bligh, *A Voyage To The South Sea* (Faksimile-Ausgabe), S.200ff. Vgl. Kennedy, *Bligh*, S.120.

26 Bligh, William, *Log Book Extracts*, Unveröffentlichtes Manuskript. State Library of New South Wales, Sydney, S.51 und S.53.

27 Ebd., S.53, S.61 sowie S.63.

28 Vgl. Kennedy, *Bligh*, S.123.

29 Bligh, *A Voyage To The South Sea* (Faksimile-Ausgabe), S.215.

30 Vgl. Kennedy, *Bligh*, S.124.

31 Bligh, *Log Book Extracts*, Unveröffentlichtes Manuskript, S.73.

32 Ebd.

33 Bligh, *A Voyage To The South Sea* (Faksimile-Ausgabe), S.227 und S.232f., Captain Bligh und Dr. Hamilton, *Meuterei auf der Bounty/berichtet von Captain William Bligh. Die Piratenjagd der Pandora 1787–1792/Aufzeichnungen des Dr. George Hamilton*, S.185 sowie S.187, *Fryer's Narrative of the Bounty*, Eintrag vom 13. Juni 1789 (John Fryers Bericht setzt an diesem Datum ein, gibt aber kein Datum für den Abschnitt an, in dem er über die Ankunft der Mannschaft in Timor und Kupang berichtet.). Vgl. Kennedy, *Bligh*, S.125, Wenzlhuemer, *Globalgeschichte schreiben*, S.151 sowie Angster, Julia, *Erdbeeren und Piraten. Die Royal Navy und die Ordnung der Welt 1770–1860*, Göttingen 2012, S.182.

34 Vgl. Witt, Jann M., *Die Bounty war sein Schicksal. Das abenteuerliche Leben des William Bligh*, Darmstadt 2014, S.99.

35 Zitiert nach: Ebd.

36 Vgl. Kennedy, *Bligh*, S.125.

37 Captain Bligh und Dr. Hamilton, *Meuterei auf der Bounty/berichtet von Captain William Bligh. Die Piratenjagd der Pandora 1787–1792/Aufzeichnungen des*

*Dr. George Hamilton*, S. 195 sowie Bligh, *Log Book Extracts*, Unveröffentlichtes Manuskript, S. 115.

38 Vgl. Alexander, *Die Bounty*, S. 207.

39 Vgl. Kennedy, *Bligh*, S. 127.

40 Bligh, *Log Book Extracts*, Unveröffentlichtes Manuskript, S. 115.

41 Brunton, Paul (Hrsg.), *Awake, Bold Bligh! William Bligh's letters describing the mutiny on HMS Bounty,* North Sydney, Wellington, London und Winchester 1989, S. 17.

42 Brief William Blighs vom 19. August 1789 an seine Frau Elizabeth. In: Ebd., S. 23.

43 Ebd. In: Ebd.

44 Bligh, *Log Book Extracts*, Unveröffentlichtes Manuskript, S. 101. Vgl. Kennedy, *Bligh*, S. 126.

45 Vgl. Wiechers, Karl-Heinz,... *Und fuhren weit übers Meer. Zur Geschichte der ostfriesischen Segelschifffahrt*, Band I, Norden 1999, S. 18 sowie Kemp, Peter (Hrsg.), *The Oxford Companion to Ships and the Sea*, Oxford, New York und Melbourne 1988, S. 759.

46 Vgl. Kennedy, *Bligh*, S. 126 sowie Witt, *Die Bounty war sein Schicksal*, S. 102.

47 Vgl. Witt, *Die Bounty war sein Schicksal*, S. 102. Kennedy schreibt, Bligh habe über Dollar verfügt, mit denen er möglicherweise den Kaufpreis der *Resource* begleichen konnte. Vgl. Kennedy, *Bligh*, S. 126.

48 Vgl. Witt, *Die Bounty war sein Schicksal*, S. 102, Kennedy, *Bligh*, S. 127 sowie Alexander, *Die Bounty*, S. 211. Siehe außerdem: Bligh, *Log Book Extracts*, Unveröffentlichtes Manuskript, S. 101, S. 105, S. 113, S. 115 sowie S. 127

49 Vgl. Kennedy, *Bligh*, S. 128 f. sowie Mackaness, *The Life of Vice-Admiral William Bligh,* S. 164–167. Zur Aufstellung der Kosten, die Bligh für die in Kupang von ihm auf Kredit erworbenen Dinge und Leistungen anfertigte, siehe: Bligh, *Log Book Extracts*, Unveröffentlichtes Manuskript, S. 131.

50 Morrison und Maxton (Hrsg.), *After the Bounty*, S. 126.

51 Captain Bligh und Dr. Hamilton, *Meuterei auf der Bounty/berichtet von Captain William Bligh. Die Piratenjagd der Pandora 1787–1792/Aufzeichnungen des Dr. George Hamilton*, S. 198 f. sowie Bligh, *A Voyage To The South Sea* (Faksimile-Ausgabe), S. 250 f. Vgl. Kennedy, *Bligh*, S. 129f sowie Mackaness, *The Life of Vice-Admiral William Bligh*, S. 169.

52 Morrison und Maxton (Hrsg.), *After the Bounty*, S. 127. Vgl. Maxton, Donald, A. (Hrsg.), *Chasing The Bounty. The Voyages of the Pandora and Matavy*, Jefferson 2020, S. 126 f.

53 Bligh, *A Voyage To The South Sea* (Faksimile-Ausgabe), S. 254 f. und S. 264, Captain Bligh und Dr. Hamilton, *Meuterei auf der Bounty/berichtet von Captain William Bligh. Die Piratenjagd der Pandora 1787–1792/Aufzeichnungen des Dr. George Hamilton*, S. 200 und S. 205. Vgl. Rutter, Owen, *Turbulent Journey. A Life of William Bligh, Vice-Admiral of the Blue,* London 1936, S. 116.

54 Bligh, *A Voyage To The South Sea* (Faksimile-Ausgabe), S. 255 ff. sowie Captain Bligh und Dr. Hamilton, *Meuterei auf der Bounty/berichtet von Captain William Bligh. Die Piratenjagd der Pandora 1787–1792/Aufzeichnungen des Dr. George Hamilton*, S. 202.
55 Bligh, *A Voyage To The South Sea* (Faksimile-Ausgabe), S. 257 und S. 261, Captain Bligh und Dr. Hamilton, *Meuterei auf der Bounty/berichtet von Captain William Bligh. Die Piratenjagd der Pandora 1787–1792/Aufzeichnungen des Dr. George Hamilton*, S. 203 f. Vgl. Rutter, *Turbulent Journey*, S. 116 f.
56 Bligh, *A Voyage To The South Sea* (Faksimile-Ausgabe), S. 255 ff. sowie Captain Bligh und Dr. Hamilton, *Meuterei auf der Bounty/berichtet von Captain William Bligh. Die Piratenjagd der Pandora 1787–1792/Aufzeichnungen des Dr. George Hamilton*, S. 202. Vgl. Rutter, *Turbulent Journey*, S. 117 sowie Kennedy, *Bligh*, S. 130.
57 Vgl. Kennedy, *Bligh*, S. 135.
58 Vgl. Angster, *Erdbeeren und Piraten*, S. 39.
59 Vgl. Maxton, (Hrsg.), *Chasing The Bounty*, S. 41f, Kennedy, *Bligh*, S. 134 f. sowie Alexander, *Die Bounty*, S. 9 f.
60 Vgl. Hough, Richard, *Captain Bligh And Mr. Christian. The Men and the Mutiny.* Annapolis 1979, S. 103–130, Alexander, *Die Bounty*, S. 148–174 sowie Angster, *Erdbeeren und Piraten*, S. 179 f.
61 Vgl. Kennedy, *Bligh*, S. 135 f.
62 Vgl. Ebd., S. 136.
63 Morrison und Maxton (Hrsg.), *After the Bounty*, S. 42 ff. Vgl. Kennedy, *Bligh*, S. 136 sowie Christian, Glynn, *Fragile Paradise. The Discovery of Fletcher Christian Bounty Mutineer*, London 1982, S. 131 f.
64 Vgl. Kennedy, *Bligh*, S. 138 sowie Kennedy, Gavin, *Captain Bligh. The man and his mutinies*, London 1989, S. 97.
65 Christian, Glynn, *Fragile Paradise*, S. 131.
66 Morrison und Maxton (Hrsg.), *After the Bounty*, S. 45.
67 Vgl. Alexander, *Die Bounty*, S. 151.
68 Vgl. Kennedy, *Captain Bligh*, S. 98.
69 Zitiert nach: Ebd.
70 Vgl. Ebd.
71 Zur großen Bedeutsamkeit mancher Tahitianer als Vermittler zwischen ihren Landsleuten, ihrer eigenen Kultur und den britischen Seefahrern im 18. Jahrhundert siehe: Vorpahl, Frank, *Aufbruch im Licht der Sterne. Wie Tupaia, Maheine und Mai Captain Cook den Weg durch die Südsee erschlossen*, Köln 2023, S. 66 und S. 74.
72 Morrison und Maxton (Hrsg.), *After the Bounty*, S. 50 f. Vgl. Kennedy, *Captain Bligh*, S. 98.
73 Morrison und Maxton (Hrsg.), *After the Bounty*, S. 50 ff. Vgl. Kennedy, *Captain Bligh*, S. 99 sowie Christian, *Fragile Paradise*, S. 139 ff.

74 Vgl. Kennedy, *Captain Bligh*, S. 99.
75 Vgl. Christian, *Fragile Paradise*, S. 141.
76 Vgl. Kennedy, *Captain Bligh*, S. 100.
77 Zitiert nach: Ebd., S. 100.
78 Zitiert nach: Ebd.
79 Morrison und Maxton (Hrsg.), *After the Bounty*, S. 56 ff. Vgl. Kennedy, *Captain Bligh*, S. 100 f.
80 Vgl. Kennedy, *Captain Bligh*, S. 100 f.
81 Vgl. Ebd., S. 101.
82 Morrison und Maxton (Hrsg.), *After the Bounty*, S. 68 f. Vgl. Kennedy, *Captain Bligh*, S. 101 sowie Alexander, *Die Bounty*, S. 28.
83 Vgl. Alexander, *Die Bounty*, S. 28.
84 Vgl. Kennedy, *Captain Bligh*, S. 101.
85 Captain Bligh und Dr. Hamilton, *Meuterei auf der Bounty/berichtet von Captain William Bligh. Die Piratenjagd der Pandora 1787–1792/Aufzeichnungen des Dr. George Hamilton*, S. 209f und S. 218. Morrison und Maxton (Hrsg.), *After the Bounty*, S. 112 und S. 114. Vgl. Alexander, *Die Bounty*, S. 18 f. sowie Kennedy, *Bligh*, S. 149.
86 Morrison und Maxton (Hrsg.), *After the Bounty*, S. 74–92, S. 99 sowie S. 110 ff. Vgl. Kennedy, *Bligh*, S. 151.
87 Captain Bligh und Dr. Hamilton, *Meuterei auf der Bounty/berichtet von Captain William Bligh. Die Piratenjagd der Pandora 1787–1792/Aufzeichnungen des Dr. George Hamilton*, S. 218 sowie Morrison und Maxton (Hrsg.), *After the Bounty*, S. 112 und S. 114. Vgl. Maxton, Donald, A. (Hrsg.), *Chasing The Bounty. The Voyages of the Pandora and Matavy*, Jefferson 2020, S. 40 ff.
88 Captain Bligh und Dr. Hamilton, *Meuterei auf der Bounty/berichtet von Captain William Bligh. Die Piratenjagd der Pandora 1787–1792/Aufzeichnungen des Dr. George Hamilton*, S. 222 sowie Morrison und Maxton (Hrsg.), *After the Bounty*, S. 114. Vgl. Alexander, *Die Bounty*, S. 23.
89 Vgl. Alexander, *Die Bounty*, S. 25.
90 Morrison und Maxton (Hrsg.), *After the Bounty*, S. 114 f.
91 Ebd.
92 Vgl. Alexander, *Die Bounty*, S. 23.
93 Vgl. Ebd., S. 22.
94 Vgl. Kennedy, *Bligh*, S. 154.
95 Captain Bligh und Dr. Hamilton, *Meuterei auf der Bounty/berichtet von Captain William Bligh. Die Piratenjagd der Pandora 1787–1792/Aufzeichnungen des Dr. George Hamilton*, S. 248 sowie Morrison und Maxton (Hrsg.), *After the Bounty*, S. 116. Vgl. Kennedy, *Bligh*, S. 154 sowie Mackaness, *The Life of Vice-Admiral William Bligh*, S. 198.
96 Captain Bligh und Dr. Hamilton, *Meuterei auf der Bounty/berichtet von Captain William Bligh. Die Piratenjagd der Pandora 1787–1792/Aufzeichnungen*

*des Dr. George Hamilton*, S. 258 sowie Morrison und Maxton (Hrsg.), *After the Bounty*, S. 117 f. Vgl. Maxton (Hrsg.), *Chasing The Bounty*, S. 96 und S. 98 sowie Alexander, *Die Bounty*, S. 38.

97 Captain Bligh und Dr. Hamilton, *Meuterei auf der Bounty/berichtet von Captain William Bligh. Die Piratenjagd der Pandora 1787–1792/Aufzeichnungen des Dr. George Hamilton*, S. 258 f.

98 Morrison und Maxton (Hrsg.), *After the Bounty*, S. 118.

99 Ebd.

100 Ebd.

101 Ebd., S. 118 f. Vgl. Alexander, *Die Bounty*, S. 38 ff.

102 Vgl. Kennedy, *Bligh*, S. 156f, Alexander, *Die Bounty*, S. 40 sowie Christian, *Fragile Paradise*, S. 129.

103 Vgl. Kennedy, *Bligh*, S. 157.

104 Captain Bligh und Dr. Hamilton, *Meuterei auf der Bounty/berichtet von Captain William Bligh. Die Piratenjagd der Pandora 1787–1792/Aufzeichnungen des Dr. George Hamilton*, S. 260.

105 Ebd. Vgl. Maxton (Hrsg.), *Chasing The Bounty*, S. 100. Sowohl die Zählung als auch die Zahl der Todesopfer sind hier widersprüchlich. Während der Schiffsarzt der *Pandora*, Dr. George Hamilton, schreibt, dass »fünfunddreißig Mann und vier Gefangene ertrunken waren«, schreibt Gavin Kennedy hingegen von »vierunddreißig Menschen, die beim Untergang [der *Pandora*] ertranken, darunter auch vier Gefangene«. Siehe: Captain Bligh und Dr. Hamilton, *Meuterei auf der Bounty/berichtet von Captain William Bligh. Die Piratenjagd der Pandora 1787–1792/Aufzeichnungen des Dr. George Hamilton*, S. 260 und Kennedy, *Bligh*, S. 157.

106 Morrison und Maxton (Hrsg.), *After the Bounty*, S. 121. Vgl. Kennedy, *Bligh*, S. 157.

107 Morrison und Maxton (Hrsg.), *After the Bounty*, S. 121.

108 Ebd., S. 124.

109 Ebd.

110 Ebd. Vgl. Kennedy, *Bligh*, S. 159.

111 Morrison und Maxton (Hrsg.), *After the Bounty*, S. 124 und S. 126.

112 Ebd., S. 126.

113 Ebd.

114 Captain Bligh und Dr. Hamilton, *Meuterei auf der Bounty/berichtet von Captain William Bligh. Die Piratenjagd der Pandora 1787–1792/Aufzeichnungen des Dr. George Hamilton*, S. 278.

115 Morrison und Maxton (Hrsg.), *After the Bounty*, S. 126. Vgl. Kennedy, *Bligh*, S. 159.

116 Morrison und Maxton (Hrsg.), *After the Bounty*, S. 127. Vgl. Alexander, *Die Bounty*, S. 48.
Dieses von James Morrison geschilderte Ereignis ist inhaltlich wider-

sprüchlich. Es mutet seltsam an, dass Kapitän Edwards die *Resolution* bei einer Auktion zum Verkauf anbot, um sie anschließend selbst zurückzukaufen, bevor er sie dem Gouverneur von Timor schenkte. Möglich ist, dass er dies tun musste, da sich der Schoner, nachdem er zum Begleitschiff der *Pandora* geworden war, offiziell im Besitz der britischen Krone befand. Widersprüchlich ist zudem die Aussage, dass Edwards einen Erlös aus dem Verkauf erhielt, obwohl er selbst der Käufer war. Diese Unstimmigkeiten werden im Bericht James Morrisons nicht erklärt.

117 Morrison und Maxton (Hrsg.), *After the Bounty*, S. 128 f. Vgl. Alexander, *Die Bounty*, S. 48. Eine Namensvariante des Schiffes lautet *Vreedenburg*. Vgl. Ebd.

118 Morrison und Maxton (Hrsg.), *After the Bounty*, S. 128 f. Vgl. Mackaness, *The Life of Vice-Admiral William Bligh*, S. 208 sowie Alexander, *Die Bounty*, S. 48 ff.

119 Morrison und Maxton (Hrsg.), *After the Bounty*, S. 129. Vgl. Kennedy, *Bligh*, S. 160 sowie Mackaness, *The Life of Vice-Admiral William Bligh*, S. 208.

120 Morrison und Maxton (Hrsg.), *After the Bounty*, S. 129.

121 Ebd., S. 130 sowie Captain Bligh und Dr. Hamilton, *Meuterei auf der Bounty/berichtet von Captain William Bligh. Die Piratenjagd der Pandora 1787–1792/Aufzeichnungen des Dr. George Hamilton*, S. 283. Vgl. Kennedy, *Bligh*, S. 161.

122 Vgl. Witt, *Die Bounty war sein Schicksal*, S. 121 sowie Alexander, *Die Bounty*, S. 289. Siehe dazu außerdem: Rutter, Owen (Hrsg.), *The Court-Martial of the »Bounty« Mutineers*, Glasgow und Edinburgh 1931 (Nachdruck Birmingham 1989), S. 45 und S. 199.

123 Vgl. Mackaness, *The Life of Vice-Admiral William Bligh*, S. 227 f.

124 Vgl. Ebd., S. 229.

125 Rutter (Hrsg.), *The Court-Martial of the »Bounty« Mutineers*, S. 52. Vgl. Alexander, *Die Bounty*, S. 23 und S. 337.

126 Ebd., S. 51.

127 Zitiert nach: Alexander, *Die Bounty*, S. 366.

128 Vgl. Ebd. Peter Heywood gab vor Gericht an, er sei während der Meuterei neutral geblieben, was jedoch nach dem damaligen Seerecht als Verbrechen gewertet wurde. Gleichwohl konnte ihm aber auch keine explizite Beteiligung an der Revolte an Bord der *Bounty* nachgewiesen werden. Dies führte dazu, dass sich Heywood in einer juristischen Grauzone bewegte. Dazu kam, dass seine Familie reich an Geld und Einfluss war und alles ihr mögliche tat, um den jungen Kadetten vor einer Verurteilung zum Tode zu bewahren. Der Bootsmannsmaat James Morrison befand sich in der gleichen juristischen Grauzone wie Heywood. Durch seine Bildung vermochte Morrison sich vor Gericht klug, mutig und eloquent selbst zu verteidigen. Er beteuerte, sich nicht aktiv an der Meuterei beteiligt zu haben. Seine Selbstverteidigung beeindruckte das Gericht und auch ihm

konnte letzten Endes keine klare Beteiligung an dem Aufstand nachgewiesen werden, weshalb in beiden Fällen vom König ein entscheidendes Urteil erbeten wurde. Vgl. Kennedy, *Bligh*, S. 170–175 sowie Witt, *Die Bounty war sein Schicksal*, S. 122 ff.

129 Vgl. Kennedy, *Bligh*, S. 174 f.

130 Urteilsspruch von Richter Samuel Lord Hood, verkündet am 18. September 1792. Rutter (Hrsg.), *The Court-Martial of the »Bounty« Mutineers*, S. 198.

131 Vgl. Alexander, *Die Bounty*, S. 10 und S. 386.

132 Vgl. Kennedy, *Bligh*, S. 174.

133 Vgl. Hough, *Captain Bligh And Mr. Christian*, S. 282.

134 Vgl. Kennedy, *Bligh*, S. 174.

135 Vgl. Alexander, *Die Bounty*, S. 386.

136 Vgl. Kennedy, *Bligh*, S. 242 f.

137 Carteret, Philip, *An Account of a Voyage round the World, in the Years MDCCLXVI, MDCCLXVII, MDCCLXVIII, and MDCCLXIX.* In: Hawkesworth, John (Hrsg.), *An Account of the Voyages undertaken by the order of His Present Majesty for making Discoveries in the Southern Hemisphere*. Vol. I, London 1773, S. 561. Volltext online verfügbar unter: https://archive.org/details/accountofvoyages01hawk/page/n421/mode/2up?view=theater (zuletzt aufgerufen am 16. Mai 2023). Vgl. Kennedy, *Bligh*, S. 243.

138 Vgl. Marks, Kathy, *Lost Paradise. From Mutiny on the Bounty to a Modern-Day Legacy of Sexual Mayhem, The Dark Secrets of Pitcairn Island*, New York, London, Toronto und Sydney 2009, S. 4.

139 Vgl. Kennedy, *Bligh*, S. 243, Marks, *Lost Paradise*, S. 4. Siehe außerdem: Carteret, *An Account of a Voyage round the World, in the Years MDCCLXVI, MDCCLXVII, MDCCLXVIII, and MDCCLXIX.* In: Hawkesworth, John (Hrsg.), *An Account of the Voyages undertaken by the order of His Present Majesty for making Discoveries in the Southern Hemisphere*. Vol. I, S. 561.

140 Vgl. Kennedy, *Bligh*, S. 243 f.

141 Vgl. Ebd. sowie Alexander, *Die Bounty*, S. 10.

142 Vgl. Kennedy, *Bligh*, S. 244.

143 Vgl. Witt, *Die Bounty war sein Schicksal*, S. 180 sowie Kennedy, *Bligh*, S. 244.

144 Vgl. Kennedy, *Bligh*, S. 243.

145 Vgl. Ebd., S. 244.

146 Vgl. Ebd., S. 245 sowie Witt, *Die Bounty war sein Schicksal*, S. 180 f.

147 Vgl. Witt, *Die Bounty war sein Schicksal*, S. 181 sowie Kennedy, *Bligh*, S. 245 f.

148 Vgl. Alexander, *Die Bounty*, S. 10.

149 Rutter, Owen (Hrsg.), *The Court-Martial of the »Bounty« Mutineers*, S. 38.

150 Vgl. Kennedy, *Bligh*, S. 247.

151 Vgl. Alexander, *Die Bounty*, S. 10 und S. 129.

152 Vgl. Kennedy, *Bligh*, S. 247 und Alexander, *Die Bounty*, S. 9 f. Oftmals wird John Adams Name auch als Alexander Smith, bisweilen auch als Jack

Adams angegeben. Siehe dazu die beiden Angaben in dieser Anmerkung sowie Hough, *Captain Bligh And Mr. Christian*, S. 265 und S. 67 ff.

153 Vgl. Kennedy, *Bligh*, S. 247.

154 Vgl. Ebd. sowie Hough, *Captain Bligh And Mr. Christian*, S. 267 f.

155 Vgl. Hough, *Captain Bligh And Mr. Christian*, S. 267 f.

156 Vgl. Ebd., S. 268f, Witt, *Die Bounty war sein Schicksal*, S. 181 und Alexander, *Die Bounty*, S. 483 und 486.

157 Vgl. dazu: Die offizielle Internetpräsenz des *Pitcairn Islands Study Center* https://library.puc.edu/pitcairn/pitcairn/index.shtml (zuletzt aufgerufen am 18. Mai 2023) sowie den WDR 5-Radio-Beitrag *ZeitZeichen September 1793 – Der Todestag von Fletcher Christian* aus dem Jahr 2013. Teil des Beitrags ist auch ein Telefon-Interview, das sein Autor Martin Herzog mit einer Nachfahrin Fletcher Christians auf Pitcairn führte. https://www1.wdr.de/radio/wdr5/sendungen/zeitzeichen/fletcher-christian-bounty-100.html (zuletzt aufgerufen am 18. Mai 2023).

## *1 Das Ordnen der Natur: Die wissenschaftlichen Entdeckungsfahrten der Royal Navy*

1 Vgl. Drayton, Richard, *Knowledge and Empire*. In: Marshall, P. J. (Hrsg.) und Alaine Low (Hrsg.), *The Oxford History of The British Empire, Vol. II. The Eighteenth Century*, Oxford 1998, S. 231–252, S. 231 f.

2 Ursprünglich hatten sich in der *Royal Society* regelmäßig einige »Naturphilosophen« getroffen und miteinander die Thesen Francis Bacons diskutiert. Aus diesen regelmäßigen Treffen ging dann wiederum das *Colledge for the Promoting of Physico-Mathematicall Experimentall Learning* hervor, eine Einrichtung, in der sich Gelehrte trafen, Experimente durchführten und naturkundliche Themen besprachen. Unter König Charles II. und dessen Patronage wurde aus dieser Einrichtung schließlich die *Royal Society of London for Improving Natural Knowledge*. 1662 wurde ihr die Druckerlaubnis erteilt, woraufhin eine stetig wachsende Zahl von wissenschaftlichen Veröffentlichungen folgte. Unter ihrem Präsidenten Joseph Banks, der die *Royal Society* von 1778 bis zu seinem Tod 1820 leitete, waren ihre Mitglieder eine Mischung aus ausgebildeten Naturwissenschaftlern und reichen Hobby-Naturwissenschaftlern. Vgl. Angster, *Erdbeeren und Piraten*, S. 89.

3 Boyle, Robert, *The Usefulness of Experimental Natural Philosophy* (1663; Oxford 1664), S. 44. Zitiert nach: Drayton, *Knowledge and Empire*, S. 233.

4 Vgl. Boyle, Robert, *General Heads for the Natural History of a Country, Great or Small: Drawn out for the Uses of Travellers and Navigators, Transactions of the Royal Society, I* (1666), S. 186–189, S. 315 f. sowie S. 330–343. Zitiert nach: Ebd.

5 Vgl. Ebd.

6 Vgl. Ebd., Rahner, Karl (Hrsg.), *Herders Theologisches Taschenlexikon in acht Bänden.* Band 5, Basel, Freiburg und Wien 1973, S. 169–177 sowie Hauck, Friedrich und Schwinge, Gerhard, *Theologisches Fach- und Fremdwörterbuch* (7., erneut durchgesehene und ergänzte Auflage), Göttingen 1992, S. 138.

7 *Die Bibel. Einheitsübersetzung*, Freiburg im Breisgau 1980, S. 1264.

8 Vgl. Drayton, *Knowledge and Empire*, S. 233.

9 *Die Bibel. Einheitsübersetzung*, S. 5.

10 Vgl. Angster, *Erdbeeren und Piraten*, S. 145 sowie Angster, Julia, *Entgrenzung und Einhegung. Die Erkundungsfahrten der Royal Navy im 18. und 19. Jahrhundert*, S. 107. In: Hannig, Nicolai und Kümper, Hiram, *Abenteuer. Zur Geschichte eines paradoxen Bedürfnisses*, Paderborn 2015, S. 105–126.

11 Vgl. Drayton, *Knowledge and Empire*, S. 231.

12 Vgl. Cook, Lieutenant James, *The Journal of H. M. S. Endeavour 1768-1771*, Guildford 1977, S. 18.

13 Vgl. Black, Jeremy, *George III. America's Last King*, New Haven und London 2008, S. 331.

14 Vgl. Angster, *Erdbeeren und Piraten*, S. 146 und S. 148.

15 Vgl. Angster, *Erdbeeren und Piraten*, S. 170 f. und S. 175.

16 Vgl. Ebd., S. 179.

17 Vgl. Peattie, Donald Culross, *Cargoes And Harvests,* New York 1926 (Neudruck San Antonio 2013), S. 1.

### *2 Niederländisches Knowhow und eine reiche spanische Witwe: Zuckerrohr-Anbau im karibischen Raum und auf Jamaika*

1 Vgl. Black, Clinton V., *The Story of Jamaica. From prehistory to the present*, London 1973, S. 89 sowie Wirz, Albert, *Sklaverei und kapitalistisches Weltsystem,* Frankfurt am Main 1984, S. 93.

2 Vgl. Meissner, Jochen, Mücke, Ulrich und Weber, Klaus, *Schwarzes Amerika. Eine Geschichte der Sklaverei*, München 2008, S. 35.

3 Vgl. Black, *The Story of Jamaica*, S. 89. Meissner, Mücke und Weber halten sowohl Südost-Asien als auch die Pazifikinseln als ursprüngliche Heimatregion der Zuckerrohrpflanze für möglich. Vgl. Meissner, Mücke und Weber, *Schwarzes Amerika,* S. 35.

4 Vgl. Black, *The Story of Jamaica*, S. 89 f.

5 Das *Western Design* war ein Plan der Engländer unter Oliver Cromwell (1599–1658) zur Erschließung der westlichen Erdhalbkugel. In Bezug auf die Eroberung Jamaikas im Rahmen des *Western Design* siehe: Black, *The Story of Jamaica*, S. 42–45, Sheridan, Richard B., *The Formation of Caribbean Plantation Society, 1689–1748*. In: Marshall (Hrsg.) und Low (Hrsg.), *The*

*Oxford History of The British Empire, Vol. II. The Eighteenth Century*, S. 394–414, S. 395 f. sowie Mintz, Sidney W., *Die süße Macht. Kulturgeschichte des Zuckers*, Frankfurt am Main 2007, S. 66.
6 Vgl. Black, *The Story of Jamaica,* S. 90.
7 Vgl. Mintz, *Die süße Macht*, S. 67.
8 Vgl. Wirz, *Sklaverei und kapitalistisches Weltsystem*, S. 95.
9 Vgl. Black, *The Story of Jamaica,* S. 90. Zum kapitalistischen System der Sklaverei auf Barbados siehe außerdem: Beckert, Sven, *Das Barbados-Prinzip*. In: *Die Zeit* No. 3, 14. Januar 2021.
10 Vgl. Black, *The Story of Jamaica*, S. 90 und Mintz, Sidney W., *Die süße Macht*, S. 67.
11 Vgl. Black, *The Story of Jamaica*, S. 90.
12 Vgl. Wirz, *Sklaverei und kapitalistisches Weltsystem*, S. 93.
13 Vgl. Black, *The Story of Jamaica*, S. 90.
14 Vgl. Curtin, Philip D., *Two Jamaicas. The Role of Ideas in a Tropical Colony 1830–1865,* Cambridge 1955, S. 4.
15 Kuczynski, R. R., *Population Movements*, Oxford 1936, S. 12. Zitiert nach: Curtin, Philip D. *The Atlantic Slave Trade. A Census*, Madison, Milwaukee und London 1970, S. 5.
16 Vgl. Meissner, Mücke und Weber, *Schwarzes Amerika*, S. 47.
17 Vgl. Davidson, Basil, *Black Mother. A study of the precolonial connection between Africa and Europe*, London 1970, S. 88.
18 Vgl. Meissner, Mücke und Weber, *Schwarzes Amerika*, S. 47.
19 Vgl. Curtin, *The Atlantic Slave Trade*, S. 158 ff.
20 Vgl. Waldschmidt-Nelson, Britta, *Malcolm X. Der schwarze Revolutionär. Eine Biographie*, München 2015, S. 20.
21 *Die Bibel. Einheitsübersetzung*, S. 12 f.
22 Vgl. Waldschmidt-Nelson, *Malcolm X*, S. 21.

## *3 Zucker, Stockfisch und gepökeltes Rindfleisch: Der Alltag der Sklavinnen und Sklaven – und die Brotfrucht als Manna aus der Südsee*

1 Vgl. Wirz, *Sklaverei und kapitalistisches Weltsystem*, S. 106 f.
2 Vgl. Ebd., S. 107.
3 Pares, Richard, *Merchants and planters*. In: *Economic History Review Supplement*, No. 4, Cambridge 1960, S. 22. Zitiert nach: Ebd.
4 Vgl. Wirz, *Sklaverei und kapitalistisches Weltsystem*, S. 107 ff.
5 Vgl. Pope-Hennessy, James, *Geschäft mit schwarzer Haut. Die Geschichte des transatlantischen Sklavenhandels*, Wien, München und Zürich 1970, S. 178.
6 Vgl. Ebd.

7 Vgl. Wirz, *Sklaverei und kapitalistisches Weltsystem*, S. 108 f.

8 Vgl. Patterson, P. und Carnegie, J., *The People Who Came, Book 2*, London 1985, S. 96 f. Zitiert nach: Kramer, Jürgen, *The British Empire. Aspects of its Economic, Social and Political History, Volume I: 1485–1807*, Bielefeld 1988, S. 106 und 108.

9 Vgl. Sheridan, *The Formation of Caribbean Plantation Society, 1689–1748*, S. 395.

10 Vgl. Wirz, *Sklaverei und kapitalistisches Weltsystem*, S. 110.

11 Vgl. Bitterli, Urs, *Die ›Wilden‹ und die ›Zivilisierten‹. Grundzüge einer Geistes- und Kulturgeschichte der europäisch-überseeischen Begegnung* (zweite und erweiterte Auflage), München 1991, S. 152.

12 Vgl. Wirz, *Sklaverei und kapitalistisches Weltsystem*, S. 110.

13 Vgl. Ebd., S. 111 f.

14 Vgl. Ebd., S. 112.

15 Vgl. Ebd.

16 Vgl. Hough, *Captain Bligh And Mr. Christian*, S. 61.

17 Dampier, William, *Voyage round the world, performed in 1688.* Zitiert nach: Ebd. Da Richard Hough keine genaue Literaturangabe von William Dampiers Buch macht und mir keine Ausgabe von Dampiers Buch vorliegt, verweise ich hier auf Houghs Buch, nach dem ich Dampier zitiere.

18 Vgl. Angster, *Erdbeeren und Piraten*, S. 180.

19 Vgl. Ebd., S. 180f, Powell, Dulcie, *The Voyage of the Plant Nursery, H. M. S. Providence, 1791–1793*, Kingston 1973, S. 8 sowie Paulmann, Johannes, *Macht-Raum: Die Geschichte(n) von der Meuterei auf der Bounty*. In: *Ritual-Macht-Natur: europäische-ozeanische Beziehungswelten in der Neuzeit*, Bremen 2005, S. 57–78, S. 75.

20 Vgl. Angster, *Erdbeeren und Piraten*, S. 181.

## *4 Edle Wilde oder einfältige Barbaren: Die Wahrnehmung Tahitis im Europa der Aufklärung*

1 Vgl. Heermann, Ingrid, *Mythos Tahiti. Südsee – Traum und Realität*, Berlin 1987, S. 10.

2 Vgl. Columbus, Christoph, *Schiffstagebuch*, Leipzig 1983, S. 51.
Das Bordbuch widmete und überreichte der Portugiese dem spanischen Königspaar Ferdinand und Isabella. Eine Kopie davon bekam auch Kolumbus selbst. Diese beiden Exemplare gelten heute als verschollen. Erhalten geblieben ist allerdings eine Abschrift, die der Dominikanermönch Bartholomé de las Casas für seine *Historia de las Indias* anfertigte, um sie dafür zu verwenden (einen Großteil schrieb der Mönch wortgetreu von Kolumbus ab, einen kleineren fasste de las Casas in indirekter Rede

zusammen). De las Casas' Kopie liegt auch der Ausgabe des Bordbuches zugrunde, die ich verwende. Vgl. Ebd., S. 168 und Venzke, Andreas, *Christoph Kolumbus*, Reinbek bei Hamburg 1992, S. 57.

3 Vgl. Heermann, *Mythos Tahiti. Südsee - Traum und Realität*, S. 10.

4 Vgl. Bitterli, *Die ›Wilden‹ und die ›Zivilisierten‹*, S. 86.

5 Montaigne, Michel de, *Die Essais*, Leipzig 1953, S. 87f.

6 Vgl. Prinz, Alois, *Die Lebensgeschichte des Georg Forster*, Frankfurt am Main und Leipzig 2008, S. 73f. sowie Iselin, Isaak, Henny, Sundar (Hrsg.), *Gesammelte Schriften Bd. 4: Geschichte der Menschheit*, Basel 2018, S. XVII.

7 Ebd., S. 76.

8 Vgl. Heermann, *Mythos Tahiti. Südsee - Traum und Realität*, S. 12.

9 Iselin und Henny (Hrsg.), *Gesammelte Schriften Bd. 4: Geschichte der Menschheit*, S. 76.

10 Vgl. Prinz, *Die Lebensgeschichte des Georg Forster*, S. 74.

11 Vgl. Ebd.

12 Rousseau, Jean-Jacques, *Abhandlung über den Ursprung und die Grundlagen der Ungleichheit unter den Menschen*, Stuttgart 1998, S. 37.

13 Vgl. Epple, Angelika und Erhart, Walter, *Die Welt beobachten - Praktiken des Vergleichens*. In: Epple, Angelika und Erhart, Walter, *Die Welt beobachten. Praktiken des Vergleichens*, Frankfurt und New York 2015, S. 7–35, S. 7.

14 Vgl. Angster, *Erdbeeren und Piraten,* S. 194f.

15 Vgl. Epple und Erhart, *Die Welt beobachten - Praktiken des Vergleichens*, S. 11. In Bezug auf den Begriff der »globalen Komparatistik« verweisen Epple und Erhart auf: Lubrich, Oliver, *Reiseliteratur als Experiment. Alexander von Humboldts ›Ansichten des Kordilleren und Monumente der eingeborenen Völker Amerikas‹ (1810–1813)*. In: *Zeitschrift für Germanistik*, Jg. 24, H. 1 2014, S. 36–54.

16 Vgl. Angster, *Erdbeeren und Piraten,* S. 195.

17 Vgl. Vorpahl, *Aufbruch im Licht der Sterne*, S. 22ff, Dening, Greg, *Mr. Bligh's Bad Language. Passion, Power and Theatre on the Bounty,* Oakleigh Victoria 1992 S. 191ff sowie Angster, *Erdbeeren und Piraten,* S. 195f.

18 Vgl. Angster, *Erdbeeren und Piraten*, S. 196.

19 Die Anweisungen der Admiralität für James Cook vom 25. Juni 1772. Zitiert nach: Cook, Captain James, *The Journal of H. M. S. Resolution 1772–1775*, Guildford 1981, S. 15.

20 De Bougainville, Louis-Antoine und Popp, Klaus-Georg (Hrsg.), *Reise um die Welt*, Berlin 1977, Klappentext.

21 Auch James Cook war offenbar von de Bougainvilles Reisebericht nachhaltig beeindruckt. Auf seiner zweiten Reise schrieb er 1773, während er den Pazifik besegelte: »Ich halte Bougainvilles Buch für die nützlichste und auch unterhaltendste Beschreibung einer Reise durch dieses Meer, die bis jetzt erschienen ist.« Zitiert nach: Ebd., S. 403. Der Ethnologe, Naturforscher und Übersetzer Georg Forster (1754–1794), der, zusammen mit

seinem Vater Reinhold, James Cook auf dessen zweiter Reise begleitete, fand, »dass Herr von Bougainville nicht zu weit gegangen sei, wenn er dies Land als ein Paradies beschrieb«. Zitiert nach: Prinz, *Die Lebensgeschichte des Georg Forster*, S. 83.

22 De Bougainville und Popp (Hrsg.), *Reise um die Welt*, S. 203.

23 Vgl. Alexander, *Die Bounty*, S. 164.

24 Vgl. Ebd., S. 159.

25 Vgl. Williams, Glyn, *Naturalists at Sea. Scientific Travellers from Dampier to Darwin,* New Haven und London 2013, S. 58–65.

26 Brief von Philibert Commerson an Jérôme Lalande. Abgedruckt im November 1769 in der Pariser Zeitschrift *Mercure de France*, S. 197–207. Zitiert nach: De Bougainville und Popp (Hrsg.), *Reise um die Welt*, S. 365 f. sowie S. 372.

27 Vgl. Vorpahl, *Aufbruch im Licht der Sterne*, S. 31.

28 Vgl. Ebd.

29 Vgl. Ebd.

30 Dampier, *Voyage round the world, performed in 1688.* Zitiert nach: Bligh, William, *Mutiny on the Bounty*, Vercelli 2006, S. 262 f. Da es in dieser Ausgabe von William Blighs Logbuch von der Reise der *Bounty* keine genaue Literaturangabe von William Dampiers Buch gibt und mir keine Ausgabe von Dampiers Buch vorliegt, verweise ich hier auf diese Ausgabe von Blighs Bericht, nach der ich Dampier zitiere.

31 Vgl. Angster, *Erdbeeren und Piraten,* S. 179 f.

## *5 »Unter guten Geistern oder den Teufeln der Hölle«: Die Welt der Schiffe*

1 Vgl. Rodger, N. A. M., *The Wooden World. An Anatomy of the Georgian Navy*, New York und London 1996, S. 15.

2 Vgl. Ebd., S. 37.

3 Bellamy, R. R. (Hrsg.), *Ramblin' Jack. The Journal of Captain John Cremer, 1700–1774*, London 1936, S. 40 und S. 43. Zitiert nach: Ebd.

4 Vgl. Angster, *Erdbeeren und Piraten*, S. 29 f.

5 Vgl. Ebd., S. 30.

6 Vgl. Ebd., S. 31 sowie Rodger, *The Wooden World*, S. 20.

7 Vgl. Angster, *Erdbeeren und Piraten,* S. 31 sowie Rodger, *The Wooden World*, S. 20–23.

8 Vgl. Lloyd, Christopher, *The British Seaman 1200–1860. A Social Survey,* London 1970, S. 218.

9 Vgl. Rodger, *The Wooden World,* S. 21 ff.

10 Vgl. Lloyd, *The British Seaman 1200–1860,* S. 213.

11 Vgl. Rodger, *The Wooden World*, S. 20.
12 Vgl. Toohey, John, *Captain Bligh's Portable Nightmare. An Adventure*, Potts Point 1998, S. 18.
13 Vgl. Rodger, *The Wooden World*, S. 20.
14 Vgl. Ebd., S. 36.
15 Vgl. Angster, *Erdbeeren und Piraten*, S. 31.
16 Vgl. Rodger, *The Wooden World*, S. 26.
17 Vgl. Angster, *Erdbeeren und Piraten*, S. 31.
18 Vgl. Rodger, *The Wooden World*, S. 25.
19 Vgl. Angster, *Erdbeeren und Piraten*, S. 31 sowie Rodger N. A. M., *The Command of the Ocean. A Naval History of Britain 1649–1815*, London 2004, S. 756.
20 Vgl. Rodger, *The Wooden World*, S. 26.
21 Vgl. Angster, *Erdbeeren und Piraten*, S. 32.
22 Vgl. Rodger, *The Wooden World*, S. 39 sowie Angster, *Erdbeeren und Piraten*, S. 33.
23 Vgl. Angster, *Erdbeeren und Piraten*, S. 33 f.
24 Vgl. Rodger, *The Wooden World*, S. 39 f.
25 Vgl. Ebd., S. 39.
26 Vgl. Ebd., S. 40.
27 Vgl. Lloyd, *The British Seaman 1200–1860*, S. 215.
28 Vgl. Angster, *Erdbeeren und Piraten*, S. 34.
29 Vgl. Ebd.
30 Vgl. Lloyd, *The British Seaman 1200–1860*, S. 215.
31 Vgl. Angster, *Erdbeeren und Piraten*, S. 34.
32 Vgl. Alexander, *Die Bounty*, S. 126.
33 Zitiert nach: Ebd.
34 Vgl. Alexander, *Die Bounty*, S. 123 und S. 126.
35 Vgl. Lloyd, *The British Seaman 1200–1860*, S. 216.
36 Vgl. Angster, *Erdbeeren und Piraten*, S. 34.
37 Vgl. Lloyd, *The British Seaman 1200–1860*, S. 216.
38 Vgl. Angster, *Erdbeeren und Piraten*, S. 34.
39 Vgl. Bitterli, *Die ›Wilden‹ und die ›Zivilisierten‹*, S. 23.
40 Vgl. Angster, *Erdbeeren und Piraten*, S. 34.
41 Vgl. Rodger, *The Wooden World*, S. 41.
42 Vgl. Ebd., S. 27.
43 Vgl. Wilson, Ben, *Empire Of The Deep. The Rise And Fall Of The British Navy*, London 2013, S. 390.
44 Vgl. Rediker, Marcus, *Between The Devil And The Deep Blue Sea. Merchant Seamen, Pirates, And The Anglo-American Maritime World 1700–1750*, New York, New Rochelle, Melbourne und Sydney 1987, S. 206.
45 Vgl. Angster, *Erdbeeren und Piraten*, S. 34.

46 Vgl. Elias, Norbert und Korte, Hermann (Hrsg.), *Seeleute und Gentlemen*, Wiesbaden 2015, S. 33.

47 Vgl. Angster, *Erdbeeren und Piraten*, S. 34.

48 Die englische Redewendung *to learn the ropes* ist ein informeller Ausdruck, der gebraucht wird, wenn es darum geht, bestimmte Fähigkeiten zu erlernen, die spezifisch für eine fachliche Arbeit oder einen Beruf sind. Eng mit diesem Ausdruck verwandt ist der umgangssprachliche Ausdruck *to know the ropes*, wenn jemand bestimmte Fertigkeiten erlernt hat, die zur Ausübung eines spezifischen Berufes oder einer fachlichen Arbeit nötig sind. Vgl. *Oxford Advanced Learner's Dictionary* (Sixth edition), Oxford 2000, S. 1112 sowie *Collins Pocket English Dictionary*, London und Glasgow 1981, S. 728.

49 Vgl. Angster, *Erdbeeren und Piraten*, S. 34 f.

50 Vgl. Elias und Korte (Hrsg.), *Seeleute und Gentlemen*, S. 33 f.

51 Vgl. Angster, *Erdbeeren und Piraten*, S. 32.

52 Vgl. MacDonald, Janet, *Feeding Nelson's Navy. The True Story of Food at Sea in the Georgian Era*, Barnsley 2014, S. 7.

53 Vgl. Angster, *Erdbeeren und Piraten*, S. 32.

54 Vgl. Rutter, *Turbulent Journey*, S. 21.

55 Vgl. Angster, *Erdbeeren und Piraten*, S. 32 sowie Rutter, *Turbulent Journey*, S. 21.

56 Vgl. Rutter, *Turbulent Journey*, S. 21.

57 Vgl. *Oxford Advanced Learner's Dictionary* (Sixth edition), S. 957.

58 Vgl. Angster, *Erdbeeren und Piraten*, S. 32.

59 Vgl. Lloyd, *The British Seaman 1200-1860*, S. 233. Ähnliches berichtet auch Jack Nastyface, der als Matrose zwischen 1805 und 1811 zur See fuhr, in seinen Memoiren. Siehe hierzu: Baynham, Henry, *From the Lower Deck. The Old Navy 1780-1840*, London 1972, Inhaltsverzeichnis sowie S. 68.

60 Vgl. Rutter, *Turbulent Journey*, S. 21 sowie Lloyd, *The British Seaman 1200-1860*, S. 232 f.

61 Vgl. Foede, Petra, *Wie Bismarck auf den Hering kam. Kulinarische Legenden*, Zürich 2009, S. 97 f.

62 Vgl. *Oxford Advanced Learner's Dictionary* (Sixth edition), S. 527.

63 Vgl. Angster, *Erdbeeren und Piraten*, S. 32 sowie Lloyd, *The British Seaman 1200-1860*, S. 231.

64 Vgl. Lloyd, *The British Seaman 1200-1860*, S. 231.

65 Vgl. Angster, *Erdbeeren und Piraten*, S. 32.

66 Captain Bligh und Dr. Hamilton, *Meuterei auf der Bounty/berichtet von Captain William Bligh. Die Piratenjagd der Pandora 1787-1792/Aufzeichnungen des Dr. George Hamilton*, S. 37.

67 Vgl. Hough, *Captain Bligh And Mister Christian*, S. 72.

68 Zitiert nach: Rediker, *Between The Devil And The Deep Blue Sea*, S. 223. Da

Rediker keinen Quellen- oder Literaturnachweis für diese Episode angibt, verweise ich hier auf Redikers Buch.

69 Vgl. MacDonald, *Feeding Nelson's Navy,* S. 109 und S. 111 f.

70 Vgl. Ebd., S. 121 f.

71 Vgl. Angster, *Erdbeeren und Piraten*, S. 33.

72 Vgl. Rodger, *The Wooden World*, S. 60.

73 Vgl. Angster, *Erdbeeren und Piraten*, S. 33. Siehe auch: Rodger, *The Wooden World*, S. 61.

74 Vgl. Rodger, *The Wooden World*, S. 61 f.

75 Vgl. *Stowasser Lateinisch-deutsches Schulwörterbuch*, München 1998, S. 160.

76 Vgl. Rodger, *The Wooden World*, S S. 205.

77 Vgl. Angster, *Erdbeeren und Piraten*, S. 43.

78 Vgl. Dening, *Mr. Bligh's Bad Language*, S. 148.

79 Vgl. Angster, *Erdbeeren und Piraten*, S. 44.

80 Vgl. Rodger, *The Wooden World*, S. 218.

81 Vgl. Dening, *Mr. Bligh's Bad Language*, S. 148f sowie Angster, Julia, *Erdbeeren und Piraten*, S. 44 f.

82 Vgl. Colvill, Quintin (Hrsg.) und Davey, James (Hrsg.), *Nelson Navy & Nation. The Royal Navy & The British People 1688–1815*, London 2013, S. 119ff, Rodger, *The Command of the Ocean*, 265ff sowie Angster, *Erdbeeren und Piraten*, S. 45.

83 Voltaire, *Candid oder Die Beste der Welten*, Stuttgart 2014, S. 110.

84 Ebd., S. 78. Siehe dazu außerdem: Dening, *Mr. Bligh's Bad Language*, S. 149.

85 Vgl. Rodger, *The Wooden World*, S. 218.

86 Vgl. Morrison und Maxton (Hrsg.), *After the Bounty*, S. 20.

87 Vgl. Rediker, *Between The Devil And The Deep Blue Sea*, S. 222.

88 Vgl. Stingl, Nikolaus (Hrsg.), *Der wahre Robinson oder Das Walten der Vorsehung. Leben und Abenteuer des Alexander Selkirk*, Nördlingen 1980, S. 9ff., 95 f. sowie S. 266. Siehe dazu außerdem: Postma, Heiko, *Projektmacher und Geheimagent, Publizist und Romancier. Über das wechselvolle Leben und Schreiben von Daniel Defoe (1660–1731)*, Hannover 2010, S. 35 f.

89 Vgl. Rediker, *Between The Devil And The Deep Blue Sea*, S. 225 f.

90 Nastyface, *Nauctical Economy or Forecastle Recollections of Events during the last war*. Zitiert nach: Baynham, *From the Lower Deck*, S. 89.

91 Grose, Francis, *The Vulgar Tongue. Bukish Slang and Pickpocket Eloquence.* Nachdruck Chichester 2004, S. 60.

92 Nastyface, *Nauctical Economy or Forecastle Recollections of Events during the last war*. Zitiert nach: Baynham, *From the Lower Deck*, S. 89.

93 Captain Bligh und Dr. Hamilton, *Meuterei auf der Bounty/berichtet von Captain William Bligh. Die Piratenjagd der Pandora 1787–1792/Aufzeichnungen des Dr. George Hamilton*, S. 35.

94 Vgl. Nastyface, *Nauctical Economy or Forecastle Recollections of Events during the last war*. Zitiert nach: Baynham, *From the Lower Deck*, S. 88 f.

95 Vgl. Angster, *Erdbeeren und Piraten*, S. 45.

96 Baynham, *From the Lower Deck*, Inhaltsverzeichnis.

97 Nicol, John, *His service in King's Ships in War and Peace*. Zitiert nach: Ebd., S. 50.

98 Vgl. Rodger, *The Wooden World*, S. 228 f.

## 6 *Ein* Global Player *seiner Zeit: Die Royal Navy als Macht an Land und auf See*

1 Vgl. Angster, *Erdbeeren und Piraten*, S. 49.

2 Vgl. Ebd., S. 50.

3 Vgl. Brice, Martin H., *Royal Navy Handbook*, London 1985, S. 11.

4 Vgl. Angster, *Erdbeeren und Piraten*, S. 50f und S. 54.

5 Vgl. Ebd., S. 51 f.

6 Vgl. Rodger, *The Wooden World*, S. 29.

7 Vgl. Angster, *Erdbeeren und Piraten*, S. 52 f.

8 Vgl. Rodger, *The Wooden World*, S. 33 f.

9 Vgl. Angster, *Erdbeeren und Piraten*, S. 53.

10 Vgl. Ebd., S. 53ff sowie Rodger, *The Wooden World*, S. 33–36.

## *7 Geiz, Desinteresse und ein zu kleines Schiff: Die Planung der Reise der Bounty*

1 Vgl. Angster, *Erdbeeren und Piraten*, S. 68 und S. 70, sowie O'Brian, Patrick, *Joseph Banks. A Life*, London 1997, S. 77 und S. 232 f.

2 Vgl. Williams, *Naturalists at Sea*, S. 80.

3 Vgl. Duyker, Edward, *Nature's Argonaut: Daniel Solander 1733–1782*, Melbourne 1988, S. 153. Zitiert nach: Ebd., S. 81.
Zu der Zusammenarbeit zwischen Joseph Bank und Daniel Solander auf dieser ersten Reise siehe außerdem: Gascoigne, John, *Banks And Solander. A Linnaean Partnership*. In: Curby, Pauline (Hrsg.), *East Coast Encounters 1770. Reflections on a cultural clash*, Sutherland NSW o. J., S. 43–50.

4 Vgl. Angster, *Erdbeeren und Piraten*, S. 68 und S. 90. Zur Bedeutung Joseph Banks' als Botaniker und zur Verbindung zwischen ihm und der britischen Regierung siehe: Drayton, Richard, *Nature's Government. Science, Imperial Britain, and the ›Improvement‹ of the World*, London und New Haven 2000, S. 94 ff.

5 Vgl. O'Brian, Patrick, *Joseph Banks*, S. 232.

6 Vgl. Alexander, *Die Bounty*, S. 60.

7 Vgl. Salmond, Anne, *Bligh. William Bligh in the South Seas*, Berkeley, Los Angeles und London 2011, S. 109 f.
8 Vgl. Alexander, *Die Bounty*, S. 61.
9 Vgl. Preston, Diana, *Paradise in Chains. The Bounty Mutiny and the Founding of Australia*, New York und London 2017 S. 51.
10 Vgl. O'Brian, *Joseph Banks*, S. 232.
11 Brief Joseph Banks' an Charles Jenkinson, 1st Baron Hawkesbury and 1st Earl of Liverpool vom 30. März 1787. Zitiert nach: Chambers, Neil (Hrsg.). *The Indian and Pacific Correspondence of Sir Joseph Banks, 1768–1820. Volume 2 The Letters 1783–1789*, London 2009, S. 171 f.
12 Vgl. Salmond, *Bligh*, S. 110.
13 Brief Joseph Banks' an Charles Jenkinson, 1st Baron Hawkesbury and 1st Earl of Liverpool vom 30. März 1787. Zitiert nach: Chambers, (Hrsg.). *The Indian and Pacific Correspondence of Sir Joseph Banks, 1768–1820. Volume 2 The Letters 1783–1789,* S. 171 f.
14 Ebd. Zitiert nach: Ebd. Die Inseln über dem Winde bezeichnen einen Teil der Kleinen Antillen und umfassen den 800 Kilometer großen Inselbogen, der sich von den Jungferninseln bis nach Trinidad erstreckt. Vgl. *Das Lexikon mit dem Besten aus der ZEIT in 20 Bänden*, Hamburg und Mannheim 2005. Band 07, S. 83.
15 Brief Joseph Banks' an Charles Jenkinson, 1st Baron Hawkesbury and 1st Earl of Liverpool vom 30. März 1787. Zitiert nach: Chambers (Hrsg.). *The Indian and Pacific Correspondence of Sir Joseph Banks, 1768–1820. Volume 2 The Letters 1783–1789*, S. 171 f.
16 Vgl. Angster, *Erdbeeren und Piraten*, S. 68.
17 Die sogenannte »Kiellegung« markiert den Baubeginn eines Schiffes.
18 Vgl. McKay, John, *Bounty*, Bielefeld 1994, S. 6f sowie Rutter, Owen, *Turbulent Journey*, S. 78.
19 Vgl. Alexander, *Die Bounty*, S. 68 f.
20 Vgl. Mundle, Rob, *Bligh. Master Mariner*, Barnsley 2012, S. 56.
21 Beaglehole, J. C. *The Life of Captain James Cook*, Stanford 1974, S. 498.
22 Vgl. Mackaness, *The Life of Vice-Admiral William Bligh*, S. 10 sowie Alexander, Caroline, *The Bounty*, S. 44, S. 46, S. 48 sowie Brunton, *Awake, Bold Bligh!*, S. 9.
23 Vgl. Mackaness, *The Life of Vice-Admiral William Bligh*, S. 37, Mundle, *Bligh*, S. 55f sowie Preston, *Paradise in Chains*, S. 51.
24 Brief von Duncan Campbell an Dugald Campbell vom 30. August 1787. Zitiert nach: Mackaness, *The Life of Vice-Admiral William Bligh*, S. 37.
25 Brief von William Bligh an Joseph Banks vom 6. August 1787. Aus der Sammlung *Papers re William Bligh, 1787–1805*, Series 45–58, Mikrofilm-Rolle CY 3004. Mitchell Library an der State Library of New South Wales, Sydney.

26 Vgl. Angster, *Erdbeeren und Piraten*, S. 68.

27 Brief von Joseph Banks an Charles Jenkinson, 1[st] Baron Hawkesbury and 1[st] Earl of Liverpool vom 30. März 1787. Zitiert nach: Chambers (Hrsg.). *The Indian and Pacific Correspondence of Sir Joseph Banks, 1768-1820. Volume 2 The Letters 1783-1789*, S. 171 f.

28 Brief von Joseph Banks an David Nelson vom 20. August 1787 mit den Instruktionen für die Reise der *Bounty*. Zitiert nach: Chambers (Hrsg.). *The Indian and Pacific Correspondence of Sir Joseph Banks, 1768-1820. Volume 2 The Letters 1783-1789*, S. 224-227.

29 Vgl. Angster, *Erdbeeren und Piraten*, S. 171 f. Zur Bedeutung der Botanischen Gärten in Kew für die britische Krone und als Hort für exotische Pflanzen sowie zur Funktion der Botanischen Gärten in Übersee für die Erforschung und Nutzbarmachung von Pflanzen im Sinne der britischen Machtpolitik siehe zudem: Drayton, *Nature's Government*; S. 43-49, S. 59-78 sowie S. 86 f.

30 Brief von Thomas Townshend an Joseph Banks vom 15. August 1787. In: Chambers (Hrsg.), *The Indian and Pacific Correspondence of Sir Joseph Banks, 1768-1820. Volume 2*, S. 223.

31 Brief von Lord Sydney an William Bligh vom 5. Mai 1787. In: Kennedy, *Bligh*, S. 17 f. Siehe dazu auch die Anweisungen der Commissioners for executing the office of Lord High Admiral of Great Britain and Ireland an William Bligh vom 20. November 1787. In: Bligh, *A Voyage To The South Sea* (Faksimile-Ausgabe), S. 5-8.

32 Vgl. Alexander, *Die Bounty*, S. 70 f.

33 Vgl. Ebd., S. 71.

34 Vgl. Paulmann, *Macht-Raum*, S. 71, Salmond, *Bligh*, S. 112 f. sowie Woodward, Christopher, *Captain Bligh's tomb*, S. 20. In: *Journal Of The Australian Garden History Society*, Vol. 27 Nr. 4, o. O. April 2016, S. 18 ff.

35 Vgl. Alexander, *Die Bounty*, S. 71.

36 Vgl. McKay, *Bounty*, S. 7.

37 Brief von William Bligh an Joseph Banks vom 15. September 1787. Zitiert nach: Chambers (Hrsg.), *The Indian and Pacific Correspondence of Sir Joseph Banks, 1768-1820 Volume 2*, S. 250.

38 Vgl. Alexander, *Die Bounty*, S. 71.

39 Vgl. McKay, *Bounty*, S. 8.

40 Vgl. Alexander, *Die Bounty*, S. 92f sowie Kennedy, *Bligh*, S. 22.

41 Kennedy, *Bligh*, S. 20.

42 Vgl. Ebd., S. 21, S. 27f sowie Alexander, *Die Bounty*, S. 12.

43 Vgl. Kennedy, *Bligh*, S. 21.

44 Vgl. Humble, *Captain Bligh*, S. 56, Hough, *Captain Bligh And Mister Christian*, S. 65 sowie McKinney, Sam, *Bligh. A True Account of Mutiny Aboard His Majesty's Ship Bounty*, Camden 1989, S. 20.

45 Vgl. Kennedy, *Bligh*, S. 21.
46 Vgl. Ebd. sowie Alexander, *Die Bounty*, S. 94 f.
47 Brief Lord Selkirks an Joseph Banks vom 14. September 1787. Zitiert nach: Kennedy, *Bligh*, S. 21.
48 Bligh schrieb am 5. November 1787, am 6., 10. und noch einmal am 12. Dezember 1787 an Banks und thematisierte die Beförderung. Vgl. Ebd., S. 22.
49 Vgl. Hough, *Captain Bligh And Mister Christian*, S. 67.
50 Vgl. Mackaness, *The Life of Vice-Admiral William Bligh*, S. 37.
51 Vgl. Kemp (Hrsg.), *The Oxford Companion to Ships and the Sea*, S. 824.
52 Vgl. Alexander, *Die Bounty*, S. 72–91 und S. 93 sowie Kennedy, Gavin, *Bligh*, S. 22–28.
53 Vgl. Hough, *Captain Bligh And Mister Christian*, S. 72 sowie Alexander, *Die Bounty*, S. 91.
54 Vgl. Alexander, *Die Bounty*, S. 93.
55 Vgl. Ebd.
56 Vgl. Ebd.
57 Vgl. Ebd.
58 Vgl. Rutter, *Turbulent Journey*, S. 82.
59 Vgl. Alexander, *Die Bounty*, S. 94. Zu den Gefahren, die die Umsegelung Kap Hoorns für die Schiffe der damaligen Zeit bedeutete, siehe außerdem: Angster, *Entgrenzung und Einhegung*, S. 111.
60 Brief von William Bligh an Joseph Banks vom 5. November 1787. Zitiert nach: Alexander, *The Bounty*, S. 71.
61 Vgl. Alexander, *Die Bounty*, S. 94.
62 Brief von William Bligh an Duncan Campbell vom 10. Dezember 1787. Zitiert nach: Mackaness, George, *A Book Of The Bounty And Selections From Bligh's Writings,* London 1938, S. 298.
63 Vgl. Salmond, *Bligh*, S. 119.
64 Vgl. Alexander, *Die Bounty*, S. 119.
65 Ebd., S. 94 f.
66 Brief von Lord Selkirk an Joseph Banks vom 14. September 1787. Zitiert nach: Kennedy, Gavin, *Captain Bligh. The man and his mutinies*, London 1989, S. 17. Siehe hierzu auch: Hough, *Captain Bligh And Mister Christian*, S. 67.
67 Vgl. Rutter, *Turbulent Journey*, S. 79.
68 Brief von Richard Betham vom 21. September 1787 an William Bligh. Zitiert nach: Mackaness, *The Life of Vice-Admiral William Bligh*, S. 44 f. Siehe hierzu auch: Hough, *Captain Bligh And Mister Christian*, S. 67, Mundle, *Bligh*, S. 58, Rutter, *Turbulent Journey*, S. 79 f., Salmond, *Bligh*, S. 120 sowie Mackaness, *A Book Of The Bounty,* S. 294 ff.
69 Vgl. Kennedy, *Bligh*, S. 20 f. Greg Dening schreibt, dass die Gesamtkosten für den Kauf und den Umbau der *Bounty* schlussendlich sogar 6406 £ be-

tragen hätten. Sie seien damit dreimal höher gewesen, als der Betrag, den die Admiralität ursprünglich dafür hätte ausgeben wollen. Vgl. Dening, *Mr. Bligh's Bad Language*, S. 24.

70 Vgl. Kennedy, *Bligh*, S. 21.

71 Vgl. Ebd., S. 20.

72 Vgl. Alexander, *Die Bounty*, S. 94.

73 Vgl. Mundle, *Bligh.*, S. 56.

## *8 Wiedergutmachung und ein offenes Ohr für Blighs Wünsche: Die Planung der Reise der* Providence *und der* Assistant

1 Vgl. Angster, *Erdbeeren und Piraten*, S. 182 sowie Kennedy, *Bligh*, S. 176.

2 Vgl. Oliver, Douglas, *Return To Tahiti. Bligh's Second Breadfruit Voyage*, Honolulu und Carlton, Victoria 1988, S. 14.

3 Vgl. Angster, *Erdbeeren und Piraten*, S. 182.

4 Vgl. Mackaness, George, *Fresh Light On Bligh. Being Some Unpublished Correspondence of William Bligh, N. R. and Lieutenant Francis Godolphin Bond, N. R. with Lieutenant Bond's Manuscript Notes made on the Voyage of H. M. S. »Providence« 1791–1795*, Sydney 1953, S. 7. Zum verwandtschaftlichen Verhältnis zwischen William Bligh, seiner Halbschwester und Francis Godolphin Bond siehe auch: Mackaness, George, *Some Correspondence of Captain William Bligh, R. N. With John and Francis Godolphin Bond 1776–1811*, Sydney 1949 sowie Kennedy, *Bligh*, S. 176.

5 Brief von William Bligh an Francis Godolphin Bond vom 8. Februar 1791. Eigene Abschrift dieses Briefes aus der Sammlung *Fresh Light on Bligh Being Some Unpublished Correspondence Of CAPT. William Bligh, R. N. And LT. Francis Godolphin Bond, R. N.* Caird Library im National Maritime Museum, London. Siehe dazu auch: Mackaness, *Fresh Light On Bligh Being Some Unpublished Correspondence of William Bligh, N. R. and Lieutenant Francis Godolphin Bond, N. R. with Lieutenant Bond's Manuscript Notes made on the Voyage of H. M. S. »Providence« 1791–1795*, S. 15.

6 Brief von William Bligh an Francis Godolphin Bond vom 11. März 1791. Eigene Abschrift dieses Briefes aus der Sammlung *Fresh Light on Bligh Being Some Unpublished Correspondence Of CAPT. William Bligh, R. N. And LT. Francis Godolphin Bond, R. N.* Caird Library im National Maritime Museum, London. Siehe dazu auch: Mackaness, *Fresh Light On Bligh Being Some Unpublished Correspondence of William Bligh, N. R. and Lieutenant Francis Godolphin Bond, N. R. with Lieutenant Bond's Manuscript Notes made on the Voyage of H. M. S. »Providence« 1791–1795*, S. 15 f.

7 Vgl. Kennedy, *Bligh*, S. 176.

8 Vgl. Oliver, *Return To Tahiti*, S. 14 f.

9 Vgl. Bligh, Captain W., *The Log of H. M. S. Providence* (Faksimile-Ausgabe), Guildford 1976, o. S.
10 Vgl. Angster, *Erdbeeren und Piraten*, S. 183.
11 Bligh, Captain W., *The Log of H. M. S. Providence*, (Faksimile-Ausgabe), o. S.
12 Bligh, Captain W., *The Log of H. M. S. Providence* (Faksimile-Ausgabe), o. S.
13 Vgl. Kennedy, *Bligh*, S. 176.
14 Vgl. Ebd.
15 Vgl. die Beschreibung des Bildes *Captain Nathaniel Portlock* auf der Internetseite der Royal Museums Greenwich. https://www.rmg.co.uk/collections/objects/rmgc-object-14432 (zuletzt aufgerufen am 2. Oktober 2023) sowie Beaglehole, J. C. *The Life of Captain James Cook*, S. 499.
16 Vgl. Oliver, *Return To Tahiti*, S. 18 sowie Salmond, *Bligh*, S. 332.
17 Vgl. Salmond, *Bligh*, S. 332.
18 Vgl. Oliver, *Return To Tahiti*, S. 18.
19 Laut Kennedy sollte die *Assistant* die *Providence* außerdem auch bei der schwierigen Passage durch die Torres-Straße unterstützen. Vgl. Kennedy, *Bligh*, S. 176.
20 Anweisungen von Lord Chatham für William Bligh vom 15. Juli 1791. Zitiert nach: Bligh, Captain W., *The Log of H. M. S. Providence* (Faksimile-Ausgabe), o. S.
21 Ebd.
22 Vgl. Tobin, George und Schreiber, Roy (Hrsg.), *Captain Bligh's Second Chance. An Eyewitness Account of his Return to the South Seas*, London 2007, S. 16 sowie Powell, *The Voyage of the Plant Nursery, H. M. S. Providence, 1791–1793*, S. 11.
23 Anweisungen von Joseph Banks an James Wiles und Christopher Smith vom 25. Juni 1791. Zitiert nach: Chambers, Neil (Hrsg.), *The Indian and Pacific Correspondence of Sir Joseph Banks, 1768–1820. Volume 3 The Letters 1789–1792*, London 2010, S. 228–233.
24 Ebd. Zitiert nach: Ebd.
25 Vgl. Powell, *The Voyage of the Plant Nursery, H. M. S. Providence, 1791–1793*, S. 11.
26 Bligh, Captain W., *The Log of H. M. S. Providence* (Faksimile-Ausgabe), o. S. Blighs erster Eintrag im Logbuch.
27 Vgl. Oliver, *Return To Tahiti*, S. 15.
28 Vgl. Salmond, *Bligh*, S. 332.
29 Brief William Blighs an Joseph Banks vom 17. Juli 1791. Zitiert nach: Ebd., S. 333.
30 Vgl. Ebd., S. 333. Aus der Liste der Mannschaftsmitglieder der *Bounty* geht hervor, dass John Smith William Blighs Diener gewesen war. Siehe dazu: Alexander, *Die Bounty*, siehe die Aufstellung der Mannschaft auf dem Vorsatz des Buches, o. S.

31 Vgl. Oliver, *Return To Tahiti*, S. 16f.

32 Tobin und Schreiber (Hrsg.), *Captain Bligh's Second Chance*, S. 9 sowie S. 12.

33 Ebd., S. 16f. Eintrag George Tobin in sein Logbuch vom 22. Juni 1791.

34 Vgl. Rawson, Geoffrey, *Bligh Of The ›Bounty‹*, London 1930, S. 111.

35 Tobin und Schreiber (Hrsg.), *Captain Bligh's Second Chance*, S. 17. Eintrag von George Tobin in sein Logbuch vom 16. Juli 1791.

36 Vgl. Kennedy, *Bligh*, S. 177.

37 Zum Anteil Blighs an den Vorbereitungen der zweiten Brotfrucht-Reise siehe auch die Briefe Nr. 5, Nr. 6 und Nr. 10 aus der Sammlung »*Fresh Light on Bligh Being Some Unpublished Correspondence Of CAPT. William Bligh, R. N. And LT. Francis Godolphin Bond, R. N.* Caird Library im National Maritime Museum, London.

38 Es ist nicht ganz eindeutig, ob Bligh, ähnlich wie bei der zweiten Brotfrucht-Reise, auch schon bei der ersten Reise die Erlaubnis gehabt hatte, seine Deckoffiziere und andere Mannschaftsmitglieder selbst auszuwählen oder nicht. George Mackaness schreibt, es könne als sicher gelten, dass Bligh einen Großteil seiner Offiziere für die Reise der *Bounty* selbst hatte aussuchen dürfen oder durch seine persönlichen Empfehlungen für ihre Ernennung hatte sorgen können. Andere Autorinnen und Autoren, wie etwa Caroline Alexander, Greg Dening, Richard Hough und Gavin Kennedy äußern sich zu dieser Frage nicht. Owen Rutter geht davon aus, dass Fletcher Christian seine Position auf der *Bounty* Blighs Einfluss zu verdanken hatte und dass Bligh sich bei einigen anderen, mit denen er bereits gesegelt war, ebenfalls dafür stark gemacht haben dürfte, dass sie für die Mannschaft der *Bounty* ausgewählt wurden. Vgl. Alexander, *Die Bounty*, S. 72–91, Dening, *Mr. Bligh's Bad Language*, S. 24ff., Hough, *Captain Bligh And Mr. Christian*, S. 73–77, Kennedy, *Bligh*, S. 22–28, Mackaness, *The Life of Vice-Admiral William Bligh*, S. 39, Rutter, *Turbulent Journey*, S. 81. Bligh selbst legte nah, dass er sich die Besatzungsmitglieder sehr wohl aussuchen oder ihre Mitnahme immerhin positiv beeinflussen konnte. Über den Kadetten Peter Heywood schrieb er am Dienstag, den 28. April 1789 – unmittelbar nach der Meuterei – im privaten Teil seines Logbuchs: »Dieser junge Mann wurde mir von meinem Vater empfohlen, welcher wiederum von seinen [Heywoods] Freunden gebeten worden war, mich dahingehend zu beeinflussen, dass ich ihn mitnähme. Da mein Vater schon sehr gebrechlich und es wohl möglich war, dass er meine Rückkehr von der Reise nicht mehr erleben würde, erbat er dies als den letzten Gefallen, den ich ihm wohl möglich erweisen könnte.« Bligh, *Log Book Extracts*, S. 9.

### *9 Die Reise der Bounty*

1 Zur Mannschaft der *Bounty* siehe: Bligh, *A Voyage To The South Sea* (Faksimileausgabe), S. 3, Mackaness, *The Life of Vice-Admiral William Bligh*, S. 39 f, Kennedy, *Bligh*, S. 27 f., Alexander, *Die Bounty*, o. S., Alexander, *The Bounty*, o. S. sowie Wahlroos, Sven, *Mutiny and Romance in the South Seas. A Companion To The Bounty Adventure*, Lincoln 2001, S. 11 f.

2 Captain Bligh und Dr. Hamilton, *Meuterei auf der Bounty/berichtet von Captain William Bligh. Die Piratenjagd der Pandora 1787–1792/Aufzeichnungen des Dr. George Hamilton*, S. 28 sowie Bligh, *A Voyage To The South Sea* (Faksimile-Ausgabe), S. 14.

3 Vgl. Wahlroos, *Mutiny and Romance in the South Seas*, S. 14.

4 Captain Bligh und Dr. Hamilton, *Meuterei auf der Bounty/berichtet von Captain William Bligh. Die Piratenjagd der Pandora 1787–1792/Aufzeichnungen des Dr. George Hamilton*, S. 28 sowie Bligh, William, *A Voyage To The South Sea* (Faksimile-Ausgabe), S. 14 f. Bligh schreibt in *A Voyage To The South Sea* über die Schäden, die der Sturm anrichtete, wörtlich: »Another heavy sea broke into the ship, and stove all the boats.«. »Stove« ist im Englischen die Vergangenheitsform des Verbs »stave«, das sowohl »zerstören« als auch »beschädigen« bedeutet. Vgl. *Oxford Advanced Learner's Dictionary* (Sixth edition), S. 1269 sowie *Collins Pocket English Dictionary*, S. 823. Reinhold und Georg Forster übersetzen diese Passage Blighs folgendermaßen: »Eine noch furchtbarere Welle zertrümmerte unsere Boote.« Diese Übersetzung klingt so, als seien die Boote durch den Sturm irreparabel zerstört worden. Da die Boote im weiteren Verlauf von Blighs Logbuch-Aufzeichnungen jedoch immer wieder erwähnt werden und in keiner der Quellen davon berichtet wird, dass die Boote in besagtem Sturm gänzlich zerstört wurden und deshalb später Ersatz beschafft werden musste, ist davon auszugehen, dass Bligh hier meint, dass die Boote während des Sturms zwar beschädigt, jedoch nicht vollkommen zunichte gemacht wurden.

5 Captain Bligh und Dr. Hamilton, *Meuterei auf der Bounty/berichtet von Captain William Bligh. Die Piratenjagd der Pandora 1787–1792/Aufzeichnungen des Dr. George Hamilton*, S. 29 sowie Bligh, *A Voyage To The South Sea* (Faksimile-Ausgabe), S. 15.

6 Captain Bligh und Dr. Hamilton, *Meuterei auf der Bounty/berichtet von Captain William Bligh. Die Piratenjagd der Pandora 1787–1792/Aufzeichnungen des Dr. George Hamilton*, S. 29f sowie Bligh, *A Voyage To The South Sea* (Faksimile-Ausgabe), S. 16 f.

7 Captain Bligh und Dr. Hamilton, *Meuterei auf der Bounty/berichtet von Captain William Bligh. Die Piratenjagd der Pandora 1787–1792/Aufzeichnungen des Dr. George Hamilton*, S. 30 und S. 32 sowie Bligh, *A Voyage To The South Sea* (Faksimile-Ausgabe), S. 18 ff.

8 Vgl. Kennedy, *Bligh*, S. 33.
9 Vgl. Ebd.
10 Captain Bligh und Dr. Hamilton, *Meuterei auf der Bounty/berichtet von Captain William Bligh. Die Piratenjagd der Pandora 1787–1792/Aufzeichnungen des Dr. George Hamilton*, S. 32 sowie Bligh, *A Voyage To The South Sea* (Faksimile Ausgabe), S. 21 f.
11 Vgl. Alexander, *The Bounty*, S. 84.
12 Brief William Blighs an Joseph Banks vom 5. November 1787. Zitert nach: Mackaness, *A Book Of The Bounty*, S. 297.
13 Eintrag William Blighs in seinem privaten Logbuch vom 23. Januar 1788. Zitiert nach: Kennedy, *Captain Bligh*, S. 27. Vgl. Alexander, *The Bounty*, S. 84.
14 Vgl. Kennedy, *Bligh*, S. 54.
15 Vgl. Mackaness, *A Book Of The Bounty*, S. 297.
16 Vgl. Kennedy, *Captain Bligh*, S. 27.
17 Captain Bligh und Dr. Hamilton, *Meuterei auf der Bounty/berichtet von Captain William Bligh. Die Piratenjagd der Pandora 1787–1792/Aufzeichnungen des Dr. George Hamilton*, S. 34. Vgl. Bligh, *A Voyage To The South Sea* (Faksimile-Ausgabe), S. 23 f.
18 Vgl. Alexander, *Die Bounty*, S. 126.
19 Captain Bligh und Dr. Hamilton, *Meuterei auf der Bounty/berichtet von Captain William Bligh. Die Piratenjagd der Pandora 1787–1792/Aufzeichnungen des Dr. George Hamilton*, S. 34 sowie Bligh, William, *A Voyage To The South Sea* (Faksimile-Ausgabe), S. 25.
20 Morrison und Maxton (Hrsg.), *After the Bounty*, S. 12. James Morrison schreibt, dass die Beförderung Fletcher Christians bereits am 11. Januar 1788, nachdem die *Bounty* Teneriffa verlassen hatte, geschehen sei. Bligh datiert dieses Ereignis allerdings, wie gezeigt, erst auf den 2. März 1788. Kennedy geht davon aus, dass Blighs Angabe korrekt ist. Caroline Alexander sieht zudem in der Tatsache, dass Bligh Christian in Spanien die besondere Aufgabe übertragen hatte, ihre Ankunft beim Gouverneur von Teneriffa anzumelden, ein Indiz dafür, dass er ihn auch schon zu diesem Zeitpunkt als seinen Stellvertreter betrachtete. Vgl. Kennedy, *Bligh*, S. 33 und Alexander, *Die Bounty*, S. 120.
21 Brief William Blighs an Joseph Banks vom 5. November 1787. Darin heißt es: »Der *Master* ist ein guter Mann und gibt mir allen Grund dazu, mit ihm zufrieden zu sein [...]«. Zitiert nach: Mackaness, *A Book Of The Bounty*, S. 296.
22 Vgl. Kennedy, *Bligh*, S. 33 f. Zum besseren Verständnis muss hier erwähnt werden, in welcher Beziehung William Bligh und Fletcher Christian zueinander standen. Die beiden waren, seitdem sie in den 1780er Jahren gemeinsam auf Schiffen von Duncan Campbell gesegelt waren, miteinander

befreundet. Vgl. Brunton, *Awake, Bold Bligh!*, S. 9 sowie Rutter, *Turbulent Journey*, S. 74 f.

23 Vgl. Witt, *Die Bounty war sein Schicksal*, S. 60. Zu der Bedeutung von Christians Beförderung zum Leutnant durch Bligh siehe außerdem: Rodger, Nicholas, *Jolly tars were our men?*, S. 15. In: *Mutiny on the Bounty 1789–1989*, London 1989, S. 11–19.

24 Vgl. Mackaness, *The Life of Vice-Admiral William Bligh*, S. 68.

25 Vgl. Hough, *Captain Bligh And Mr. Christian*, S. 15.

26 Vgl. Rutter, Owen (Hrsg.), *John Fryer of the Bounty. Notes on his career. Written by his daughter Mary Ann*, London 1939, S. 9.

27 Vgl. Alexander, *Die Bounty*, S. 72 f.

28 Vgl. Fitzsimons, Peter, *Mutiny on the Bounty. A Saga of Survival, Sex, Sedition, Mayhem and Mutiny*, Sydney 2018, S. XVII. In der deutschen Übersetzung von Caroline Alexanders Buch über die erste Brotfrucht-Reise finden sich für John Fryer die Berufsbezeichnungen »Steuermann« und »Schiffer« (vgl. Alexander, *Die Bounty*, S. 9). Der englische Ausdruck *Master* ist die Bezeichnung, die in den Quellen und der englischsprachigen Sekundärliteratur für Fryers Posten an Bord der *Bounty* stets benutzt wird. Zu den Aufgaben des *Masters* gehörte, neben der Sorge für einen reibungslosen Ablauf der alltäglichen nautischen Aufgaben an Bord, auch die Navigation eines Schiffes. Vor diesem Hintergrund ist davon auszugehen, dass sich Fryers und Blighs alltägliche Aufgaben und Kompetenzen an Bord der *Bounty* (zumindest teilweise) immer wieder überschnitten. Darin sehe ich einen weiteren Grund dafür, dass sich das Verhältnis der beiden Männer im weiteren Verlauf der Reise so irreparabel verschlechterte.

29 Vgl. Alexander, *Die Bounty*, S. 72 f.

30 Vgl. Witt, *Die Bounty war sein Schicksal*, S. 51 sowie S. 64.

31 Vgl. Ebd., S. 61.

32 Vgl. Angster, *Erdbeeren und Piraten,* S. 39 f.

33 Vgl. Kennedy, *Captain Bligh*, S. 33.

34 Vgl. Witt, *Die Bounty war sein Schicksal*, S. 61 sowie S. 185.

35 Vgl. *William Bligh. Extraordinary Seaman. A look at his life and times. An Exhibition held by The Earl & Countess of Devon in their home during Maritime England Year 1982*, London 1982, S. 6.

36 Vgl. Erskine, Nigel, *Bligh. Hero or Villain?,* Pyrmont NSW 2019, S. 37.

37 Vgl. Witt, *Die Bounty war sein Schicksal*, S. 62, Denning, Greg, *Mr. Bligh's Bad Language*, S. 62f sowie Paulmann, *Macht-Raum*, S. 72.

38 Vgl. Witt, *Die Bounty war sein Schicksal*, S. 62.

39 Captain Bligh und Dr. Hamilton, *Meuterei auf der Bounty/berichtet von Captain William Bligh. Die Piratenjagd der Pandora 1787–1792/Aufzeichnungen des Dr. George Hamilton*, S. 35 sowie Bligh, *A Voyage To The South Sea* (Faksimileausgabe), S. 26 f.

40 Captain Bligh und Dr. Hamilton, *Meuterei auf der Bounty/berichtet von Captain William Bligh. Die Piratenjagd der Pandora 1787–1792/Aufzeichnungen des Dr. George Hamilton*, S. 35 sowie Bligh, *A Voyage To The South Sea* (Faksimileausgabe), S. 27.

41 Zitiert nach: Kennedy, *Captain Bligh*, S. 27. James Morrison erwähnt die Bestrafung Matthew Quintals in seinem Bericht übrigens nicht. Morrison und Maxton (Hrsg.), *After the Bounty*, S. 14.

42 Vgl. Alexander, *Die Bounty*, S. 129 f.

43 Vgl. Ebd., S. 129.

44 Captain Bligh und Dr. Hamilton, *Meuterei auf der Bounty/berichtet von Captain William Bligh. Die Piratenjagd der Pandora 1787–1792/Aufzeichnungen des Dr. George Hamilton*, S. 36 sowie Bligh, *A Voyage To The South Sea* (Faksimile-Ausgabe), S. 29.

45 Captain Bligh und Dr. Hamilton, *Meuterei auf der Bounty/berichtet von Captain William Bligh. Die Piratenjagd der Pandora 1787–1792/Aufzeichnungen des Dr. George Hamilton*, S. 36 sowie Bligh, *A Voyage To The South Sea* (Faksimile-Ausgabe), S. 29 f.

46 Captain Bligh und Dr. Hamilton, *Meuterei auf der Bounty/berichtet von Captain William Bligh. Die Piratenjagd der Pandora 1787–1792/Aufzeichnungen des Dr. George Hamilton*, S. 36 f. sowie Bligh, *A Voyage To The South Sea* (Faksimile-Ausgabe), S. 31.

47 *Burgoo* war ein Haferbrei der wahlweise mit Butter, Salz und Zucker gewürzt wurde und auf See leicht zubereitet werden konnte. Vgl. Kemp (Hrsg.), *The Oxford Companion to Ships and the Sea*, S. 121.

48 Bei der Formulierung [Thomas Hall] got two of his ribs broken« und bei »[Churchill] got his hand scalded« wäre »brach sich zwei (seiner) Rippen« und »wurde dabei seine Hand verbrüht« jeweils als Alternativübersetzung möglich.

49 Morrison und Maxton (Hrsg.), *After the Bounty*, S. 15 f.

50 Vgl. Kennedy, *Bligh*, S. 36 f.

51 Da sich diese Textstelle in der von mir verwendeten Faksimile-Ausgabe von Blighs *A Voyage* nicht findet, gehe ich davon aus, dass sie aus seinem privaten Logbuch stammt. Zitiert nach: Ebd., S. 37.

52 Zitiert nach: Alexander, *Die Bounty*, S. 134. Da sich auch dieser Eintrag in Blighs offiziellem Logbuch nicht findet, sich in Alexanders Buch diesbezüglich aber auch keine Anmerkung findet, ist davon auszugehen, dass er aus seinem privaten Logbuch stammt.

53 Captain Bligh und Dr. Hamilton, *Meuterei auf der Bounty/berichtet von Captain William Bligh. Die Piratenjagd der Pandora 1787–1792/Aufzeichnungen des Dr. George Hamilton*, S. 37 f. sowie Bligh, *A Voyage To The South Sea* (Faksimile-Ausgabe), S. 31.

54 Morrison und Maxton (Hrsg.), *After the Bounty*., S. 16 f.

55 Vgl. Alexander, *Die Bounty*, S. 133 f.

56 Vgl. Bligh, *A Voyage To The South Sea* (Faksimile-Ausgabe), S. 37 sowie Kennedy, *Bligh*, S. 38.

57 Vgl. Kennedy, *Bligh*, S. 38. Morrison bestätigt die Reparaturarbeiten in seinem Bericht, schreibt, dass u. a. die Segel und Takelage repariert und ausgebessert worden seien. Der Büchsenmeister Joseph Coleman habe die Scharniere der Wetterkeilschalung [eine Vorrichtung zum Wetterschutz] der *Bounty* erneuert, da sie über Bord gespült worden seien. Auch die Kalfaterung des Rumpfs erwähnt Morrison. Der Zimmermann William Purcell und seine Leute seien dabei von zwei niederländischen Kalfaterern unterstützt worden. Morrison und Maxton (Hrsg.), *After the Bounty*, S. 18.

58 Brief von William Bligh an Sekretär Stephens vom 24. Mai 1788. Zitiert nach: Mackaness, *A Book Of The Bounty And Selections From William Bligh's Writings*, S. 303 f.

59 Morrison und Maxton (Hrsg.), *After the Bounty*, S. 18.

60 Captain Bligh und Dr. Hamilton, *Meuterei auf der Bounty/berichtet von Captain William Bligh. Die Piratenjagd der Pandora 1787–1792/Aufzeichnungen des Dr. George Hamilton*, S. 41 sowie Bligh, *A Voyage To The South Sea* (Faksimileausgabe), S. 41.

61 Bligh, *A Voyage To The South Sea* (Faksimile-Ausgabe), S. 46 f., Kennedy, *Bligh*, S. 42 sowie Alexander, *Die Bounty*, S. 140.

62 Bligh, *A Voyage To The South Sea* (Faksimile-Ausgabe), S. 46–54 sowie Kennedy, *Bligh*, S. 42 f.

63 Vgl. Kennedy, *Bligh*, S. 43.

64 Vgl. Ebd, S. 42 ff. sowie Mackaness, *The Life of Vice-Admiral William Bligh*, S. 60.

65 Morrison und Maxton (Hrsg.), *After the Bounty*, S. 20.

66 Bligh, *A Voyage To The South Sea* (Faksimile-Ausgabe), S. 61 und S. 66, sowie Kennedy, *Bligh*, S. 58 ff., Alexander, *Die Bounty*, S. 154 f. und Mackaness, *The Life of Vice-Admiral William Bligh*, S. 71.

67 Bezüglich der Bedeutung dieses Marktes sowohl für die Mannschaft der *Bounty* als auch für alle britischen Schiffe, die zukünftig hier anlegen würden, siehe auch: Alexander, *Die Bounty*, S. 154.

68 Vgl. Kennedy, *Bligh*, S. 60, Alexander, *Die Bounty*, S. 150 sowie Salmond, *Bligh*, S. 138.

69 Bligh, *A Voyage To The South Sea* (Faksimile-Ausgabe), S. 59 ff.

70 Ebd, S. 65, S. 71 und S. 73, Captain Bligh und Dr. Hamilton, *Meuterei auf der Bounty/berichtet von Captain William Bligh. Die Piratenjagd der Pandora 1787–1792/Aufzeichnungen des Dr. George Hamilton*, S. 68, sowie Alexander, *Die Bounty*, S. 151f und S. 158 sowie Kennedy, *Bligh*, S. 61 und S. 68.

71 Vgl. Alexander, *Die Bounty*, S. 156 und S. 158 sowie Kennedy, *Bligh*, S. 62 und S. 64. Zur Errichtung des Lagers bzw. der Baumschule für die Brotfrucht-

setzlinge am Point Venus in der Matavai-Bucht siehe außerdem: Salmond, *Bligh*, S. 149.

72 Peter Heywood mochte Tahiti, seine Kultur und Sprache so sehr, dass er Tahitianisch lernte. Selbst 27 Jahre später und obwohl er Tahiti nach der ersten Brotfrucht-Reise nie wieder besuchte, sprach er die Sprache noch fließend. Er stellte sogar ein Verzeichnis zusammen, in dem tahitianische Wörter mit ihren jeweiligen englischen Übersetzungen aufgeführt waren. Vgl. Heywood, Peter und Heywood, Nessy, Maxton, Donald A. (Hrsg.) und Du Rietz, Rolf E. (Hrsg.), *Innocent on the Bounty. The Court-Martial and Pardon of Midshipman Peter Heywood, in Letters*, Jefferson 2013, S. 211 f. sowie Alexander, *Die Bounty*, S. 517 und S. 520.

73 Vgl. Kennedy, *Bligh*, S. 64.

74 Vgl. Alexander, *Die Bounty*, S. 164.

75 Brief von Peter Heywood an Elizabeth Heywood vom 15. August 1792. Zitiert nach: Heywood und Heywood, Maxton (Hrsg.) und Du Rietz, (Hrsg.), *Innocent on the Bounty*, S. 87 f.

76 Vgl. Alexander, *Die Bounty*, S. 152.

77 Vgl. Ebd. Zur Verbindung zwischen dem langen Aufenthalt der *Bounty* und den Witterungsbedingungen, die bei der Weiterfahrt zu erwarten waren, siehe auch: Danielsson, Bengt, *What happened on the Bounty*, London 1962, S. 69.

78 Vgl. Kennedy, *Bligh*, S. 63.

79 Vgl. Alexander, *Die Bounty*, S. 156.

80 Morrison und Maxton (Hrsg.), *After the Bounty*, S. 22.

81 Ebd.

82 Bligh, *A Voyage To The South Sea* (Faksimile-Ausgabe), S. 113, Kennedy, *Bligh*, S. 72, Morrison und Maxton (Hrsg.), *After the Bounty*, S. 26 f., Mackaness, *The Life of Vice-Admiral William Bligh*, S. 79 f. sowie Alexander, *Die Bounty*, S. 162.

83 Bligh, *A Voyage To The South Sea* (Faksimile-Ausgabe), S. 113.

84 Morrison und Maxton (Hrsg.), *After the Bounty*, S. 27.

85 Brief von William Bligh an Francis Godolphin Bond vom 26. Juli 1794. In: *Fresh Light on Bligh Being Some Unpublished Correspondence Of CAPT. William Bligh, R. N. And LT. Francis Godolphin Bond, R. N.*, S. 56 ff.

86 Vgl. Kennedy, *Bligh*, S. 77 sowie Mackaness, *The Life of Vice-Admiral William Bligh*, S. 81 f.

87 Vgl. Rodger, *The Command of the Ocean*; London 2004, S. 406 f.

88 Vgl. Alexander, *The Bounty*, S. 167, Kennedy, Bligh, S. 78, Mackaness, *The Life of Vice-Admiral William Bligh*, S. 82 f., sowie Rutter, *Turbulent Journey*, S. 100.

89 Vgl. Alexander, *Die Bounty*, S. 168.

90 Vgl. die Einleitung Hermann Homanns zu Captain Bligh und Dr. Hamil-

ton, *Meuterei auf der Bounty/berichtet von Captain William Bligh. Die Piratenjagd der Pandora 1787–1792/Aufzeichnungen des Dr. George Hamilton*, S. 16 sowie Kennedy, *Bligh*, S. 79.

91 »No Person in or belonging to the Fleet shall sleep upon his Watch, or negligently perform the Duty imposed on him, or forsake his Station, upon Pain of Death«. »Denjenigen, die in der Flotte sind oder zu ihr gehören«, lautet der entsprechende Kriegsartikel, »ist es verboten, während der Wache einzuschlafen, den Dienst, der ihnen aufgetragen worden ist, nachlässig zu verrichten oder aber ihren Posten zu verlassen. [Wer es dennoch tut, ist] mit dem Tode zu bestrafen«. Zitiert nach: Alexander, *The Bounty*, S. 120.

92 Vgl. Alexander, *Die Bounty*, S. 168.

93 Zitiert nach: Rutter, *Turbulent Journey*, S. 100. (Da sich diese Passage nicht in *A Voyage To The South Sea* befindet, gehe ich davon aus, dass sie aus Blighs privatem Logbuch stammt.)

94 Vgl. Kennedy, *Bligh*, S. 76 f.

95 Zitiert nach: Ebd.

96 Vgl. Kennedy, *Bligh*, S. 78.

97 Vgl. Ebd., S. 69 f.

98 Bligh, *A Voyage To The South Sea* (Faksimile-Ausgabe), S. 109 f., Vgl. Kennedy, *Bligh*, S. 69 f. sowie Mundle, *Bligh*, S. 87 f.

99 Vgl. Kennedy, *Bligh*, S. 69 f.

100 Vgl. Alexander, *The Bounty*, S. 121, Betts, Jonathan, *Harrison*, London 2007, S. 68–74 sowie MacGregor, Neil, *Eine Geschichte der Welt in 100 Objekten*, München 2013, S. 681–685. Die große Kostbarkeit dieses Chronometers wird zudem durch folgenden Brief William Blighs an die Admiralität vom 27. Oktober 1790 noch einmal verdeutlicht, in dem er den Verlust dieses Instruments explizit meldet: »Sir, hiermit setze ich Euch darüber in Kenntnis, dass der Chronometer, der zum Gebrauch an Bord Seiner Majestät Schiff *Bounty* in meine Obhut gegeben wurde, in besagtem Schiffe zurückgelassen ward, als es am 28ten April 1789 meinem Kommando entrissen wurde. [...]« Sammlung *Papers regarding the public trials and improvements of clocks and chronometers, 1784–1828* (RGO 14/24). Royal Greenwich Observatory Archive an der Cambridge University.

101 Zitiert nach: Alexander, *The Bounty*, S. 121.

102 Bligh, *A Voyage To The South Sea* (Faksimile-Ausgabe), S. 139, Morrison und Maxton (Hrsg.), *After the Bounty*, S. 29 sowie vgl. Alexander, *Die Bounty*, S. 170–174.

103 Vgl. Kennedy, *Bligh*, S. 83 sowie Alexander, *Die Bounty*, S. 174.

104 Zitiert nach: Kennedy, *Bligh*, S. 83.

105 Morrison und Maxton (Hrsg.), *After the Bounty*, S. 29.

106 Vgl. Kennedy, *Bligh*, S. 83.

107 *Fryer's Narrative of the Bounty*.

108 Vgl. Bligh und Christian, *The Bounty Mutiny*, Harmondsworth 2001, S. 176.
109 *Attestation Mr. William Bligh Plaintiff*, Safe 1/43, S. 28, Mitchell Library an der State Library of New South Wales, Sydney. Zitiert nach: Alexander, *Die Bounty*, S. 176.
110 *Fryer's Narrative of the Bounty*. John Fryer gibt für das Ereignis kein genaues Datum an. Da der nächste Eintrag in Fryers Bericht allerdings vom 28. April 1789 – dem Tag der Meuterei – stammt, ist zu vermuten, dass es sich am Tag zuvor, dem 27. April, zugetragen haben dürfte.
111 Morrison und Maxton (Hrsg.), *After the Bounty*, S. 35 f.
112 Bligh, *A Voyage To The South Sea* (Faksimile-Ausgabe), S. 153.
113 Vgl. Kennedy, *Bligh*, S. 94.
114 Bligh, *Remarks on Morrison's Journal*, Bligh, Bounty, Mutineers, Mitchell Library, Safe 1/43, S. 50 f. Zitiert nach: Ebd., S. 95.
115 Ebd. Zitiert nach: Ebd.

### *10 »Schweigt, Herr, oder Ihr seid des Todes!«: Die Meuterei*

1 *Fryer's Narrative of the Bounty*, Eintrag vom 28. April 1789, o. S.
2 Morrison und Maxton (Hrsg.), *After the Bounty*, S. 36 ff.
3 Brief Peter Heywoods an seine Mutter. Der Bericht Peter Heywoods an seine Mutter wird wiedergegeben in einem Brief von J. Vose an John Fryer vom 10. Juli 1792. In: Rutter, (Hrsg.), *John Fryer of the Bounty*; S. 12 ff.
4 Bligh, *A Voyage To The South Sea* (Faksimile-Ausgabe), S. 154 f.
5 Bligh, *Log Book Extracts*, S. 5 und S. 7.
6 Bligh, *A Voyage To The South Sea* (Faksimile-Ausgabe), S. 156.
7 Captain Bligh und Dr. Hamilton, *Meuterei auf der Bounty/berichtet von Captain William Bligh. Die Piratenjagd der Pandora 1787–1792/Aufzeichnungen des Dr. George Hamilton*, S. 143.
8 Bligh, *Mutiny on the Bounty*, S. 10.
9 Ebd., S. 12.
10 Bligh, *A Voyage To The South Sea* (Faksimile-Ausgabe), S. 156.
11 Ebd., S. 157 sowie Bligh, *Log Book Extracts*, S. 5.
12 Bligh, *Mutiny on the Bounty*, S. 11.
13 Bligh, *A Voyage To The South Sea* (Faksimile-Ausgabe), S. 155–160.
14 Heywood und Heywood, Maxton (Hrsg.) und Du Rietz (Hrsg.), *Innocent on the Bounty*, S. 2f, Bligh, *A Voyage To The South Sea* (Faksimile-Ausgabe), S. 160f, Kennedy, *Bligh*, S. 83 sowie Alexander, *Die Bounty*, S. 86 und S. 92.
15 Bligh, *A Voyage To The South Sea* (Faksimile-Ausgabe), S. 161.
16 Vgl. Kennedy, *Bligh*, S. 83.
17 Bligh, *A Voyage To The South Sea* (Faksimile-Ausgabe), S. 159. Möglich ist ebenfalls, dass Bligh Christian, Heywood, Young und Stewart nicht

allein deshalb an den Anfang der Liste setzte, weil er sie als Hauptmeuterer betrachtete, sondern mehr noch aus einem sozialen Grund: Die vier Männer waren so genannte *young gentlemen*, also junge Männer, die aus adeligen oder wohlhabenden Familien stammten, und die, zumeist durch Patronage, eine Offiziers-, oder andere höhere Laufbahn in der Royal Navy anstrebten oder bereits begonnen hatten. Zu den verschiedenen Karrierewegen und Aufstiegsmöglichkeiten innerhalb der Royal Navy des 18. Jahrhunderts siehe: Rodger, *The Wooden World*, S. 263–266, Rodger, *The Command Of The* Ocean, S. 380–394 sowie Angster, *Erdbeeren und Piraten*, S. 36–39.

18 Vgl. Kennedy, Gavin, *Bligh*, S. 84.

19 Bligh, *Log Book Extracts*, S. 13 sowie William Blighs Brief an seine Frau Elizabeth vom 19. August 1789. In: Brunton, *Awake, Bold Bligh!*, S. 23 ff.

20 Auf den Listen, die in *A Voyage To The South Sea* abgedruckt sind, wird nicht angegeben, welche Besatzungsmitglieder gegen ihren Willen auf der *Bounty* zurückgehalten wurden. In den unveröffentlichten Auszügen aus William Blighs persönlichem Logbuch macht er diese Angaben jedoch. Bligh, *A Voyage To The South Sea* (Faksimile-Ausgabe), S. 158–160 sowie Bligh, *Log Book Extracts*, S. 3.

21 Bligh, *A Voyage To The South Sea* (Faksimile-Ausgabe), S. 160 f. sowie William Blighs Brief an seine Frau Elizabeth vom 19. August 1789. In: Brunton, *Awake, Bold Bligh!*, S. 23 ff.

22 Vgl. Rutter, Owen (Hrsg.) *The Court-Martial of the »Bounty« Mutineers*, Birmingham 1989, Inhaltsverzeichnis.

23 Vgl. Ebd., S. 82–129 sowie Bligh und Christian, *The Bounty Mutiny*, S. 84–125. Zur Aussage William Peckovers vgl. außerdem: Darby, Madge, *Captain Bligh in Wapping 1785–1790* (zweite, überarbeitete Auflage), London 2017, S. 33–36.

24 Aussagen William Coles, William Peckovers sowie William Purcells an entsprechender Stelle. Siehe dazu: Rutter (Hrsg.), *The Court-Martial of the »Bounty« Mutineers*, S. 85 und S. 95 sowie Bligh und Christian, *The Bounty Mutiny*, S. 86, S. 95 sowie S. 101.

25 Rutter (Hrsg.) *The Court-Martial of the »Bounty« Mutineers*, S. 115 sowie Bligh und Christian, *The Bounty Mutiny*, S. 112.

26 Rutter (Hrsg.), *The Court-Martial of the »Bounty« Mutineers*, S. 85 sowie Bligh und Christian, *The Bounty Mutiny*, S. 86.

27 Bligh, *Log Book Extracts*, S. 13. Siehe dazu außerdem: Captain Bligh und Dr. Hamilton, *Meuterei auf der Bounty/berichtet von Captain William Bligh. Die Piratenjagd der Pandora 1787–1792/Aufzeichnungen des Dr. George Hamilton*, S. 149 f.

28 Vgl. Kennedy, Gavin, *Bligh*, S. 84.

29 Dafür, dass der Entschluss zu meutern, sehr spontan gefasst wurde, spricht

auch, dass John Fryer in seinem Bericht schreibt, Fletcher Christian habe noch am Vortag der Meuterei den Plan gehabt, die *Bounty* allein mit einem der Beiboote zu verlassen, sobald sich das Schiff in der Nähe von Land befände. *Fryer's Narrative of the Bounty*, Eintrag vom 28. April 1789, o. S.

## *11 Warum gelingt, was zuvor schiefging? Die Reise der Providence und der Assistant*

1 George Tobin gibt in seinem Bericht an, dass der Name des Leutnants Thomas Pearce gewesen sei. Tobin und Schreiber (Hrsg.), *Captain Bligh's Second Chance*, S. 19.

2 Zitiert nach: Lee, Ida, *Captain Bligh's Second Voyage To The South Sea*, London 1920, S. xix. Die Liste der Besatzungsmitglieder, die Lee in ihrem Buch vorlegt, ist nicht vollständig, da sie lediglich 23 Besatzungsmitglieder mit Namen und ihren jeweiligen Positionen aufführt. Die Liste der Besatzungsmitglieder, die sich in der Faksimile-Ausgabe von William Blighs Logbuch findet, besteht zwar aus den angeheuerten hundert Besatzungsmitgliedern und ist damit vollständig, führt jedoch nur die jeweiligen Positionen aber nicht die Namen auf. Siehe das Schreiben der Admiralität an William Bligh vom 16. April 1791, in: Bligh, Captain W., *The Log of H. M. S. Providence* (Faksimile-Ausgabe), o. S. Es ist sonderbar, dass William Bligh in seiner Liste zur Bemannung der *Providence* hundert Besatzungsmitglieder aufführt, obgleich das Schiff mit 29 Metern Länge nur unwesentlich größer war als die 26 Meter lange *Bounty*, die mit 46 Besatzungsmitgliedern schon überfüllt war. Diese Diskrepanz wird in den Quellen nicht erklärt.

3 George Tobin schließt seinen Bericht mit einer (unvollständigen) Besatzungsliste der *Providence* und den jeweiligen Positionen der Mannschaftsmitglieder. Dieser Liste folgt eine weitere mit Besatzungsmitgliedern der *Assistant* und ihren Positionen, die ebenfalls nicht vollständig ist. Die Namensvariante Douglas Whyte stammt von Tobins Liste. Tobin und Schreiber (Hrsg.), *Captain Bligh's Second Chance*, S. 172 f. Die Namensvarianten George Milsha, Bob Ogilvie und Rob Bridgeway finden sich in der Bligh-Biographie von Nigel Barnes. Die Besatzungsliste der *Providence*, die Barnes vorlegt, stimmt weitgehend mit Tobins Liste von der *Providence* überein. Eine Besatzungsliste von der *Assistant* findet sich in Barnes Buch indes nicht. Vgl. Barnes, Nigel, *Dangerous Waters. The Life of William Bligh*, o. O. 2018, S. 128 f.

4 Vgl. Lee, *Captain Bligh's Second Voyage to the South Sea*, S. vii.

5 Vgl. Ebd., S. 223.

6 Zitiert nach: Ebd. Ähnlich wie bei der Besatzungsliste der *Providence* ist

auch Portlocks Liste der Besatzungsmitglieder der *Assistant* mit fünfzehn Besatzungsmitgliedern nicht vollständig. Die Liste in der Faksimilie-Ausgabe von William Blighs Logbuch führt 27 Besatzungsmitglieder auf und ist damit vollständig. Wieder fehlen jedoch auch hier die Namen der einzelnen Besatzungsmitglieder, es sind nur die Positionen angegeben. Vgl. das Schreiben der Admiralität an William Bligh vom 16. April 1791, in: Bligh, Captain W., *The Log of H. M. S. Providence* (Faksimile-Ausgabe), o. S. Die Namensvarianten J. R. Lapenstiere, Francis Mathews und David Myers sowie die Namen des Schreibers und des Arztes der *Assistant* stammen von der Liste Tobins. Nathaniel Portlocks Name, Position und Rang stammen ebenfalls von Tobins Liste. Anders als Portlock führt George Tobin die Positionen David Gilmoures und John Gores auf: Tobin vermerkt Gilmore (so lautet Tobins Schreibweise) als Mastersmaat und Gore als Seekadett (*Midshipman*). Von den aufgeführten Abweichungen abgesehen sind die Listen Portlocks und Tobins mit den Besatzungsmitgliedern der *Assistant* jedoch identisch. Tobin und Schreiber (Hrsg.), *Captain Bligh's Second Chance*, S. 173.

7 Bligh, Captain W., *The Log of H. M. S. Providence* (Faksimile-Ausgabe), Eintrag vom 3. August 1791, o. S. Vgl. Kennedy, *Bligh*, S. 177.

8 Bligh, Captain W., *The Log of H. M. S. Providence* (Faksimile-Ausgabe), siehe etwa die Einträge vom 3. August bis zum 28. August 1791, o. S.

9 Ebd., Eintrag vom 16. August 1791, o. S. sowie George Tobins Reisebericht mit dem Eintrag vom 2. August 1791. In: Tobin und Schreiber (Hrsg.), *Captain Bligh's Second Chance*, S. 17.

10 Tobin, George und Schreiber, Roy (Hrsg.), *Captain Bligh's Second Chance*, S. 17.

11 Bligh, *Log Book Extracts*, S. 15, S. 87 und S. 101, Bligh, *A Voyage To The South Sea* (Faksimile-Ausgabe), S. 254 f., Captain Bligh und Dr. Hamilton, *Meuterei auf der Bounty/berichtet von Captain William Bligh. Die Piratenjagd der Pandora 1787–1792/Aufzeichnungen des Dr. George Hamilton*, S. 200 und S. 202 sowie Rutter, Owen (Hrsg.), *Bligh's Voyage in the Resource. From Coupang to Batavia, together with the Log of his subsequent passage to England in the Dutch packet Vlydt and his remarks on Morisson's Journal*, London 1937, S. 94f und 97f.

12 Vgl. Alexander, *The Bounty*, S. 160.

13 Vgl. Kennedy, *Bligh*, S. 177 f.

14 Vgl. Mackaness, *The Life of Vice-Admiral William Bligh*, S. 186 ff, Fish, *The Bounty and beyond: A textual and bibliographical investigation of William Bligh's journals of the first breadfruit expedition*, Melbourne 2023, S. 1 sowie einen Artikel im *Gentlemen's Magazine* vom November 1790. In: *Gentleman's Magazine,* Vol. LX Part II 1790, S. 1045, Caird Library am National Maritime Museum, London. Siehe hierzu außerdem den Brief William Blighs an Joseph Banks vom 24. Oktober 1790. In: Chambers (Hrsg.), *The Indian*

*and Pacific Correspondence of Sir Joseph Banks, 1768–1820. Volume 3 The Letters 1789–1792*, S. 171.

15 Bligh, Captain W., *The Log of H. M. S. Providence* (Faksimile-Ausgabe), Eintrag vom 31. August 1791, o. S. Vgl. Oliver, *Return To Tahiti*, S. 23.

16 Vgl. Kennedy, *Bligh*, S. 177.

17 Bligh, Captain W., *The Log of H. M. S. Providence* (Faksimile-Ausgabe), Eintrag vom 1. September 1791, o. S.

18 Vgl. Kennedy, *Bligh*, S. 177.

19 Bligh, Captain W., *The Log of H. M. S. Providence* (Faksimile-Ausgabe), Einträge vom 2. September 1791 bis zum 27. September 1791, o. S.

20 Brief William Blighs an Elizabeth Bligh vom 13. September 1791. Zitiert nach: Kennedy, *Bligh*, S. 178.

21 Bligh, Captain W., *The Log of H. M. S. Providence* (Faksimile-Ausgabe), Eintrag vom 30. Oktober 1791, o. S.

22 Bond, *Log of H. M. S. Providence 1791–1793*, Band I und Band II, (ADM 55/96), Eintrag vom 30. Oktober 1791, o. S.

23 Bligh, Captain W., *The Log of H. M. S. Providence* (Faksimile-Ausgabe), Eintrag vom 7. November 1791, Bond, *Log of H. M. S. Providence 1791–1793*, Band I und Band II, (ADM 55/96), Eintrag vom 7. November 1791, o. S. sowie Portlock, *Logbuch der H. M. S. Assistant*, Band I und Band II, (ADM 55/6 und ADM 55/7), Eintrag vom 7. November 1791, o. S. Lediglich George Tobin gibt in seinem Bericht – wohl fälschlicherweise – den 6. November als Datum der Ankunft am Kap der Guten Hoffnung an. Tobin und Schreiber (Hrsg.), *Captain Bligh's Second Chance*, Eintrag vom 6. November 1791, S. 32 f.

24 Bligh, Captain W., *The Log of H. M. S. Providence* (Faksimile-Ausgabe), Eintrag vom 20. Dezember 1791, o. S. sowie Portlock, *Logbuch der H. M. S. Assistant*, Band I und Band II, (ADM 55/6 und ADM 55/7), Eintrag vom 20. Dezember 1791, o. S.

25 Tobin und Schreiber (Hrsg.), *Captain Bligh's Second Chance*, Eintrag vom 22. Dezember 1791. Vgl. Kennedy, *Bligh*, S. 179.

26 Ebd., S. 178. In William Blighs dienstlichen Anweisungen, etwa in denen an seinen Neffen Francis Godolphin Bond (den Ersten Leutnant der *Providence*), ist jedoch keinerlei Veränderung der Diktion zu erkennen. Anders als in seinem Logbuch musste William Bligh hier seine amtliche Autorität als Kapitän unmissverständlich zum Ausdruck bringen. Dies zeigt sich etwa durch folgende Anweisung an Bond, in der dieser von Bligh deutlich kritisiert wird: »Sir, I am very sorry to find Boats sent away from the ship so negligently – after a considerable expence of hiring Carts to Carry Wine &c to the wharf. This is the 2nd Time they have come on shore without tackles & necessaries to receive stores. It is the Duty of the Commanding Officer to see that no Boats are sent away from the ship's side without every necessary Tackle & furniture, & particularly when they are receiving things

from the shore & sending for Water as you have done. It is not sufficient with me that an Officer orders, but I insist he sees every thing executed as he shall answer at his Peril«. »Sir, zu meinem großen Bedauern musste ich feststellen, dass Beiboote sehr fahrlässig von Bord geschickt wurden – und das, nachdem wir eine große Summe für Karren bezahlt haben, um damit den Wein usw. zur Anlegestelle zu transportieren. Schon zum zweiten Male ist es nun geschehen, dass sie ohne einen Flaschenzug und die notwendigen Gerätschaften an Land geschickt wurden, um dort Vorräte aufzunehmen. Es ist Aufgabe des Kommandanten, dafür Sorge zu tragen, dass keine Boote ohne die nötigen Flaschenzüge und nautisches Gerät in See stechen, insbesondere dann, wenn sie Gegenstände vom Lande aufnehmen und nach Wasser geschickt werden, wie Ihr es getan habt. Für mich ist es keineswegs damit getan, dass ein Kommandant Befehle erteilt, sondern ich bestehe darauf, dass er dafür Sorge trägt, dass sein Befehl auch ordnungsgemäß und auf eigene Gefahr hin ausgeführt wird.« In der von George Mackaness herausgegebenen, edierten Ausgabe von *Fresh Light on Bligh* befindet sich ein – offensichtlich handschriftlicher – Vermerk des Herausgebers, dass diese Anweisung (bei deren Manuskript eine Datumsangabe fehlt) vom 5. Dezember 1791 stammen könnte. Siehe hierzu das Schriftstück Nummer 14 aus der Sammlung *Fresh Light on Bligh Being Some Unpublished Correspondence Of CAPT. William Bligh, R. N. And LT. Francis Godolphin Bond, R. N.* Caird Library im National Maritime Museum, London (eigene Abschrift) sowie Mackaness, *Fresh Light On Bligh. Being Some Unpublished Correspondence of William Bligh, N. R. and Lieutenant Francis Godolphin Bond, N. R. with Lieutenant Bond's Manuscript Notes made on the Voyage of H. M. S. »Providence« 1791–1795*, S. 23.

27 Als Beleg für einen weniger emotionalen und gewissermaßen entschleunigten William Bligh sei hier beispielhaft auf die Anmerkungen verwiesen, die er während des Aufenthaltes am Kap der Guten Hoffnung verfasste. Bligh, Captain W., *The Log of H. M. S. Providence* (Faksimile-Ausgabe), siehe den Abschnitt *Remarks at the Cape of Good Hope*, o. S.

28 Tobin und Schreiber (Hrsg.), *Captain Bligh's Second Chance*, Einträge vom 29. November 1791 und 30. November 1791 sowie vom 1. Dezember 1791 und 3. Dezember 1791, S. 47–53. Tobin berichtet hier ausführlich über Ausflüge aufs Land sowie eine Jagdgesellschaft.

29 Bligh, Captain W., *The Log of H. M. S. Providence* (Faksimile-Ausgabe), Eintrag vom 23. Dezember 1791, o. S. sowie Bond, *Log of H. M. S. Providence 1791–1793*, Band I und Band II, (ADM 55/96), Eintrag vom 23. Dezember 1791, o. S. und Portlock, *Logbuch der H. M. S. Assistant*, Band I und Band II, (ADM 55/6 und ADM 55/7), Eintrag vom 23. Dezember 1791, o. S.

30 Bligh, Captain W., *The Log of H. M. S. Providence* (Faksimile-Ausgabe), Einträge vom 10. Februar und 11. Februar 1792, o. S. sowie Tobin und

Schreiber (Hrsg.), *Captain Bligh's Second Chance*, Eintrag vom 9. Februar 1792, S. 59.

31 Tobin und Schreiber (Hrsg.), *Captain Bligh's Second Chance*, Eintrag vom 21. Februar 1792, S. 59 f.

32 Bligh, Captain W., *The Log of H. M. S. Providence* (Faksimile-Ausgabe), Eintrag vom 20. Februar 1792, o. S. Vgl. Portlock, *Logbuch der H. M. S. Assistant*, Band I und Band II, (ADM 55/6 und ADM 55/7), Eintrag vom 20. Februar 1792, o. S.

33 Bligh, Captain W., *The Log of H. M. S. Providence* (Faksimile-Ausgabe), Einträge vom 19. Februar und 20. Februar 1792, o. S.

34 Portlock, *Logbuch der H. M. S. Assistant*, Band I und Band II, (ADM 55/6 und ADM 55/7), Eintrag vom 20. Februar 1792, o. S.

35 Bond, *Log of H. M. S. Providence 1791–1793*, Band I und Band II, (ADM 55/96), Eintrag vom 21. Februar 1792, o. S.

36 Tobin und Schreiber (Hrsg.), *Captain Bligh's Second Chance*, Eintrag vom 21. Februar 1792, S. 60, Bligh, Captain W., *The Log of H. M. S. Providence* (Faksimile-Ausgabe), Eintrag vom 20. Februar 1792, o. S. sowie Portlock, *Logbuch der H. M. S. Assistant*, Band I und Band II, (ADM 55/6 und ADM 55/7), Eintrag vom 20. Februar 1792, o. S. und Bond, *Log of H. M. S. Providence 1791–1793*, Band I und Band II, (ADM 55/96), Eintrag vom 21. Februar 1792, o. S.

37 Bligh, Captain W., *The Log of H. M. S. Providence* (Faksimile-Ausgabe), Eintrag vom 24. Februar 1792, o. S.

38 Ebd., Eintrag vom 9. April 1792, o. S., Tobin und Schreiber (Hrsg.), *Captain Bligh's Second Chance*, S. 71. George Tobins Bericht über die Ankunft in Tahiti ist in dieser edierten Ausgabe mit dem Datum 8. April 1792 versehen. Roy Schreiber vermerkt allerdings, dass, nachdem die beiden Schiffe auf ihrer Reise die offizielle Datumsgrenze überquert hätten, alle folgenden Einträge Tobins in dieser von Schreiber herausgegebenen Ausgabe um einen Tag vordatiert worden seien. Ebd., S. 65 und S. 71. Dies bedeutet, dass Tobins Eintrag von der Ankunft in Tahiti tatsächlich vom 9. April 1792 stammt und so mit den Daten von Blighs, Bonds und Portlocks Schilderungen der Ankunft übereinstimmt. Portlock, *Logbuch der H. M. S. Assistant*, Band I und Band II, (ADM 55/6 und ADM 55/7), Eintrag vom 9. April 1792, o. S. sowie Bond, *Log of H. M. S. Providence 1791–1793*, Band I und Band II, (ADM 55/96), Eintrag vom 9. April 1792, o. S.

39 Bligh, Captain W., *The Log of H. M. S. Providence* (Faksimile-Ausgabe), Eintrag vom 8. April 1792, o. S. sowie Tobin und Schreiber (Hrsg.), *Captain Bligh's Second Chance*, Eintrag vom 7. April 1792, S. 70 sowie Bond, *Log of H. M. S. Providence 1791–1793*, Band I und Band II, (ADM 55/96), Eintrag vom 8. April 1792, o. S.

40 Bligh, *A Voyage To The South Sea* (Faksimile-Ausgabe), S. 59.

41 Bond, *Log of H. M. S. Providence 1791–1793*, Band I und Band II, (ADM 55/96), Eintrag vom 8. April 1792, o. S.

42 Flinders, Matthew, *A Log kept on board H. M. S. Providence Capt. William Bligh by Matthew Flinders Midshipman*, Band I und Band II (Signatur: ADM 55/97 und ADM 55/98). Unveröffentlichtes Manuskript. Public Record Office in den National Archives, London, Eintrag vom 9. April 1792, o. S. Vgl. hierzu außerdem Oliver, *Return To Tahiti*, S. 34 f., Lee, *Captain Bligh' s Second Voyage to the South Sea*, S. 36f sowie Kennedy, *Bligh*, S. 182. Weder in William Blighs offiziellem Logbuch noch in George Tobins oder Francis Godolphin Bonds Berichten finden sich die Regeln in ihrem genauen Wortlaut. Alle drei Quellen vermerken lediglich die Tatsache, dass die Regeln erlassen worden seien. Bligh, Captain W., *The Log of H. M. S. Providence* (Faksimile-Ausgabe), Eintrag vom 8. April 1792, o. S., Tobin und Schreiber (Hrsg.), *Captain Bligh's Second Chance*, Eintrag vom 7. April 1792, S. 70 sowie Bond, *Log of H. M. S. Providence 1791–1793*, Band I und Band II, (Signatur: ADM 55/96), Eintrag vom 8. April 1792, o. S. Douglas Oliver übernimmt in seinem Buch Flinders' Liste vollständig. Vgl. Oliver, *Return To Tahiti*, S. 34 f. Ida Lee legt in ihrem Buch eine gekürzte Fassung von Flinders' Liste vor, ebenso wie Kennedy, der in seiner Bligh-Biographie auf Lees Liste verweist und diese selbst übernimmt. Vgl. Lee, *Captain Bligh' s Second Voyage to the South Sea*, S. 36f sowie Kennedy, *Bligh*, S. 182.

43 Vgl. Kennedy, *Bligh*, S. 182

44 Vgl. Brunton, Paul (Hrsg.), *Matthew Flinders. Personal letters from an extraordinary life*, Sydney 2011, S. 9.

45 Vgl. *Wahrig Deutsches Wöterbuch*, Gütersloh, Berlin, München und Wien 1972, S. 1555.

46 Vgl. Kennedy, *Bligh*, S. 183.

47 Bligh, Captain W., *The Log of H. M. S. Providence* (Faksimile-Ausgabe), Eintrag vom 9. April 1792, o. S.

48 Ebd., Eintrag vom 11. April 1792, o. S. Bligh erwähnt dies zwar nicht explizit, es ist jedoch anzunehmen, dass es sich bei den Schweinen um das Gegengeschenk des Häuptlings handelte.

49 Ebd., o. S. Vgl. Lee, *Captain Bligh' s Second Voyage to the South Sea*, S. 74, Kennedy, *Bligh*, S. 185, Mackaness, *The Life of Vice-Admiral William Bligh*, S. 250, Salmond, *Bligh*, S. 354, Witt, *Die Bounty war sein* Schicksal, S. 113, Rutter, *Turbulent Journey*, S. 147, Humble, *Captain Bligh*, S. 119 sowie Parry, John H., *Europäische Kolonialreiche. Welthandel und Weltherrschaft im 18. Jahrhundert*, München 1972, S. 526. Es ist davon auszugehen, dass auch die Meuterer ihren Anteil daran hatten, dass englische Ausdrücke Eingang in die tahitianische Sprache fanden, da sich einige von ihnen nach der Meuterei und ihrem Aufenthalt auf Tubai dort niederließen und Familien gründeten.

50 Bligh, Captain W., *The Log of H. M. S. Providence* (Faksimile-Ausgabe), Ein-

trag vom 23. April 1792, o. S. Zum Einfluss von in Europa hergestelltem Alkohol auf die Lebensweise der Tahitianerinnen und Tahitianer siehe außerdem: Parry, *Europäische Kolonialreiche*, S. 526 sowie Rutter, *Turbulent Journey*, S. 147 f.

51 Ebd., Eintrag vom 24. April 1792, o. S. Vgl. Mackaness, *The Life of Vice-Admiral William Bligh*, S. 253, Kennedy, *Bligh*, S. 185, Lee, *Captain Bligh's Second Voyage to the South Sea*, S. 87, Rutter, *Turbulent Journey*, S. 148, Witt, *Die Bounty war sein Schicksal*, S. 113, Humble, *Captain Bligh*, S. 120 sowie Parry, *Europäische Kolonialreiche*, S. 526. Es ist davon auszugehen, dass bei der Veränderung der Tahtianerinnen und Tahitianer in Bezug auf ihre Kleidung der vorübergehende Aufenthalt einiger der Meuterer auf Tahiti, den James Morrison thematisiert, ebenfalls eine deutliche Rolle gespielt haben dürfte.

52 Vgl. Humble, *Captain Bligh*, S. 119 f.

53 Bligh, Captain W., *The Log of H. M. S. Providence* (Faksimile-Ausgabe), etwa die Einträge vom 16. und 21. April 1792, o. S. Am 16. April erwähnt Bligh, dass er bei der Rückkehr seines Freundes Häuptling Tynah einen Willkommensgruß von zehn Kanonenschüssen abfeuern ließ. Am 21. April berichtet der Kapitän, dass Tynah, wie üblich, Zeit mit ihm an Bord der *Providence* verbrächte. Siehe außerdem: Portlock, *Logbuch der H. M. S. Assistant*, Band I und Band II, (ADM 55/6 und ADM 55/7), Eintrag vom 9. oder 10. April 1792, o. S. Portlock berichtet darin, dass Tahitianerinnen und Tahitianer an Bord gekommen seien und ein freundschaftlicher Handel zwischen ihnen und den Besatzungen stattgefunden habe. Durch Portlocks Orthographie bei diesem Eintrag ist es nicht ganz eindeutig, an welchem der beiden Tage dieses Ereignis stattfand.

54 Vgl. Kennedy, *Bligh*, S. 187.

55 Bligh, Captain W., *The Log of H. M. S. Providence* (Faksimile-Ausgabe), Eintrag vom 9. April 1792, o. S.

56 Ebd., Eintrag vom 16. April 1792, o. S.

57 Tobin und Schreiber (Hrsg.), *Captain Bligh's Second Chance*, Eintrag vom 15. April 1792, S. 78. Durch Tobins Schilderung davon, dass es den beiden Botanikern bereits gelungen sei, eine beträchtliche Anzahl Brotfruchtsetzlinge und Setzlinge anderer Pflanzen zu bekommen, ist es nicht ganz eindeutig, ob es sich bei diesem Ereignis tatsächlich um eine Inbesitznahme dieses Stützpunktes oder lediglich um einen Besuch dieser dort eingerichteten Baumschule handelte, in der die beiden Botaniker bereits ihre Arbeit aufgenommen hatten.

58 Bligh, Captain W., *The Log of H. M. S. Providence* (Faksimile-Ausgabe), Eintrag vom 11. Juni 1792, o. S.

59 Tobin und Schreiber (Hrsg.), *Captain Bligh's Second Chance*, Eintrag vom 15. April 1792, S. 78.

60 Vgl. Kennedy, *Bligh*, S. 187.
61 Vgl. Ebd.
62 Bligh, Captain W., *The Log of H. M. S. Providence* (Faksimile-Ausgabe), Eintrag vom 20. Juni 1792, o. S.
63 Vgl. Kennedy, *Bligh*, S. 187.
64 Dienstanweisung William Blighs an Nathaniel Portlock vom 15. Juli 1792. In: Bligh, Captain W., *The Log of H. M. S. Providence* (Faksimile-Ausgabe), o. S.
65 Ebd., Eintrag vom 21. April 1792, o. S.
66 Ebd., Einträge vom 12. April 1792 und 13. April 1792, o. S.
67 Ebd., Einträge vom 23. Mai 1792 und 24. Mai 1792. Siehe außerdem: Blighs Logbuch-Einträge vom 23. Juni 1792 sowie vom 1. Juli 1792, o. S.
68 Ebd., Eintrag vom 29. Juni 1792, o. S.
69 Vgl. Kennedy, *Bligh*, S. 188.
70 Vgl. Ebd., S. 187 sowie Mackaness, *The Life of Vice-Admiral William Bligh*, S. 264.
71 Bligh, Captain W., *The Log of H. M. S. Providence* (Faksimile-Ausgabe), Einträge vom 14. Juli 1792 und vom 18. Juli 1792, o. S. Für die verschiedenen Arten der gesammelten und an Bord der *Providence* gebrachten Pflanzen sowie deren Gesamtzahl siehe William Blighs darüber akribisch geführte Aufstellung, die Teil seines Logbuch-Eintrags vom 18. Juli 1792 ist.
72 Tobin und Schreiber (Hrsg.), *Captain Bligh's Second Chance*, Einträge vom 13. Juli 1792 und vom 15. Juli 1792, S. 116 ff.
73 Bligh, Captain W., *The Log of H. M. S. Providence* (Faksimile-Ausgabe), Eintrag vom 18. Juli 1792, o. S.
74 Vgl. Gall, Jennifer, *In Bligh's Hand. Surviving the Mutiny on the Bounty*, Canberra 2010, S. 76.
75 Vgl. Kennedy, *Bligh*, S. 188.
76 Bligh, Captain W., *The Log of H. M. S. Providence* (Faksimile-Ausgabe), Eintrag vom 1. September 1792, o. S.
77 Flinders, Matthew, *A Voyage to Terra Australis – Volume 1*, London 1814 (Nachdruck einer Faksimile-Ausgabe von 1966), Leipzig o. J., S. 35. Zur geographischen Lage der Torres-Straße siehe: *Das Lexikon mit dem Besten aus der ZEIT in 20 Bänden*, Band 15, S. 6.
78 Vgl. Kennedy, *Bligh*, S. 188.
79 Flinders, *A Voyage to Terra Australis – Volume 1*, S. 35.
80 Zitiert nach: Estensen, Miriam, *The Life of Matthew Flinders*, Crows Nest 2003, S. 24. Vgl. Mundle, Rob, *Flinders*, S. 82 f sowie Kennedy, *Bligh*, S. 191.
81 Vgl. Kennedy, *Bligh*, S. 191.
82 Vgl. Ebd. Zu den Schwierigkeiten des Pflanzentransportes auf See siehe außerdem: Rigby, Nigel, *The Politics and Pragmatics of Seaborne Plant Transportation, 1769–1805*. In: Lincoln, Margarette (Hrsg.), *Science and Exploration in*

*the Pacific. European Voyages to the Southern Oceans in the 18th Century*, Rochester und Woodbridge 2001, S. 81–100, Angster, *Erdbeeren und Piraten*, S. 183 ff. sowie Mayer-Schwieger, Maren, *Umwege auf See. Zur Pflanzenverschiffung Ende des 18. Jahrhunderts*, S. 147–152. In: *Ilinx. Berliner Beiträge zur Kulturwissenschaft.* Ilinx 4, 2017. Hamburg 2017, S. 145–156.

83 Bligh, Captain W., *The Log of H. M. S. Providence* (Faksimile-Ausgabe), Einträge vom 2. Oktober 1792 und dem 9. Oktober [?] 1792, o. S.

84 Ebd., Einträge vom 10. Oktober 1792 und vom 5. November 1792, o. S.

85 Ebd., Eintrag vom 18. Dezember 1792, o. S.

86 Ebd., Eintrag vom 26. Dezember 1792, o. S.

87 Brief Francis Godolphin Bonds an seinen Bruder Thomas Bond. Zitiert nach: Mackaness, *Fresh Light On Bligh. Being Some Unpublished Correspondence of William Bligh, N. R. and Lieutenant Francis Godolphin Bond, N. R. with Lieutenant Bond's Manuscript Notes made on the Voyage of H. M. S. »Providence« 1791–1795*, S. 68–72. Vgl. dazu: Witt, *Die Bounty war sein Schicksal*, S. 115. Der genaue Ort und das Datum dieses Briefes sind heute nicht mehr zu ermitteln, laut George Mackaness ist es allerdings sicher, dass Bond ihn auf Sankt Helena verfasste. Vgl. Mackaness, *Fresh Light On Bligh. Being Some Unpublished Correspondence of William Bligh, N. R. and Lieutenant Francis Godolphin Bond, N. R. with Lieutenant Bond's Manuscript Notes made on the Voyage of H. M. S. »Providence« 1791–1795*, S. 68.

88 Briefe William Blighs an Francis Godolphin Bond vom 15. Januar 1794, vom 29. März 1794, vom 22. Mai 1794 sowie vom 27. Januar 1795. In: Ebd., S. 51 ff. sowie S. 62 ff.

89 Vgl. Brunton (Hrsg.), *Matthew Flinders*, S. 4.

90 Brief des Gouverneurs und Rates von Sankt Helena vom 24. Dezember 1792. In: Bligh, Captain W., *The Log of H. M. S. Providence* (Faksimile-Ausgabe), Eintrag vom 26. Dezember 1792, o. S.

91 Bligh, Captain W., *The Log of H. M. S. Providence* (Faksimile-Ausgabe), Eintrag vom 27. Dezember 1792, o. S.

92 Ebd., Eintrag vom 23. Januar 1793, o. S.

93 Ebd., Eintrag vom 29. Januar 1793, o. S.

94 Vgl. Drayton, *Nature's Government*, S. 87.

95 Das englische Wort *plate* hat mehrere Bedeutungen und dementsprechend sind auch vielfältige Übersetzungen möglich. Vgl. *Oxford Advanced Learner's Dictionary* (Sixth edition), S. 964 sowie *Bertelsmann Wörterbuch Englisch – Deutsch Deutsch – Englisch*, Gütersloh 1959, S. 220. Ich kann hier lediglich mutmaßen, gehe aber davon aus, dass es sich bei dieser Ehrung für William Bligh entweder um einen besonders edlen Gedenkteller oder aber um ein rundes Stück Metall mit einer Inschrift gehandelt haben dürfte, die an die Verpflanzung der Brotfrucht nach St. Vincent erinnerte.

96 Schriftliche Bekanntmachung der St. Vincent Assembly [nach meinem

Verständnis eine Versammlung aller Plantagenbesitzer St. Vincents] und des Rates der Insel hinsichtlich dieser Ehrung William Blighs, datiert auf den 23. Januar 1793. In: Bligh, Captain W., *The Log of H. M. S. Providence* (Faksimile-Ausgabe), o. S. Vgl. hierzu außerdem: Kennedy, *Bligh*, S. 193. Die Guinee war eine britische Goldmünze, die von 1663 bis 1816 gängiges Zahlungsmittel war. Namensgeber war das westafrikanische Guinea (das heutige Ghana), da ein Großteil des zur Prägung dieser Münze verwendeten Goldes von dort stammte. Vgl. Frank, René, *Die englische Guinea – ›vom Piratengold zur Recheneinheit. Goldmünzen Europas (Teil 4)*, S. 126. In: *Moneytrend* 3/2007, o. O. 2007, S. 126–133.

97 Bligh, Captain W., *The Log of H. M. S. Providence* (Faksimile-Ausgabe), Eintrag vom 30. Januar 1793, o. S.

98 Ebd., Eintrag vom 5. Februar 1793, o. S.

99 Ebd., Eintrag vom 21. Februar 1793, o. S. »Landed the remainder of the Plants the whole amounting to 105 Breadfruit [...] 5 Mango [...] 2 Coffee [...] 623 Total landed at Jamaica [...].–«. »Wir luden die noch verbliebenen Pflanzen von Bord, die sich [u. a.] auf 105 Brotfruchtsetzlinge [...], 5 Mangobaum-Setzlinge [...], 2 Kaffee-Pflanzen [...] beliefen. Insgesamt landeten wir 623 Pflanzen in Jamaika an«. Damit besteht eine erhebliche Differenz zwischen der Zahl der in Tahiti an Bord genommenen Pflanzen und der Zahl der tatsächlich auf Sankt Helena, St. Vincent und Jamaika angelandeten Pflanzen, die in den Quellen nicht erklärt wird. Möglicherweise waren viele der Pflanzen auf der Fahrt eingegangen.

100 Vgl. Black, *The Story of Jamaica*, S. 115. In den Quellen des House of Assembly finden sich mehrere Listen, die sehr detailliert Auskunft darüber geben, wie viele Exemplare von welchen Pflanzen wo genau in Jamaika angepflanzt wurden. Die in diesen Aufstellungen angegebene Anzahl der einzelnen Pflanzen weicht hier und dort allerdings erheblich von der Anzahl der Pflanzen ab, die William Bligh in seiner Aufstellung vermerkt. Vgl. hierzu: Powell, *The Voyage of the Plant Nursery, H. M. S. Providence, 1791–1793*, S. 27 ff. Möglicherweise wurden die Listen des House of Assembly erst zu einem späteren Zeitpunkt erstellt, als sich die Pflanzen bereits vermehrt hatten.

101 Brief William Blighs an die Admiralität in London vom 13. April 1793. Zitiert nach: Bligh, Captain W., *The Log of H. M. S. Providence* (Faksimile-Ausgabe), o. S.

102 Vgl. Chandler, David, *Dictionary of the Napoleonic Wars*, Ware 1999, S. 96 sowie Das *Lexikon mit dem Besten aus der ZEIT in 20 Bänden*. Band 05, S. 113.

103 Bligh, Captain W., *The Log of H. M. S. Providence* (Faksimile-Ausgabe), Eintrag vom 30. März 1793, o. S. Vgl. Kennedy, *Bligh*, S. 193 und Mackaness, *The Life of Vice-Admiral William Bligh*, S. 300.

104 Bligh, Captain W., *The Log of H. M. S. Providence* (Faksimile-Ausgabe), Ein-

trag vom 15. Juni 1793, o. S. Vgl. Bond, *Log of H. M. S. Providence 1791 1793*, Band I und Band II, (ADM 55/96), Eintrag vom 15. Juni 1793, o. S. Vgl. Kennedy, *Bligh*, S. 193, Lee, *Captain Bligh's Second Voyage To The South Sea*, S. 218 f. sowie Mackaness, *The Life of Vice-Admiral William Bligh*, S. 300.

105 Vgl. Lee, *Captain Bligh's Second Voyage To The South Sea*, S. 218.

106 Bligh, Captain W., *The Log of H. M. S. Providence* (Faksimile-Ausgabe), Eintrag vom 7. August 1793, o. S.

107 Ebd., Eintrag vom 9. September 1793, o. S.

### *Epilog: »Ein Verbrechen, das in den Annalen der Seefahrtgeschichte seines Gleichen sucht.«*

1 Vgl. Angster, *Erdbeeren und Piraten*, S. 188.

2 Brief Joseph Banks' an William Pitt den Jüngeren vom 1. September 1793. Zitiert nach: Ebd.

3 Vgl. Ebd.

4 Keate, George, *To Captain Bligh, on his Return to England in 1793. To Captain Bligh, on his Return to England in 1793, after having in so successful a manner executed the Commission entrusted to his Care, of transporting the Bread Fruit Trees from Otaheite to the Islands of Jamaica and St. Vincent* (Strophen 5 und 7). »The leader of the ARGONAUTIC Band/(Though his renown a while spread half o'er GREECE),/Who with a daring, but a plunderer's hand/Convey'd to THESSALY the GOLDEN FLEECE;/Yet short is his glory; – torn by dire alarms,/Nor sooth'd by love's soft power, nor bright MEDEA'S charms./[...] Yes, my respected friend, this trophy's thine;/Where with their weight of fruit thy BREAD-TREES bend, / AFRICA'S dark sons shall in their shade recline, / And to the skies thy well-earn'd praises send, / Their comforts share; and, conscious whence they came, / Teach children yet unborn to venerate thy name. /«. Zitiert nach: Rutter, *Turbulent Journey,* S. 169 f. Vgl. zu Keates Gedicht ebenso: Parry, *Europäische Kolonialreiche*, S. 532 f.

5 Bligh, Captain W., *The Log of H. M. S. Providence* (Faksimile-Ausgabe), S. 910.

6 Vgl. Brunton (Hrsg.), *Awake, Bold Bligh!*, S. 10, Parry, *Europäische Kolonialreiche*, S. 532 sowie Weate, Philip und Graham, Caroline, *Captain William Bligh an illustrated history*, Sydney, London, New York und Toronto 1972, S. 94.

7 Vgl. Allan, D. G. C., *William Bligh and the Royal Society of* Arts. In: Bligh, Captain W., *The Log of H. M. S. Providence* (Faksimile-Ausgabe), S. 18f sowie Parry, *Europäische Kolonialreiche*, S. 532. Siehe dazu außerdem Weate und Graham, *Captain William Bligh an illustrated history*, Sydney, S. 96 f.

8 Vgl. Black, *The Story of Jamaica*, S. 115 sowie Angster, *Erdbeeren und Piraten*, S. 187 und Parry, *Europäische Kolonialreiche*, S. 533.

9 Vgl. Black, *The Story of Jamaica*, S. 115 sowie Parry, *Europäische Kolonialreiche*, S. 533.
10 Vgl. Powell, *The Voyage of the Plant Nursery, H. M. S. Providence, 1791–1793*, S. 7.
11 Vgl. Cassidy, F. G. und Le Page, R. B., *Dictionary of Jamaican English*, Cambridge 1967, S. 67.
12 Text der Plattenhülle des Albums *The Christmas Song* von Nat King Cole. SW 1967 OLE-138. E. M. I. (South East India) Limited. Lizenzausgabe von Oasis Record Co., Korea 1962.
13 Textbeilage des Albums *A Very, Very Yellow Christmas* von Yellowman. Ras Records MusiCassette 3299, Washington 1998.
14 Vgl. Angster, *Erdbeeren und Piraten*, S. 187 f.
15 Vgl. Weate und Graham, *Captain William Bligh an illustrated history*, S. 75.
16 Vgl. Maxton, Donald A., *The Mutiny on H. M. S. Bounty. A Guide to Nonfiction, Fiction, Poetry, Films, Articles and Music*, Jefferson 2008, S. 8 sowie Lincoln, Margarette, *Mutinous Behaviour on Voyages to the South Seas and Its Impact on Eighteenth-Century Civil Society*, S. 69. In: *Eighteenth-Century Life*, Vol. 31, Nr. 1, o. O. 2007, S. 62–80. Zur Editions- und Veröffentlichungsgeschichte von Blighs *A Narrative of the Mutiny on Board His Majesty's Ship Bounty* sowie des nachfolgenden Bandes *A Voyage To The South Sea*, der 1792 in London erschien, siehe: Fish, John A., *The Cancel in Bligh's ›Narrative‹*, Melbourne 2021, S. 4–9 sowie Fish, John A., *The Bounty and beyond: A textual and bibliographical investigation of William Bligh's journals of the first breadfruit expedition*. Dieses Exemplar ist eines von acht Exemplaren aus einem Privatdruck des Autors, Melbourne 2021, S. 44–59.
17 Vgl. Humble, *Captain Bligh*, S. 115.
18 Vgl. Mackaness, *The Life of Vice-Admiral William Bligh*, S. 228.
19 Ebd., S. 72.
20 Ebd., S. 142 f.
21 Vgl. Alexander, *Die Bounty*, S. 274 sowie S. 336 f.
22 Vgl. Witt, *Die Bounty war sein Schicksal*, S. 120 f.
23 Vgl. Mackaness, *The Life of Vice-Admiral William Bligh*, S. 228 sowie Humble, *Captain Bligh*, S. 118.
24 Bligh und Christian, *The Bounty Mutiny*, biographischer Text über Edward Christian auf dem Vorsatz des Buches, o. S. sowie Bligh, Captain W., *The Log of H. M. S. Providence* (Faksimile-Ausgabe), S. 13.
25 Artikel aus der *Cumberland Packet* sowie dem *Whitehaven Advertiser* vom 20. November 1792. Zitiert nach: Kennedy, *Bligh*, S. 225.
26 Brief Peter Heywoods an Edward Christian, datiert auf den 5. November 1792. Zitiert nach: Ebd., S. 223.
27 Vgl. Witt, *Die Bounty war sein Schicksal*, S. 123.
28 In dem Brief, der in der Presse erschien, wurde Peter Heywood nicht namentlich als sein Verfasser genannt, sondern lediglich als »ehemaliger

Offizier der *Bounty*«, bezeichnet. Vgl. Kennedy, *Bligh*, S. 225. Dass der Rang, der Peter Heywood bei dieser Anonymisierung zuerkannt wurde, gar nicht von ihm bekleidet wurde (schließlich hatte er auf der *Bounty* als Seekadett gedient und weder als Offizier noch als Deckoffizier), und daher falsch war, wurde offenbar billigend in Kauf genommen.

29 Bligh, Captain W., *The Log of H. M. S. Providence* (Faksimile-Ausgabe), S. 13, Einführung von Walters, Stephen sowie Mackaness, *The Life of Vice-Admiral William Bligh*, S. 302.

30 Vgl. Alexander, *Die Bounty*, S. 407 f.

31 Bligh und Christian, *The Bounty Mutiny*, S. 67 und S. 69.

32 Vgl. Kennedy, *Bligh*, S. 225. Siehe dazu außerdem: Bligh und Christian, *The Bounty Mutiny*, S. 69. Die Veröffentlichung Barneys war nicht nur fehlerhaft (etwa heißt es dort fälschlicherweise, der Prozess habe am 12. August 1792 begonnen), sondern zudem einseitig, da Barney nur die Mitschrift der Anklage veröffentlichte, den Wortlaut der Verteidigung jedoch unberücksichtigt ließ. Vgl. Kennedy, *Bligh*, S. 225. Siehe dazu außerdem: Bligh und Christian, *The Bounty Mutiny*, S. 69.

33 Vgl. Kennedy, *Bligh*, S. 228 und S. 230, Alexander, *Die Bounty*, S. 414 f. und S. 424 sowie Witt, *Die Bounty war sein Schicksal*, S. 125 f.

34 Vgl. Kennedy, *Bligh*, S. 237.

35 Bligh und Christian, *The Bounty Mutiny*, S. 135 und S. 139.

36 Ebd., S. 153–183 sowie die beiden Briefe William Blighs an Francis Godolphin Bond vom 26. Juli 1794 und vom 14. August 1794, in denen er über sein Antwortpamphlet berichtet. In: Mackaness, *Fresh Light On Bligh Being Some Unpublished Correspondence of William Bligh, N. R. and Lieutenant Francis Godolphin Bond, N. R. with Lieutenant Bond's Manuscript Notes made on the Voyage of H. M. S. »Providence« 1791–1795*, S. 56 ff. sowie S. 58–62.

37 Bligh und Christian, *The Bounty Mutiny*, S. 155 f., S. 171 ff. sowie S. 175 ff.

38 Vgl. Brunton (Hrsg.), *Awake, Bold Bligh!*, S. 10.

39 Vgl. Kennedy, *Bligh*, S. 196–199, S. 203, S. 212 sowie S. 217.

40 Rutter (Hrsg.), *Bligh's Voyage in the Resource. From Coupang to Batavia, together with the Log of his subsequent passage to England in the Dutch packet Vlydt and his remarks on Morisson's Journal*, S. 151–154.

41 Vgl. Kennedy, *Bligh*, S. 203.

42 Vgl. Ebd., S. 200.

43 Vgl. Ebd., S. 198 und S. 215.

44 Bligh, Captain W., *The Log of H. M. S. Providence* (Faksimile-Ausgabe), S. 13, Einführung von Walters, Stephen. Im April 1795 veröffentlichte Edward Christian seinerseits unter dem Titel *A Short Reply To Capt. William Bligh's Answer* eine Reaktion auf William Blighs Antwortpamphlet. Darin geht der Jurist unter anderem auch auf Blighs Vorwurf ein, er habe in seinem Pamphlet die Aussagen nicht erkennbar denjenigen Besatzungsmitglie-

dern zugeordnet, die sie gemacht hätten. Edward Christian rechtfertigte dieses Vorgehen auf intelligente Weise damit, dass wenn er ihre Aussagen nicht anonymisiert hätte, manche der Besatzungsmitglieder gar nicht mit ihm gesprochen hätten. Darüber hinaus bekräftigte der Jurist hier, er sei es seinem Herzen und Gewissen sowie der Gesellschaft schuldig gewesen, sein erstes Pamphlet gegen William Bligh veröffentlicht zu haben. Bligh und Christian, *The Bounty Mutiny*, S. 193 f.

45 Vgl. Lincoln, Margarette, *Mutinous Behaviour on Voyages to the South Seas and Its Impact on Eighteenth-Century Civil Society*, S. 71.

46 Edward Harwoods Artikel in der *The Times* vom 16. Juli 1794. Zitiert nach: Bligh und Christian, *The Bounty Mutiny*, S. 170 f.

47 Vgl. Lincoln, Margarette, *Mutinous Behaviour on Voyages to the South Seas and Its Impact on Eighteenth-Century Civil Society*, S. 71. Da in dem Lied davon die Rede ist, dass man nichts mehr über den Verbleib derjenigen Meuterer gehört habe, die nicht in Tahiti geblieben, sondern mit der *Bounty* weiter gesegelt waren, nimmt Lincoln an, dass das Lied entstanden war, bevor dieser Teil der Meuterer schließlich 1809 auf der Pazifikinsel Pitcairn entdeckt wurde. Vgl. Ebd., S. 79.

48 »He [Bligh] was growling day and night / whether he was wrong or right.« »An' the answer to complaints / Handcuffs an' the iron chains«. Zitiert nach: Ebd.

49 Vgl. Mackaness, *The Life of Vice-Admiral William Bligh*, S. 304.

50 Vgl. Angster, *Erdbeeren und Piraten*, S. 30.

51 Vgl. Barnes, *Dangerous Waters*, S. 168, Kennedy, *Bligh*, S. 241 und S. 264 sowie Mackaness, *The Life of Vice-Admiral William Bligh*, S. 304.

52 Vgl. Hough, *Captain Bligh And Mr. Christian*, S. 286 f.

53 Vgl. Kennedy, *Bligh*, S. 241.

54 Brief William Blighs an seine Frau Elizabeth vom 2. [?] Oktober 1792 aus Timor in Kupang. Aus der Sammlung *William Bligh Correspondence*, Mikrofilm-Rolle 178, Safe 1/45. Mitchell Library an der State Library of New South Wales, Sydney. Siehe dazu außerdem: Brunton (Hrsg.), *Awake, Bold Bligh!*, S. 10 sowie Kennedy, *Bligh*, S. 241.

55 Vgl. Mackaness, *The Life of Vice-Admiral William Bligh*, S. 303.

56 Brief William Blighs an den Vater von George Tobin, dem Dritten Leutnant der *Providence*, vom März 1795. Zitiert nach: Ebd.

57 Artikel des *Kentish Register* vom 6. September 1793. Zitiert nach: Ebd., S. 194, Mackaness, *The Life of Vice-Admiral William Bligh*, S. 301 sowie Oliver, *Return To Tahiti*, S. 258.

58 Vgl. Mackaness, *The Life of Vice-Admiral William Bligh*, S. 327.

59 Vgl. Kennedy, *Bligh*, S. 333–390, Kennedy, *Captain Bligh*, S. 280–300, Mackaness, *The Life of Vice-Admiral William Bligh*, S. 378–523. Siehe dazu außerdem: Bligh, William, *Account of The Rebellion of the New South Wales Corps*,

Malvern 2011 sowie Davis, Russell Earls, *Bligh in Australia. A new appraisal of William Bligh and the Rum Rebellion*, Warriewood 2010.

60 Vgl. Angster, *Erdbeeren und Piraten*, S. 286 f.

61 Vgl. Mackaness, *The Life of Vice-Admiral William Bligh*, Bild von Farningham Manor, wo Bligh mit seiner Familie von 1813 bis 1817 lebte (Fototafel o. S.).

62 Vgl. Kennedy, *Bligh*, S. 253, S. 262f, S. 392 und 396f, Toohey, *Captain Bligh's Portable Nightmare*, S. 210 sowie Witt, *Die Bounty war sein Schicksal*, S. 130.

63 Vgl. Kennedy, *Bligh*, S. 220f, 398f sowie Witt, *Die Bounty war sein Schicksal*, S. 127 f.

64 Vgl. Grant, James Shaw, *Morrison of the Bounty. A Scotsman: Famous but Unknown*, Stornoway 1997, S. 66f, S. 190 f.

65 Vgl. Lee, *Captain Bligh's Second Voyage To The South Sea*, S. 226.

66 Vgl. Rutter (Hrsg.), *John Fryer of the Bounty*, S. 15, S. 18, S. 22 sowie S. 32.

67 Vgl. Tobin und Schreiber (Hrsg.), *Captain Bligh's Second Chance*, S. 10.

68 Vgl. Mackaness, *Fresh Light On Bligh. Being Some Unpublished Correspondence of William Bligh, N. R. and Lieutenant Francis Godolphin Bond, N. R. with Lieutenant Bond's Manuscript Notes made on the Voyage of H. M. S. »Providence« 1791–1795*, S. 10 f.

69 Vgl. Angster, *Erdbeeren und Piraten*, S. 66–82 und Brunton (Hrsg.), *Matthew Flinders*, S. 4–9.

70 Vgl. Alexander, *Die Bounty*, S. 507, S. 517f und S. 528.

71 Der ersten Band wurde auch als *Mutiny on the Bounty* veröffentlicht. Vgl. Maxton, Donald A., *The Mutiny on H. M. S. Bounty*, S. 147.

72 Vgl. Nordhoff, C. und Hall, J. N. *Die Meuterei auf der Bounty. Schiff ohne Hafen - Meer ohne Grenzen*, Wien, München und Basel 1963, Vorsatzblatt.

73 Vgl. Maxton, Donald A., *The Mutiny on H. M. S. Bounty*, S. 149.

74 Vgl. Nordhoff und Hall, *Die Meuterei auf der Bounty*, S. 58ff, 104, 123, S. 128 sowie S. 133 f. Siehe dazu außerdem: Maxton, Donald A., *The Mutiny on H. M. S. Bounty*, S. 145 f.

75 Vgl. Nordhoff und Hall, *Die Meuterei auf der Bounty*, Vorsatzblatt.

76 Ebd., S. 123 ff.

77 Vgl. Maxton, Donald A., *The Mutiny on H. M. S. Bounty*, S. 3, S. 205 und S. 207 f.

78 Vgl. Ebd., S. 207, S. 209f, Flynn Errol, *My Wicked, Wicked Ways*, London 2005, S., 106f und S. 115 sowie Morris, George, *Errol Flynn. Seine Filme - sein Leben*, München 1975, S. 16, S. 18, S. 19 f.

79 Vgl. Maxton, Donald A., *The Mutiny on H. M. S. Bounty*, S. 210ff sowie Kennedy, *Bligh*, S. 191.

80 Vgl. Jordan, René, Marlon Brando. *Seine Filme - sein Leben*, München 1979, S. 106–113, Fauser, Jörg, *Marlon Brando. Der versilberte Rebell. Eine Biographie*, Zürich 2009, S. 125, S. 129–136 sowie Maxton, Donald A., *The Mutiny on H. M. S. Bounty*, S. 216–219.

81 Vgl. Maxton, Donald A., *The Mutiny on H. M. S. Bounty*, S. 219ff sowie *Die Bounty* (Presseheft zum Film) o. O. und o. J., S. 5, S. 32 und S. 34.
82 Vgl. die Plattenhüllen des zweiteiligen Hörspiels *Meuterei auf der Bounty* Tempo LP 9033, o. J. und *Meuterei auf der Bounty. Das Schicksal der Meuterer* Tempo LP 9041, o. J.
83 Vgl. Sachse, Günter, *Das Schiff der Meuterer*, Göttingen 1959, S. 8f, S. 14, S. 18f, S. 30.
84 Ebd., S. 23.
85 Vgl. insbesondere den ersten Teil des Hörspiels *Meuterei auf der Bounty*.
86 Vgl. dazu: Die offizielle Internetseite des HMAV Bounty Museums: http://www.bountyclub.pn/ (zuletzt aufgerufen am 2. Oktober 2023).
87 Vgl. dazu: Die offizielle Internetseite der Royal Museums Greenwich in London über die Reise der *Bounty*: https://www.rmg.co.uk/stories/topics/mutiny-on-bounty (zuletzt aufgerufen am 2. Oktober 2023).
88 Siehe dazu: Die Beschreibung des Bildes *Captain Nathaniel Portlock* auf der Internetseite der Royal Museums Greenwich: https://www.rmg.co.uk/collections/objects/rmgc-object-14432 (zuletzt aufgerufen am 2. Oktober 2023).
89 Vgl dazu: Die Internetseite *Monument Australia*: https://monumentaustralia.org.au/themes/people/exploration/display/23234-matthew-flinders/photo/2 (zuletzt aufgerufen am 2. Oktober 2023).
90 Flinders, Matthew, *A Biographical Tribute to the Memory of Trim*, Sydney, Auckland, London, Toronto, Ontario und New York 1985, Vorsatzblatt sowie S. 2f.
91 Vgl dazu: Die Internetseite *Monument Australia*: https://monumentaustralia.org.au/themes/culture/animals/display/23316-trim (zuletzt aufgerufen am 2. Oktober 2023).
92 Vgl. dazu: Die Internetseite *Monuments Australia*: https://monumentaustralia.org.au/themes/people/government---colonial/display/23149-william-bligh (zuletzt aufgerufen am 2. Oktober 2023).
93 Zitiert nach: Ebd.
94 Während einer Australienreise im Herbst 2017 gelang es dem Autor, das geschmückte Denkmal an Blighs Todestag zu fotografieren.

# LITERATURVERZEICHNIS

## *Archivalien*


Bligh, William *Log Book Extracts*, Unveröffentlichtes Manuskript. State Library of New South Wales, Sydney, Australien.

Bligh, William und Bond, Francis Godolphin, *Fresh Light on Bligh Being Some Unpublished Correspondence Of CAPT. William Bligh, R. N. And LT. Francis Godolphin Bond, R. N.* Caird Library im National Maritime Museum, London.

*William Bligh Correspondence*, Mikrofilm-Rolle 178, Safe 1/45. Mitchell Library an der State Library of New South Wales, Sydney.

Bond, Francis Godolphin, *Log of H. M. S. Providence 1791–1793*, Band I und Band II, (Signatur: ADM 55/96). Public Record Office in den National Archives, London.

Flinders, Matthew, *Portion of journal, relating to voyage in PROVIDENCE with Bligh c. 1791, in the form of notes on places.* (Signatur: FLI/8a MS.60/017). Unveröffentliches Manuskript, Caird Library am National Maritime Museum, London.

Flinders, Matthew, *A Log kept on board H. M. S. Providence Capt. William Bligh by Matthew Flinders Midshipman*, Band I und Band II (Signatur: ADM 55/97 und ADM 55/98). Unveröffentlichtes Manuskript. Public Record Office in den National Archives, London.

*Fryer's Narrative of the Bounty*. In: *Naval M. S. S. A 4*, Signatur: RUSI 46. Unveröffentlichtes Manuskript. Caird Library am National Maritime Museum, London.

*Gentleman's Magazine*, Vol. LX Part II 1790, Caird Library am National Maritime Museum, London.

Portlock, Nathaniel, *Logbuch der H. M. S. Assistant*, Band I und Band II (ADM 55/6 und ADM 55/7), Public Record Office in den National Archives Kew, London.

Sammlung *Papers re William Bligh, 1787–1805*, Series 45–58, Mikrofilm-Rolle CY 3004, Mitchell Library an der State Library of New South Wales, Sydney.

Sammlung *William Bligh Correspondence*. Mikrofilm CY Rolle 178, Safe 1/45, Mitchell Library an der State Library of New South Wales, Sydney.

Sammlung *Papers regarding the public trials and improvements of clocks and chronometers, 1784-1828* (RGO 14/24). Royal Greenwich Observatory Archive an der Cambridge University.

## *Edierte Quellen*

Bach, John (Hrsg.), *The Bligh Notebook*, North Sydney, Wellington und Herts 1987.

Baynham, Henry, *From the Lower Deck. The Old Navy 1780-1840*, London 1972.

Bligh, William, *A Voyage To The South Sea* (Faksimile-Ausgabe), Melbourne, Sydney, London, Auckland und Johannesburg 1979.

Captain Bligh, William und Dr. Hamilton, George, *Meuterei auf der Bounty/berichtet von Captain William Bligh. Die Piratenjagd der Pandora 1787-1792/Aufzeichnungen des Dr. George Hamilton*. Neu herausgegeben und bearbeitet von Hermann Homann, Stuttgart 1983.

Bligh, William, *Mutiny on the Bounty*, Vercelli 2006.

Bligh, Captain W., *The Log of H. M. S. Providence* (Faksimile-Ausgabe), Guildford 1976.

Bligh, William und Christian, Edward, *The Bounty Mutiny*, Harmondsworth 2001.

Bligh, William, *Account of The Rebellion of the New South Wales Corps*, Malvern 2011.

Bougainville, Louis-Antoine und Popp, Klaus-Georg (Hrsg.), *Reise um die Welt*, Berlin 1977.

Brunton, Paul (Hrsg.), *Awake, Bold Bligh! William Bligh's letters describing the mutiny on HMS Bounty,* North Sydney, Wellington, London und Winchester 1989.

Brunton, Paul (Hrsg.), *Matthew Flinders. Personal letters from an extraordinary life*, Sydney 2011.

Chambers, Neil (Hrsg.), *The Indian and Pacific Correspondence of Sir Joseph Banks, 1768-1820. Volume 2 The Letters 1783-1789*, London 2009.

Chambers, Neil (Hrsg.), *The Indian and Pacific Correspondence of Sir Joseph Banks, 1768-1820. Volume 3 The Letters 1789-1792*, London 2010.

Columbus, Christoph, *Schiffstagebuch*, Leipzig 1983.

Cook, Lieutenant James, *The Journal of H. M. S. Endeavour 1768-1771*, Guildford 1977.

Cook, Captain James, *The Journal of H. M. S. Resolution 1772-1775*, Guildford 1981.

Davey, James und Johns, Richard, *Broadsides. Caricature and the Navy 1756-1815*, London 2012.

Flinders, Matthew, *A Voyage to Terra Australis - Volume 1*, London 1814 (Nachdruck einer Faksimile-Ausgabe von 1966), Leipzig o. J.

Flinders, Matthew, *A Biographical Tribute to the Memory of Trim*, Sydney, Auckland, London, Toronto, Ontario und New York 1985.

Gall, Jennifer, *In Bligh's Hand. Surviving the Mutiny on the Bounty*, Canberra 2010.

Grose, Francis, *The Vulgar Tongue. Bukish Slang and Pickpocket Eloquence*, Nachdruck Chichester 2004.

Heywood, Peter und Heywood, Nessy, Maxton, Donald A. (Hrsg.) und Du Rietz, Rolf E. (Hrsg.), *Innocent on the Bounty. The Court-Martial and Pardon of Midshipman Peter Heywood, in Letters*, Jefferson 2013.

Iselin, Isaak und Henny, Sundar (Hrsg.), *Gesammelte Schriften Bd. 4: Geschichte der Menschheit*, Basel 2018.

Mackaness, George, *A Book Of The Bounty And Selections From William Bligh's Writings*, London 1938.

Mackaness, George, *Some Correspondence of Captain William Bligh, R. N. with John and Francis Godolphin Bond 1776–1811*, Sydney 1949.

Mackaness, George, *Fresh Light On Bligh Being Some Unpublished Correspondence of William Bligh, N. R. and Lieutenant Francis Godolphin Bond, N. R. with Lieutenant Bond's Manuscript Notes made on the Voyage of H. M. S. »Providence« 1791–1795*, Sydney 1953.

Montaigne, Michel de, *Die Essais*, Leipzig 1953.

Morrison, James und Maxton, Donald A. (Hrsg.), *After the Bounty. A Sailor's Account of the Mutiny and Life in the South Seas*, Dulles, Virginia 2010.

Rousseau, Jean-Jacques, *Abhandlung über den Ursprung und die Grundlagen der Ungleichheit unter den Menschen*, Stuttgart 1998.

Rutter, Owen (Hrsg.), *Bligh's Voyage in the Resource. From Coupang to Batavia, together with the Log of his subsequent passage to England in the Dutch packet Vlydt and his remarks on Morrison's Journal*, London 1937.

Rutter, Owen (Hrsg.) *The Court-Martial of the »Bounty« Mutineers*, Glasgow und Edinburgh 1931 (Nachdruck Birmingham 1989).

Tobin, George und Schreiber, Roy (Hrsg.), *Captain Bligh's Second Chance. An Eyewitness Account of his Return to the South Seas*, London 2007.

Voltaire, *Candid oder Die Beste der Welten*, Stuttgart 2014.

## *Sekundärliteratur*

Alexander, Caroline, *The Bounty. The True Story of the Mutiny on the Bounty*, London und New York 2003.

Alexander, Caroline, *Die Bounty. Die wahre Geschichte der Meuterei auf der Bounty*, Berlin 2004.

Angster, Julia, *Erdbeeren und Piraten. Die Royal Navy und die Ordnung der Welt 1770–1860*, Göttingen 2012.

Angster, Julia, *Entgrenzung und Einhegung. Die Erkundungsfahrten der Royal Navy im 18. und 19. Jahrhundert*. In: Hannig, Nicolai und Kümper, Hiram, *Abenteuer. Zur Geschichte eines paradoxen Bedürfnisses*, Paderborn 2015, S. 105–126.

Barnes, Nigel, *Dangerous Waters. The Life of William Bligh*, o. O. 2018.
Beaglehole, J. C. *The Life of Captain James Cook*, Stanford 1974.
Beckert, Sven, *Das Barbados-Prinzip*. In: *Die Zeit*, Nr. 3, 14. Januar 2021, S. 17.
*Bertelsmann Wörterbuch Englisch – Deutsch Deutsch – Englisch*, Gütersloh 1959.
Betts, Jonathan, *Harrison,* London 2007.
Beschreibung des Bildes *Captain Nathaniel Portlock* auf der Internetseite der Royal Museums Greenwich. https://www.rmg.co.uk/collections/objects/rmgc-object-14432.
*Die Bibel. Einheitsübersetzung*, Freiburg im Breisgau 1980.
Bitterli, Urs, *Die ›Wilden‹ und die ›Zivilisierten‹. Grundzüge einer Geistes- und Kulturgeschichte der europäisch-überseeischen* Begegnung (zweite, erweiterte Auflage), München 1991.
Black, Clinton V., *The Story of Jamaica. From prehistory to the present*, London 1973.
Black, Jeremy, *George III. America's Last King*, New Haven und London 2008.
Brice, Martin H., *Royal Navy Handbook*, London 1985.
Cassidy, F. G. und Le Page, R. B., *Dictionary of Jamaican English*, Cambridge 1967.
Chandler, David, *Dictionary of the Napoleonic Wars*, Ware 1999.
Christian, Glynn, *Fragile Paradise. The Discovery of Fletcher Christian Bounty Mutineer*, London 1982.
*Collins Pocket English Dictionary*, London und Glasgow 1981.
Colvill, Quintin (Hrsg.) und Davey, James (Hrsg.), *Nelson Navy & Nation. The Royal Navy & The British People 1688–1815*, London 2013.
Curtin, Philip D., *Two Jamaicas. The Role of Ideas in a Tropical Colony 1830–1865*, Cambridge 1955.
Curtin, Philip D. *The Atlantic Slave Trade. A Census*, Madison, Milwaukee und London 1970.
Danielsson, Bengt, *What happened on the Bounty*, London 1962.
Darby, Madge, *Captain Bligh in Wapping 1785–1790* (zweite, überarbeitete Auflage), London 2017.
Davidson, Basil, *Black Mother. A study of the precolonial connection between Africa and Europe*, London 1970.
Davis, Russell Earls, *Bligh in Australia. A new appraisal of William Bligh and the Rum Rebellion*, Warriewood 2010.
Dening, Greg, *Mr. Bligh's Bad Language. Passion, Power and Theatre on the Bounty*, Oakleigh Victoria 1992.
*Die Bounty* (Presseheft zum Film) o. O. und o. J.
Drayton, Richard, *Knowledge and Empire*. In: Marshall, P. J. (Hrsg.) und Alaine Low (Hrsg.), *The Oxford History of The British Empire, Vol. II. The Eighteenth Century*, Oxford 1998, S. 231–252.
Drayton, Richard, *Nature's Government. Science, Imperial Britain, and the ›Improvement‹ of the World*, London und New Haven 2000.

Elias, Norbert und Korte, Hermann (Hrsg.), *Seeleute und Gentlemen*, Wiesbaden 2015.

Epple, Angelika und Erhart, Walter, *Die Welt beobachten - Praktiken des Vergleichens*. In: Epple, Angelika und Erhart, Walter, *Die Welt beobachten. Praktiken des Vergleichens*, Frankfurt und New York 2015, S. 7–35.

Erskine, Nigel, *Bligh. Hero or Villain?,* Pyrmont NSW 2019.

Estensen, Miriam, *The Life of Matthew Flinders*, Crows Nest 2003.

Fauser, Jörg, *Marlon Brando. Der versilberte Rebell. Eine Biographie*, Zürich 2009.

Fish, John A., *The Bounty and beyond: A textual and bibliographical investigation of William Bligh's journals of the first breadfruit expedition*, Melbourne 2023.

Fish, John A., *The Cancel in Bligh's ›Narrative‹*, Melbourne 2021.

Fish, John A., *The Bounty and beyond: A textual and bibliographical investigation of William Bligh's journals of the first breadfruit expedition*. Dieses Exemplar ist eines von acht Exemplaren aus einem Privatdruck des Autors, Melbourne 2021.

Fish, John A., *The Bounty and beyond: A textual and bibliographical investigation of William Bligh's journals of the first breadfruit expedition*, Melbourne 2023.

Fitzsimons, Peter, *Mutiny on the Bounty. A Saga of Survival, Sex, Sedition, Mayhem and Mutiny*, Sydney 2018.

Flynn Errol, *My Wicked, Wicked Ways*, London 2005.

Foede, Petra, *Wie Bismarck auf den Hering kam. Kulinarische Legenden*, Zürich 2009.

Frank, René, *Die englische Guinea - vom Piratengold zur Recheneinheit. Goldmünzen Europas (Teil 4)*. In: *Moneytrend* 3/2007, o. O. 2007.

Frykman, Niklas, *The Bloody Flag. Mutiny in the Age of Atlantic Revolution*, Oakland 2020.

Gascoigne, John, *Banks And Solander. A Linnaean Partnership*. In: Curby, Pauline (Hrsg.), *East Coast Encounters 1770. Reflections on a cultural clash*, Sutherland NSW o. J., S. 43–50.

Grant, James Shaw, *Morrison of the Bounty. A Scotsman: Famous but Unknown*, Stornoway 1997.

Hauck, Friedrich und Schwinge, Gerhard, *Theologisches Fach- und Fremdwörterbuch* (7., erneut durchgesehene und ergänzte Auflage), Göttingen 1992.

Heermann, Ingrid, *Mythos Tahiti. Südsee - Traum und Realität*, Berlin 1987.

*Historiker: Meutereien auf Schiffen waren Arbeitskämpfe*. In: *Focus*, Mittwoch, 09.09.2015.

Hough, Richard, *Captain Bligh And Mister Christian. The Men and the Mutiny*, London 1972.

Humble, Richard, *Captain Bligh*, London 1976.

Jordan, René, Marlon Brando. *Seine Filme - sein Leben*, München 1979.

Kemp, Peter (Hrsg.), *The Oxford Companion to Ships and the Sea*, Oxford, New York und Melbourne 1988.

Kennedy, Gavin, *Bligh*, London 1978.

Kennedy, Gavin, *Captain Bligh. The man and his mutinies*, London 1989.

Kramer, Jürgen, *The British Empire. Aspects of its Economic, Social and Political History, Volume I: 1485–1807*, Bielefeld 1988.

*Das Lexikon mit dem Besten aus der ZEIT in 20 Bänden*, Band 05, Band 07 sowie Band 15, Hamburg und Mannheim 2005.

Lee, Ida, *Captain Bligh's Second Voyage To The South Sea*, London 1920.

Lincoln, Margarette (Hrsg.), *Science and Exploration in the Pacific. European Voyages to the Southern Oceans in the 18*th *Century*, Woodbridge und Rochester 2001.

Lincoln, Margarette, *Mutinous Behaviour on Voyages to the South Seas and Its Impact on Eighteenth-Century Civil Society*. In: *Eighteenth-Century Life*, Vol. 31, Nr. 1, o.O. 2007, S. 62–80.

Lloyd, Christopher, *The British Seaman 1200–1860. A Social Survey,* London 1970.

Maxton, Donald A., *The Mutiny on H.M.S. Bounty. A Guide to Nonfiction, Fiction, Poetry, Films, Articles and Music*, Jefferson 2008.

Maxton, Donald, A. (Hrsg.), *Chasing The Bounty*. *The Voyages of the Pandora and Matavy*, Jefferson 2020.

MacDonald, Janet, *Feeding Nelson's Navy. The True Story of Food at Sea in the Georgian Era*, Barnsley 2014.

MacGregor, Neil, *Eine Geschichte der Welt in 100 Objekten*, München 2013.

Mackaness, George, *The Life of Vice-Admiral William Bligh. New and Revised Edition*. Sydney 1951.

Marks, Kathy, *Lost Paradise. From Mutiny on the Bounty to a Modern-Day Legacy of Sexual Mayhem, The Dark Secrets of Pitcairn Island*, New York, London, Toronto und Sydney 2009.

McKay, John, *Bounty*, Bielefeld 1994.

McKinney, Sam, *Bligh. A True Account of Mutiny Aboard His Majesty's Ship Bounty*, Camden 1989.

Meissner, Jochen, Mücke, Ulrich und Weber, Klaus, *Schwarzes Amerika. Eine Geschichte der Sklaverei*, München 2008.

Mayer-Schwieger, Maren, *Umwege auf See. Zur Pflanzenverschiffung Ende des 18. Jahrhunderts*. In: *Ilinx. Berliner Beiträge zur Kulturwissenschaft.* Ilinx 4, 2017. Hamburg 2017, S. 145–156.

Mintz, Sidney W., *Die süße Macht*, Frankfurt am Main 2007.

Morris, George, *Errol Flynn. Seine Filme – sein Leben*, München 1975.

Mundle, Rob, *Bligh. Master Mariner*, Barnsley 2012.

Mundle, Rob, *Flinders. The Man Who Mapped Australia*, Sydney 2012.

Nordhoff, C. und Hall, J.N. *Die Meuterei auf der Bounty. Schiff ohne Hafen – Meer ohne Grenzen*, Wien, München und Basel 1963.

Oliver, Douglas, *Return To Tahiti. Bligh's Second Breadfruit Voyage*, Honolulu und Carlton, Victoria 1988.

O'Brian, Patrick, *Joseph Banks. A Life*, London 1997.

*Oxford Advanced Learner's Dictionary* (Sixth edition), Oxford 2000.

Parry, John H., *Europäische Kolonialreiche. Welthandel und Weltherrschaft im 18. Jahrhundert*, München 1972.

Paulmann, Johannes, *Macht-Raum: Die Geschichte(n) von der Meuterei auf der Bounty*. In: *Ritual-Macht-Natur: europäisch-ozeanische Beziehungswelten in der Neuzeit*, Bremen 2005, S. 57–78.

Peattie, Donald Culross, *Cargoes And Harvests*, New York 1926 (Neudruck San Antonio 2013).

Pope-Hennessy, James, *Geschäft mit schwarzer Haut. Die Geschichte des transatlantischen Sklavenhandels*, Wien, München und Zürich 1970.

Postma, Heiko, *Projektmacher und Geheimagent, Publizist und Romancier. Über das wechselvolle Leben und Schreiben von Daniel Defoe (1660–1731)*, Hannover 2010.

Powell, Dulcie, *The Voyage of the Plant Nursery, H. M. S. Providence, 1791–1793*, Kingston 1973.

Preston, Diana, *Paradise in Chains. The Bounty Mutiny and the Founding of Australia*, New York und London 2017.

Prinz, Alois, *Die Lebensgeschichte des Georg Forster*, Frankfurt am Main und Leipzig 2008.

Rahner, Karl (Hrsg.), *Herders Theologisches Taschenlexikon in acht Bänden*. Band 5, Basel, Freiburg und Wien 1973.

Rawson, Geoffrey, *Bligh Of The ›Bounty‹*, London 1930.

Rediker, Marcus, *Between The Devil And The Deep Blue Sea. Merchant Seamen, Pirates, And The Anglo-American Maritime World 1700–1750*, New York, New Rochelle, Melbourne und Sydney 1987.

Rodger, Nicholas, *Jolly tars were our men?* In: *Mutiny on the Bounty 1789–1989*, London 1989, S. 11–19.

Rodger, N. A. M., *The Wooden World. An Anatomy of the Georgian Navy*, New York und London 1996.

Rodger, N. A. M., *The Command of the Ocean. A Naval History of Britain 1649–1815*, London 2004.

Rutter, Owen, *The True History of the Mutiny in the Bounty*, London 1936.

Rutter, Owen, *Turbulent Journey. A Life of William Bligh, Vice-Admiral of the Blue*, London 1936.

Rutter, Owen (Hrsg.), *John Fryer of the Bounty. Notes on his career. Written by his daughter Mary Ann*, London 1939.

Sachse, Günter, *Das Schiff der Meuterer*, Göttingen 1959.

Salmond, Anne, *Bligh. William Bligh in the South Seas*, Berkeley, Los Angeles und London 2011.

Sheridan, Richard B., *The Formation of Caribbean Plantation Society, 1689–1748*. In: Marshall, P. J. (Hrsg.) und Alaine Low (Hrsg.), *The Oxford History of The British Empire, Vol. II. The Eighteenth Century*, Oxford 1998, S. 394–414.

Stingl, Nikolaus (Hrsg.), *Der wahre Robinson oder Das Walten der Vorsehung. Leben und Abenteuer des Alexander Selkirk*, Nördlingen 1980.

*Stowasser Lateinisch-deutsches Schulwörterbuch*, München 1998.
Thadeusz, Frank, *Teufel an Bord*. In: *Der Spiegel*, Nr. 23/30, 30. 5. 2020, S. 108.
Toohey, John, *Captain Bligh's Portable Nightmare. An Adventure*, Potts Point 1998.
Venzke, Andreas, *Christoph Kolumbus*, Reinbek bei Hamburg 1992.
Vorpahl, Frank, *Aufbruch im Licht der Sterne. Wie Tupaia, Maheine und Mai Captain Cook den Weg durch die Südsee erschlossen*, Köln 2023.
Wahlroos, Sven, *Mutiny and Romance in the South Seas. A Companion To The Bounty Adventure*, Lincoln 2001.
*Wahrig Deutsches Wöterbuch*, Gütersloh, Berlin, München und Wien 1972
Waldschmidt-Nelson, Britta, *Malcolm X. Der schwarze Revolutionär. Eine Biographie*, München 2015.
Weate, Philip und Graham, Caroline, *Captain William Bligh an illustrated history*, Sydney, London, New York und Toronto 1972.
Wenzlhuemer, Roland, *Globalgeschichte schreiben. Eine Einführung in 6 Episoden*, Konstanz und München 2017.
*William Bligh. Extraordinary Seaman. A look at his life and times. An Exhibition held by The Earl & Countess of Devon in their home during Maritime England Year 1982*, London 1982.
Williams, Glyn, *Naturalists at Sea. Scientific Travellers from Dampier to Darwin*, New Haven und London 2013.
Wiechers, Karl-Heinz, *...und fuhren weit übers Meer. Zur Geschichte der ostfriesischen Segelschifffahrt*, Band I, Norden 1999.
Wilson, Ben, *Empire Of The Deep. The Rise And Fall Of The British Navy*, London 2013.
Wirz, Albert, *Sklaverei und kapitalistisches Weltsystem*, Frankfurt am Main 1984.
Witt, Jann M., *Die Bounty war sein Schicksal. Das abenteuerliche Leben des William Bligh*, Darmstadt 2014.
Woodward, Christopher, *Captain Bligh's tomb*. In: *Journal Of The Australian Garden History Society*, Vol. 27 Nr. 4, o. O. April 2016, S. 18 ff.

## *Begleittexte von Tonträgern*

Text der Plattenhülle des Albums *The Christmas Song* von Nat King Cole. SW 1967 OLE-138. E. M. I. Records (South East Asia) Limited. Lizenzausgabe von Oasis Record Co., Korea 1962.
Textbeilage des Albums *A Very, Very Yellow Christmas* von Yellowman. Ras Records MusiCassette 3299, Washington 1998.
*Meuterei auf der Bounty*, Tempo LP 9033, o. J.
*Meuterei auf der Bounty. Das Schicksal der Meuterer*, Tempo LP 9041, o. J.

## *Internetquellen und Radiobeiträge*

Carteret, Philip, *An Account of a Voyage round the World, in the Years MDCCLXVI, MDCCLXVII, MDCCLXVIII, and MDCCLXIX*. In: Hawkesworth, John (Hrsg.), *An Account of the Voyages undertaken by the order of His Present Majesty for making Discoveries in the Southern Hemisphere*. Vol. I, London 1773, S. 561. Volltext online verfügbar unter: https://archive.org/details/accountofvoyages01hawk/page/n421/mode/2up?view=theater (zuletzt aufgerufen am 16. Mai 2023).

Die offizielle Internetpräsenz des *Pitcairn Islands Study Center* https://library.puc.edu/pitcairn/pitcairn/index.shtml (zuletzt aufgerufen am 18. Mai 2023).

WDR 5-Radio-Beitrag *ZeitZeichen September 1793 – Der Todestag von Fletcher Christian* aus dem Jahr 2013. Teil des Beitrags ist auch ein Telefon-Interview, das sein Autor Martin Herzog mit einer Nachfahrin Fletcher Christians auf Pitcairn führte. https://www1.wdr.de/radio/wdr5/sendungen/zeitzeichen/fletcher-christian-Bounty-100.html (zuletzt aufgerufen am 18. Mai 2023).

Die Beschreibung des Bildes *Captain Nathaniel Portlock* auf der Internetseite der Royal Museums Greenwich: https://www.rmg.co.uk/collections/objects/rmgc-object-14432 (zuletzt aufgerufen am 2. Oktober 2023).

Die offizielle Internetseite des HMAV Bounty Museums: http://www.bountyclub.pn/ (zuletzt aufgerufen am 2. Oktober 2023).

Die offizielle Internetseite der Royal Museums Greenwich in London über die Reise der *Bounty*: https://www.rmg.co.uk/stories/topics/mutiny-on-bounty (zuletzt aufgerufen am 2. Oktober 2023).

Die Internetseite *Monument Australia:* https://monumentaustralia.org.au/themes/people/exploration/display/23234-matthew-flinders/photo/2 (zuletzt aufgerufen am 2. Oktober 2023).

Die Internetseite *Monument Australia:* https://monumentaustralia.org.au/themes/culture/animals/display/23316-trim (zuletzt aufgerufen am 2. Oktober 2023)

Die Internetseite *Monuments Australia*: https://monumentaustralia.org.au/themes/people/government---colonial/display/23149-william-bligh (zuletzt aufgerufen am 2. Oktober 2023).

# ABBILDUNGSNACHWEISE

1. National Maritime Museum, Greenwich, London. Reproduced with kind permission of Kenneth Britten, modelmaker
2. IE1606664. Mitchell Library, State Library of New South Wales, Sydney
3. GN 11/Box 05/p.66. Mitchell Library, State Library of New South Wales, Sydney
4. BHC2959. National Maritime Museum, Greenwich, London, Greenwich Hospital Collection
5. ML 413. Mitchell Library, State Library of New South Wales, Sydney
6. MIN 52. State Library of New South Wales, Sydney
7. IE2161654. State Library of New South Wales, Sydney
8. IE1606664. Mitchell Library, State Library of New South Wales, Sydney
9. Thomas Gosse, National Library of Australia, Canberra, 514077

# REGISTER

E



F



G



H

N
W
O
S
NORDPOL
Ankunft nach der Reise in Deptford am 7.8.1793
ENGLAND
Spithead
Abfahrt 3.8.1791
EUROPA
NORD-AMERIKA
ATLANTISCHER OZEAN
Kanarische Inseln
August 1791
Kuba
Jamaika
5.2.1793
St. Vincent
23.1.1793
Kapverdische Inseln
September 1791
AFRIKA
Äquator
SÜDAMERIKA
St. Helena
Dezember 1792
November 1791
Kapstadt
Kap der Guten Hoffnung
ATLANTISCHER OZEAN
Kap Hoorn
SÜDP